21世纪高职高专规划教材·商贸类系列
工学结合、校企合作开发教材

投资学基础

主　编　吴　伟　韩英锋
副主编　张　倩　张文娟　黄　倩
参　编　陈圣见　王　莉

中国人民大学出版社
·北京·

前　言

本教材编写的目的有两个：一方面是使学生掌握现代投资学的基本理论，为进一步学习财经类的专业课程及将来从事证券投资管理工作奠定基础；另一方面是使学生能运用现代投资知识于实际工作中。

本教材的设计和编写有以下特色：

1. 项目设计体现工作过程

本教材围绕投资决策和管理过程这一主线，根据投资岗位能力要求，设计了投资环境、债券投资、股票投资、基金投资、金融衍生品投资、其他投资产品投资、技术分析法、基本分析法、证券组合管理、资产组合管理十个项目，内容按照投资环境认识、投资政策制定、投资产品说明、投资方法介绍、投资组合构建、投资组合业绩评估等投资管理基本工作程序来展开。

2. 教材建设以“项目”为导向，以“任务”为驱动

本教材采用全新的编写体例，整个设计贯彻“以学生为中心”的教学理念，以工作过程为方向来设计内容体系。每个项目均有学习目标、项目导言、项目导入、项目小结、技能训练，每个项目下设计具体的工作任务，并且每个工作任务都由任务描述、相关知识组成，并在正文中穿插知识链接和典型案例分析。

3. “课、证”一体化

为深入贯彻高职教育的“双证书”理念，本教材在知识传授、技能培训方面，与证券从业人员资格证书考试相衔接，以帮助学生提升考试通过率，增加就业筹码。

4. 尊重学习规律，注重学生可持续能力的培养

本教材在内容的安排上，注意从易到难的学习过程，前面的学习内容难度较低，后面的难度有所增加；对于重要的理论讲述，注重系统性。对理论的进一步应用，也做了适当的说明。

本书由重庆城市管理职业学院的吴伟、重庆航天职业技术学院的韩英锋担任主编，共

同设计教材脉络和拟定写作大纲；重庆财经职业学院的张倩、重庆商务职业学院的张文娟、重庆城市管理职业学院的黄倩担任本书副主编，参与审稿和修改工作；参加编写的人员还有重庆城市管理职业学院的王莉，重庆城市管理职业学院兼职教师、重庆佳禄商务咨询有限公司投资总监陈圣见。具体编写分工如下：韩英锋编写项目一和项目六，张文娟编写项目二，张倩编写项目三，陈圣见编写项目四和项目七，王莉编写项目五，黄倩编写项目八，吴伟编写项目九和项目十，最后的统稿工作由吴伟完成。

为方便教学，本书配有电子课件和技能训练题参考答案，凡选用本书做教材的教师均可免费获取。

本书在编写过程中，我们拜读了国内外许多专家和学者的论著，并借鉴了其中部分内容，在此谨向他们表示深深的感谢。同时，虽然我们历经多次探讨、反复琢磨、数次修改，但由于时间和水平所限，仍然无法避免疏漏和不妥之处，望各位专家学者、老师、同学给予批评指正，以便再版时修订完善。

编者

2014 年 5 月

目　录

项目一

投资环境

学习目标

1. 了解投资环境的因素；
2. 认识投资品种；
3. 清楚投资流程；
4. 能做好投资准备工作。

项目导言

假定你是一个外国人，准备到中国投资，在你决定投资什么领域之后，下面要决定的是到哪个省市去投资，而投资到哪个地区要看的就是该地区的投资环境。某论文以国民生产总值、第二产业产值、固定资产投资额、人均全年消费性支出、农村居民平均纯收入、货运周转量、长途电话数、城市燃气普及率、人均公共绿化面积、工业废水排放达标率、外商直接投资、每百万人中高校在校人数等23个指标对部分省市进行主成分分析，并得出以下排名（见表1—1），23类指标被分为5大类：经济水平和市场潜力、交通通信条件、经济外向度、人口素质、能源供应和环境质量。作者为什么要用这些指标？你认为影响投资环境的因素有哪些？

表1—1　　中国部分省市投资环境排名

省市	排名	省市	排名	省市	排名
广东	1	福建	8	江西	15
上海	2	辽宁	9	黑龙江	16
北京	3	河北	10	陕西	17
浙江	4	四川	11	吉林	18
江苏	5	河南	12	安徽	19
山东	6	湖北	13	新疆	20
天津	7	湖南	14	海南	21

资料来源：张雅清：《中国各省市投资环境的统计分析》，载《重庆大学学报》，2006-03，(1-4)。

项目导入

——余额宝打中我国银行业肿瘤

2014年5月，数字中国联合会主席吴鹰、中金公司CEO朱云来、香港交易及结算所集团行政总裁李小加、金沙江创投董事总经理丁健参加高端对话环节，探讨互联网金融热门话题。

丁健认为，余额宝等互联网金融模式引发的争论，就像是9岁的小孩不知轻重地打了一下，打在了二三十岁的国有银行的肿瘤上，疼得直跳脚。

“有人说余额宝是吸血鬼，我听了就不爽，好像是在骂我们老百姓是吸血鬼”，丁健强调，为什么储户存款，享受的不是6%的初始收益，而是被银行盘剥之后的0.3%，这是在为扭曲的银行体系买单，在为肿瘤买单。

丁健认为，金融系统已经到了必须加速改革、脱离危机的时候，他认为余额宝代表的互联网金融模式，能够惊醒银行这些睡梦中的狮子。他也呼吁业界不要把矛头转向互联网金融，请四大银行和金融机构高抬贵手，给互联网金融多一些喘息的机会。

同时丁健也建议阿里在内的互联网企业，在未来产业互联网时代应该尽量以合作双赢的高度来改良提升中国互联网产业，而不是动不动就拔刀，不要以一种“对不起我来了，要卸你胳膊还是卸你腿”的姿态进入新的领域，这样肯定会招来争议。

资料来源：恰兑：《余额宝打中我国银行业肿瘤》，见 www.techweb.com.cn，2014-03-30。

1. 余额宝是什么？

2. 余额宝遇到了什么样的发展问题？

任务一 认识投资环境

任务描述

1. 在网上搜索查看宏观经济指标；
2. 选择任一宏观经济指标并收集数值，进行纵向比较；
3. 结合我们的实际生活，说明所分析的指标与我们生活之间的关系。

相关知识

一、投资环境的含义

投资环境即投资经营者所面对的客观条件。投资，特别是国际投资的效果，与投资地点客观条件的好坏直接相关。对投资者来说，必须考察各国各地区不同的投资环境，把资金投向有利的环境中。对欢迎外来投资的国家和地区来说，要创造良好的投资环境，吸引各方面投资，以解决资金不足的困难，繁荣本国本地区经济。

二、影响投资环境的因素

影响和决定投资环境的因素有很多：(1) 社会政治因素，国泰民安的国家和地区因为投资风险小，自然会吸引投资者；(2) 市场因素，市场是否健全、价格体系是否合理、市场结构与规模如何、居民的消费能力与消费习惯怎么样，都会直接影响投资效益；(3) 资源因素，如矿产蕴藏量和开发水平、利用状况等；(4) 交通运输和通信因素，这是投资的循环和神经系统，如果交通不便、通信闭塞，就不能吸引投资者；(5) 资金因素，包括资金的来源、途径等；(6) 劳动力因素，主要是指劳动力的数量和素质能否适应投资者的需要；(7) 经营管理水平、吸收先进技术的能力、为生产经营服务的状况等。

三、投资环境分类

（一）按投资环境要素的物质形态属性不同分类

可分为硬环境和软环境。硬环境是指那些具有物质形态的要素组合。软环境主要是指那些没有具体物质形态的要素。

（二）按投资环境研究层次的不同分类

可分为宏观投资环境、中观投资环境和微观投资环境三种。宏观投资环境多指影响整个社会资本运动的宏观社会经济变量和历史文化现实，探索研究的内容是全国或大区域范围内的国民经济发展、国家政治法律制度变革、文化传统习俗的嬗变，以及国家之间和区域之间的地缘关系等。微观投资环境则是指某个投资项目选址时考虑的具体的自然、经济和社会条件。中观投资环境多指地区投资环境和产业投资环境，是介于上述两者之间的一个层次，承上启下。

（三）从其他角度分类

如按投资运动阶段不同可分为投资的投入环境、使用环境和回收环境；按投资的国别不同分为国内投资环境和国际投资环境；按照组成要素的不同，分为政治环境、基础设施环境、金融环境、科技环境、法律环境、自然地理环境等。

任务二

识别投资品种

任务描述

1. 通过网络搜索人们当前能购买的投资品种；
2. 梳理自己身边的投资案例，说明投资品的种类归属；
3. 分析人们选择各投资品种的影响因素。

相关知识

在分析完投资环境后，投资者需要了解市场中存在的投资品种，选择适合自己的投资品种，在投资过程中一般认为，应选择自己了解的行业、了解的产品进行投资，切忌盲目进入不了解的行业。在当前市场中，一般认为可供个人投资者选择的投资品种分为以下几种。

一、储蓄

首先，储蓄是深受普通居民家庭欢迎的投资行为，也是人们最常使用的一种投资方式。

其次，储蓄与其他投资方式比较，具有安全可靠（受法律保护）、手续方便（储蓄业务的网点遍布全国）、形式灵活、可继承的特点。储蓄是银行通过信用形式，动员和吸收居民节余的货币资金的一种业务。银行吸收储蓄存款以后，再把这些资金以各种方式投入到社会生产过程中，并取得利润。作为使用储蓄资金的代价，银行必须付给储户利息。因而，对储户来说，参与储蓄能使节余的货币资金得以增值或保值，是一种稳健的家庭投资行为。

二、保险

任何人无法预兆一生中是否会遇到意外伤害、重病、天灾等不确定因素。保险是一把财务“保护伞”，它能让家庭把风险交给保险公司，即使有意外，也能使家庭得以维持基本的生活水平。保险投资在家庭投资活动中也许并不是最重要的，但却是必需的。

我国城乡居民可供选择的保险险种多种多样，主要有财产保险和人身保险两大类。家庭财产保险是用来补偿物质及经济利益损失的一种保险。已开办的涉及个人家庭财产保险有：家庭财产保险、家庭财产盗窃险、家庭财产两全保险、各种农业种养业保险等。人身保险是对人身的生、老、病、死以及失业给付保险金的一类险种，主要有养老金保险系列、返还性系列保险、人身意外伤害保险系列等。

三、股票

股票作为股份公司为筹集资金而发行的一种有价证券，是证明投资者投资入股并据以获取股利收入的一种股权凭证，早已走进千家万户，成为许多家庭投资的重要目标。股票投资已成为老百姓日常谈论的热门话题。而且，目前利息税的征收范围虽然也包括个人股票账户利息，但对股票转让所得，国家将继续实行暂免征收个人所得税的政策，因此，谨慎介入股市，也是一条有效的理财途径。

比如将活期存款存入个人股票账户，你可利用这笔钱申购新股。若运气好，中了签，待股票上市后抛出，就可稳赚一笔。即使没有中签，仍有活期利息。如果你的经济状况较好，能承受一定的风险，也可以在股票二级市场上买进股票。黄金、房地产和股票被经济学家认为是当今世界三大投资热点。

由于股票具有高收益、高风险、可转让、交易灵活、方便等特点，已成为支撑我国资本市场发展的强大力量。股票投资的报酬可以通过计算股票投资收益率来反映。

四、债券

目前国债和国家发行的金融债券利息暂免征收个人所得税。三年、五年期国债的票面利率高于同期银行存款利率近三分之一。国债的流动性也很强，同样可以提前支取和质押贷款。因此，国债对于那些收入不是太高，随时有可能动用存款的谨慎投资者来说，是最理想的投资渠道了。

若你手上有一笔长期不需动用的闲钱，希望能获得更多一点的利润，但又不敢冒太大风险，可以大胆买进一些企业债券。企业债券的利息收入虽然需要缴纳利息税，但税后收入仍比同期储蓄存款利息高出一大截。

五、基金

基金投资是指基金发起人通过发行基金券（即受益凭证），将投资者的分散资金集中起来，交由基金托管人保管、基金管理人经营管理，并将投资收益分配给基金券持有人的一种投资方式。居民家庭购买投资基金等于将资金交给专家，是缺乏时间和专业知识并具有一定风险承受能力的家庭投资者的最佳投资工具。

六、外汇

外汇是指以外币表示的用于国际结算的各种支付手段，即可以直接用于偿还对外债务、实现购买力国际转移的外币资金。按照我国外汇管理的有关规定，外汇主要包括：

（1）外国货币，包括纸币和金属铸币，在我国可自由兑换的外币有：美元、英镑、德国马克、日元、港币五种外币。

（2）外币有价证券，包括公债、国库券、公司债券、股票、息票等。

（3）外币支付凭证，包括票据、银行存款凭证、邮政储蓄凭证等。

（4）其他外汇资金。

长期以来，我国实行外汇管制，个人不得进行外汇买卖。当前，居民可选择的外汇投资种类包括外汇存款（即投资于外国货币，赚取汇率差额）、外汇兑换（通过买卖外汇，取得外汇收入）及投资外汇证券市场，通过这些方式取得正当的外汇投资收益。

七、期货

期货交易是指交易双方在期货交易所内，通过公开竞价方式，买进或卖出在未来某一日期按协议的价格交割标准数量商品的合约的交易。期货交易根据交易对象分为商品期货和金融期货两大类。以具有价值的商品为交易对象的期货称为商品期货。商品期货是期货交易中最主要的部分，也是期货交易的基础。可用作期货交易的商品有农产品和矿产品两大类。而以标准化的金融工具为交易对象的期货，就是金融期货。金融期货主要包括外汇期货、利率期货和股票指数期货三大类。随着金融环境的日益宽松以及投资者期货交易常识的普及，期货投资将会和现货投资一样成为常用投资方式之一。

八、黄金

黄金一直是人们心目中财富的象征，是世界通行无阻的投资工具。只要是纯度在99.5%以上，或具有世界性信誉的银行或黄金自营商的公认标志与文字的黄金，都能依照当日伦敦金市行情的标准价格出售。黄金作为最佳保值工具，自古受到投资理论和普通投资者的青睐，人们认为在传统的股票及债券资产以外拥有黄金才是最佳策略。特别是在动荡不安的世界里，许多投资者都认为只有黄金才是最安全的资产。所以，投资者都一致认为黄金是投资组合中的重要组成部分。

黄金投资形式有六大类：实金投资（即金条）、金币投资、金首饰投资、现货黄金、纸黄金、黄金期货。

九、房地产

作为世界三大投资热点之一，房地产投资向来受到投资者的青睐。房地产是房产（房屋财产）和地产（土地财产）的合称。房地产除了满足居民家庭居住需求外，兼具保值增值的功能，是防止通货膨胀的良好投资工具。一个家庭要投资于房地产，应该做好理财规划，合理安排购房资金，并学习房地产知识。毕竟，购房对于每个家庭都是一项十分重大的投资。

房地产市场分三级：一级市场（国家垄断）、二级市场（房地产商开发经营活动场所）、三级市场（房地产再转让、租赁、抵押场所）。投资者可根据实际情况，选择长线投资和短线投机策略。购得房地产后，投资者应随机应变，待市场大幅上涨时，果断脱手套现，获取价差收入。

十、收藏品

当今，收藏不仅是一种修身养性的业余文化活动，也是一种投资方式。在各式各样的收藏品中，古玩、字画、钱币、邮品及火花不但历史悠久，而且自成体系，在收藏界占据了显著的位置，并称“五大世家”；近些年来，又涌现出声名盛极一时的“四大名流”：磁卡、粮票、股证和彩票。另外，诸如纪念章、各种工艺品等都可收藏，人们习惯于把这些收藏品称之为“三教九流”。收藏爱好者应遵循商界“不熟不做”的至理名言，熟悉某一收藏品的品种、性质、特点、市场行情及兴趣、欣赏原则，及时收藏，待价而沽，达到取得投资收益的最终目的。收藏市场有个有趣现象：收藏品越增值，参与收藏的人就越多；收藏的人越多，收藏品增值就越快。近几年收藏市场正在加快这种“滚雪球”式的循环。

任务三

了解投资过程

任务描述

1. 到银行柜台咨询银行的理财产品种类，了解投资的过程及相关手续的办理；
2. 比较分析各投资理财产品购买程序的差异；
3. 到房屋中介或楼盘售楼部收集房产销售的相关信息。

相关知识

一、确定投资策略

人们常说：“风险越大，收益越大。”投资者在涉足投资的时候，必须结合个人的实际状况，制定可行的投资策略。这实质上是确定个人资产投资组合的问题，投资者应掌握好以下两个原则。

（一）风险分散原则

投资者在支配个人财产时，要牢记：“不要把所有的鸡蛋都放在一个篮子里。”房地产、珠宝首饰收益高，流动性差；证券投资流动性好，变现能力强，但需要投资者有较高的信息收集与分析能力；银行储蓄、债券收益稳定，但是收益率相对较低。各种投资方式都有自己的优缺点，尽可能地回避风险和实现收益最大化，是个人理财的两大目标。

（二）量力而行原则

大多数投资品价格波动较大，投资者不能只想盈利，还要有赔钱的心理准备和实际承受能力。投资者必须结合个人的财力和心理承受能力，拟定合理的投资政策。

二、进行投资分析

受市场供求、政策倾向、利率变动、汇率变动、公司经营状况变动等多种因素影响，投资品价格呈现波动性、风险性的特征。何时介入投资品市场，购买何种投资品对投资者的收益有直接影响。投资品价值分析成为投资步骤中很重要的一个环节。

一般投资品价值分析可以分为基本分析法和技术分析法，其目的在于预测价格趋势和发现价值，从而为投资者提供介入时机和介入品种决策的依据。

三、确立投资组合

在进行投资时，投资者一方面希望收益最大化，另一方面又要求风险最小，两者的平衡点，也即在可接受的风险水平之内，实现收益最大化的投资方案，构成最佳的投资组合。

根据个人财务状况、心理状况和承受能力，投资者可分为具有低风险倾向或高风险倾向。低风险倾向者宜组建稳健型投资组合，投资于收益稳定的品种，如债券、基金。高风险倾向者可组建激进型投资组合，着眼于投资品的成长性，多配置一些高风险、高收益的投资品。

四、评估投资业绩

定期评估投资业债，测算投资收益率，总结决策中的成败得失，在投资中有承上启下的作用。不同的投资品种有不同的业绩评价方法，最简单的方法是计算投资品价格变化与投资计划预测的差异，根据差异分析因素影响的短期性和长期性，确定是否修改投资策略。

五、修正投资策略

随着时间的推移，市场、政策等各种因素发生变化，投资者对投资品的评价，对收益的预期也相应发生变化。在评估前一段业绩的基础上，重新修正投资策略非常必要。如此又重复进行确定投资策略→进行投资分析→确立投资组合→评估投资业绩的过程，以保证投资者预期目标的实现。

任务四

分析投资动机

任务描述

1. 了解人们参与投资活动的动机；
2. 分析不同的投资产品如何满足投资者的不同动机。

相关知识

本部分主要介绍投资者的投资动机。识别投资者的投资动机，可以帮助投资者根据大众心理来进行投资。

一、投资动机的概念

投资动机是指投资活动主体进行投资活动所要达到的目的。

投资动机可分为盈利性动机和非盈利性动机。

盈利性动机（获利动机）是指获取物质利益或利润最大化的动机。它是市场经济活动中最一般、最普遍、最根本的动机形式。

非盈利性动机包括获权动机、获益动机、获市动机三种。获权动机是指获取经济控制权的动机（如经营权、生产原料的控制权等）；获益动机是指获取社会效益的动机；获市动机是指占领市场份额的动机。

二、投资动机的内涵

（一）资本增值动机

人们参与证券投资活动，最基本的动机就是获取股息或利息收入，以实现资本的增值。投资者在投资决策时，一般非常注意各种证券的收益率差异，在认真分析计算的基础上，尽可能地把资金投放于股息或利息相对丰厚的证券上。

（二）灵活性动机

灵活性是指投资者在尽可能避免损失的条件下，将投资迅速转化成现金的能力。现金的灵活性最大，但却无法实现资本的增值，银行活期存款则收益率太低。相反，动产与不动产的投资虽然收益率较高，但投资者将其转化成现金的成本往往太高，而且交易时间也比较长，这类投资灵活性偏低。证券投资将灵活性与收益性融合起来，它既能很快地转化成现金，又能为投资者带来长期收益。

（三）参与决策动机

就广大的投资者而言，参与决策的意识比较淡薄，但部分投资者可能为了参与发行公司的决策而购买其证券。在资本市场发达国家，资本雄厚的投资者为了控制股份公司，有时会大量购买这一公司的股票。

（四）投机动机

许多投资者认为利用价格升降获得差价收益往往远远高于利息或股息收益。为获得股息或利息需要等上半年、一年或更长时间，不如在证券市场上短期买卖各类证券获得差价收益更有利。因此，出于这种投机动机的投资者，极为关注证券市场的供求关系和证券行市波动的趋势及幅度，把资本投入到价格波动较大的证券上，并频繁地买卖证券，他们宁可承担更大的风险以获取更大的收益。有的投机者甚至故意操纵某种股票的价格，以获取暴利。所以说，投机活动已成为证券投资的一种普遍现象。

（五）安全动机

有的投资者出于安全考虑参与证券投资，因为用现金购买证券可以防止意外灾害或被盗造成的损失，使资本更有保障。此类投资者也重视投资收益问题，他们认为把钱存入银行和购买证券安全程度基本相等，但证券投资能提供更大收益，因此采取证券投资方式更有利。由于他们更侧重安全性问题，在投资时多把资金投放于价格波动幅度小和收益稳定的债券上。

（六）选择动机

边际效用递减规律在一般商品的购买活动中的作用表现为：消费者不会把大量现金花费在一种商品上，尽管这种商品可能对他有极大的吸引力。因为，随着购买数量的增加，效用就会递减。同样，在投资活动中，边际效用递减规律也起作用，投资者如果总是购买一种投资品会感到乏味，没有一种产品能满足投资者的全部需要。个人投资者在增加投资规模时总希望购买其他种类的投资品种，目的在于从各种投资品的效益比较中获得平衡性满足。

（七）自我表现动机

这种动机的核心是自我炫耀，从中得到心理满足。社会上某些巨富以拥有巨额证券资产显示自身的富有、地位及威望；一些自认为能力超群的人通过艺术品投资赚取比别人多的收益来显示自己能力卓绝。

（八）好奇与挑战动机

有人从未买卖过证券，目睹他人买卖证券，自己也想体验一下；有人则眼见别人炒股赚了钱，出于一种挑战心理，也开始买卖证券，力图比别人赚得更多。具有这种动机的投资者往往缺乏必要的技术和心理准备，因而投资较具冲动性，也往往不够稳定。

（九）避税动机

避税动机是指高收入阶层的投资者为逃避收益纳税而选择收益免税保护的证券进行投资的心理趋向。他们选择可获得利息免税的国债、金融债券进行投资，因为这类证券可以为投资者提供税收保护。在现代西方社会，许多经济学家已提醒投资者勿被投资活动的税收优惠所蒙蔽，而应同时注意考虑经济方面的因素。

三、投资动机的诱导

（1）建立健全合理的价格机制，为投资主体创造公平竞争的环境。

（2）建立适应社会主义市场经济发展的投资体制，理顺中央、地方、企业和个人在投资活动中的关系。

（3）投资环境是影响和决定投资动机的关键因素，因此，要搞好投资环境的建设。

（4）建立健全投资管理机制。

任务五

获取典型投资品

任务描述

1. 打开任一银行网站中个人电子银行页面，分析银行推出的投资品种；

2. 在银行网站为自己开立投资账户。

相关知识

一、证券交易账户的开立与交易

投资者要了解所需要开立的账户种类，即开立证券账户和开立资金账户。证券账户用来记载投资者所持有的证券种类、数量和相应的变动情况，资金账户则用来记载和反映投资者买卖证券的货币收付和结存数额。

投资者需带着相关证件（身份证和普通银行卡）到当地证券公司进行开户申请。证券开户时需填写《证券交易开户文件签署表》和《证券客户风险承受能力测评问卷》；如果客户从未办理过证券开户，需填写《自然人证券账户注册申请表》。然后证券开户本人带着从证券公司申请的账户号到银行，将银行卡和证券账号关联起来。办理银行第三方存管，需填写《客户交易结算资金第三方存管协议》，没有该银行借记卡者仅需在银行柜台另新办借记卡即可；开户之后在自己电脑上下载该证券公司的软件并安装（见图 1—1），然后输入你的账户账号密码进入，将关联的银行卡上资金导入证券账户。在交易时间段（周一到周五，早上 9 点 30 分到 11 点 30 分，下午 1 点到 3 点）可以通过网站进行股票交易（见图 1—2）。

现在各券商大都开通手机预约开户，图 1—3 是预约开户的界面，投资者可以完成网上信息填制，然后直接带证件到营业厅开户，到银行办理资金第三方托管。

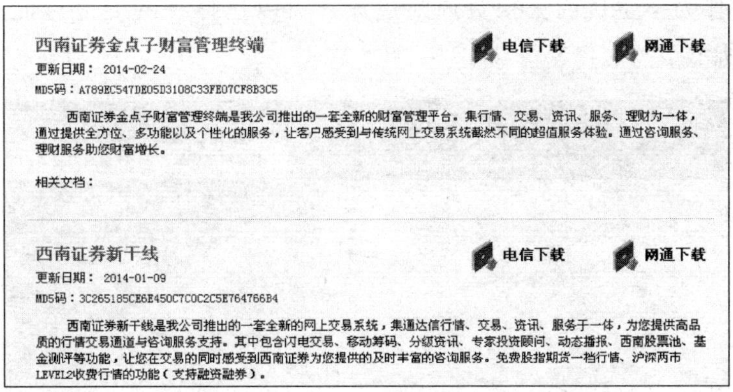

图 1—1　证券交易软件

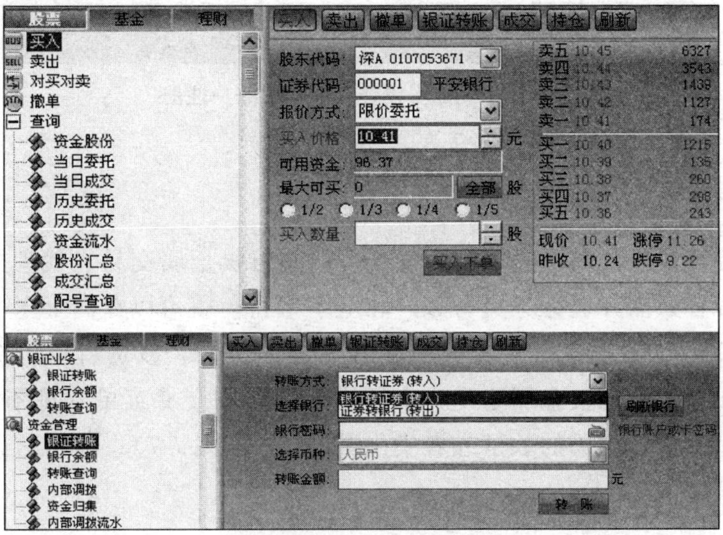

图 1—2　证券投资交易

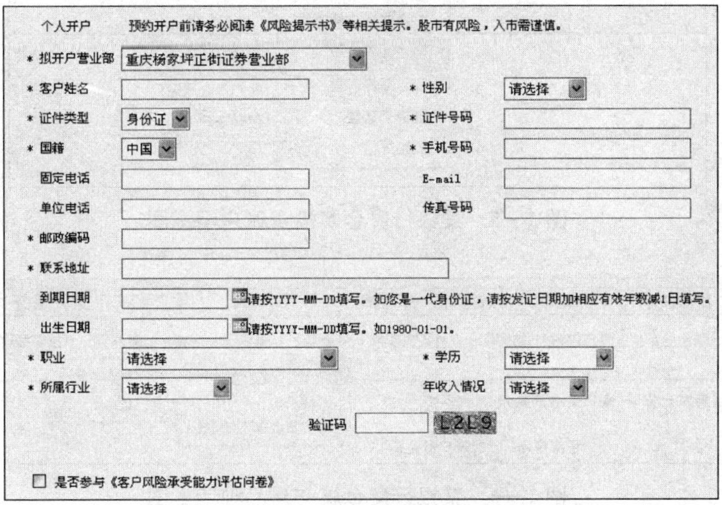

图 1—3　证券手机开户注册

如果你觉得作为学生目前去投资风险过大，可以选择在网上进行证券交易账户的模拟，如图 1—4 所示。

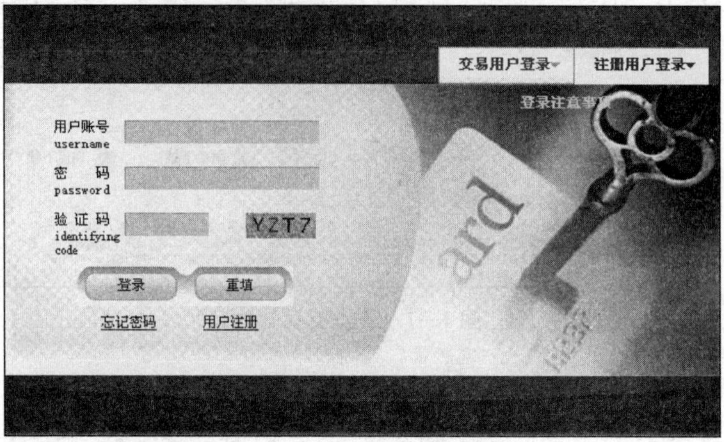

图 1—4　证券投资网上模拟账户注册

二、贵金属投资品的取得

大多数银行都开通了黄金的投资品种，可以进行贵金属交易、代理金交易和贵金属双向交易。投资者只需开通证券交易账户和电子银行，就可以在网上电子银行系统进行贵金属交易品种的投资。图 1—5 是某银行投资理财页面，投资者可以在“投资账户管理”下按照操作提示开通贵金属账户；之后进入贵金属交易菜单（见图 1—6），按照自己决定的投资品种输入购买的数量或者卖出数量（见图 1—7）；确认信息后即取得投资品（见图 1—8）。

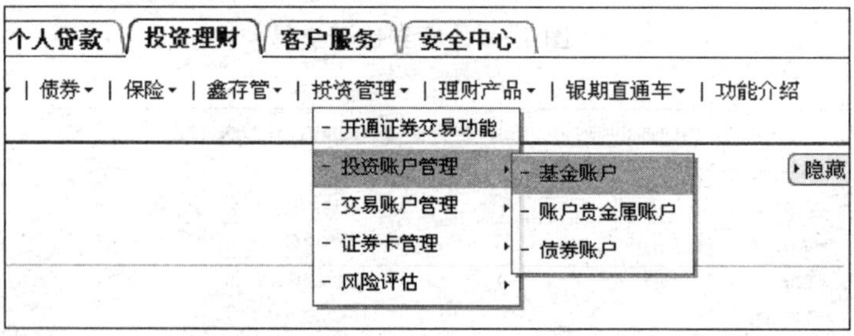

图 1—5　某银行贵金属投资账户示意图

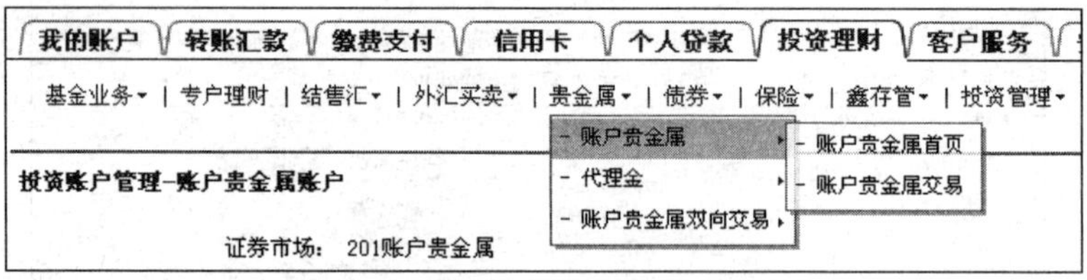

图 1—6　某银行贵金属交易品种示意图

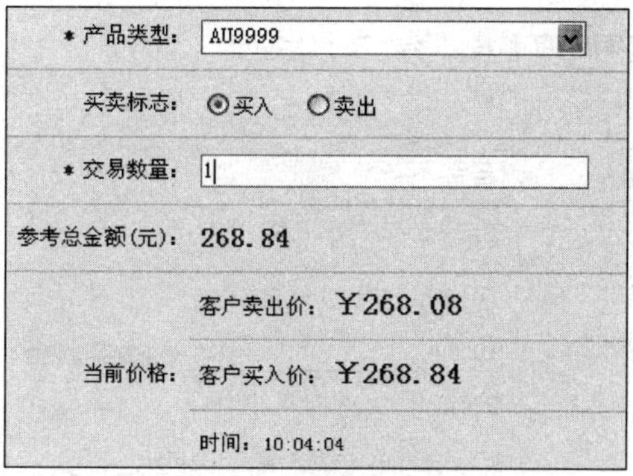

图 1—7　某银行贵金属交易图示

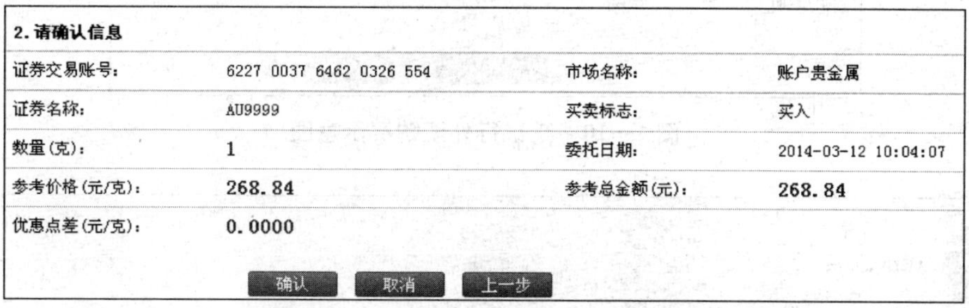

图 1—8　某银行贵金属交易信息确认

三、外汇投资品的取得

大多数银行开通了外汇投资，包括美元、日元、英镑、澳元等投资品种，可以进行外汇购入、外汇卖出以及综合两种业务外汇买卖。如果投资者有外汇账户，那么卖出一种外汇，同时买进一种外汇，都要通过人民币兑换。

投资者只要开通证券交易账户和电子银行，就可以在网上电子银行系统进行投资管理的设置。以某银行电子银行为例开通外汇交易账户（见图 1—9）；在取得购汇权限之后，根据自己事先确定的购汇品种录入相关信息（见图 1—10），并确认（见图 1—11），即可获得投资品种。

在外汇投资品升值之后，或者到了投资者设置的止损点后，选择结汇，以获利或止损。

图 1—9　某银行人民币购汇账户开设图示

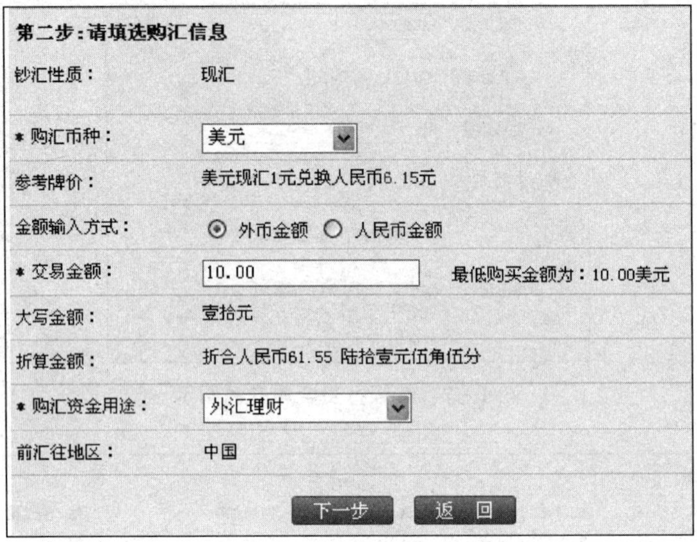

图 1—10　某银行外汇购买示意图

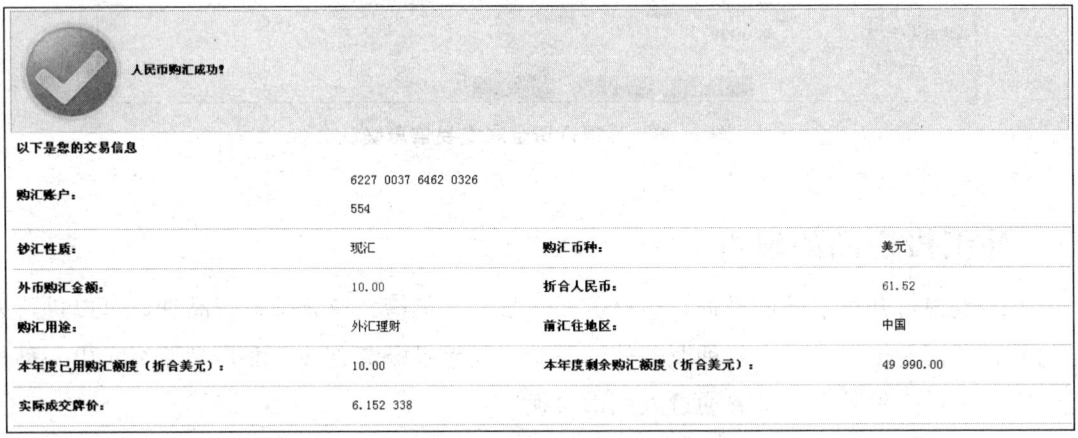

图 1—11　某银行人民币购汇信息确认

四、基金申购与赎回

对于大部分的小投资者来说，因为无法获取专业的咨询信息，很难在证券投资中获利，那么基金定投应该是一个较为合适的选择。基金团队的专业性决定获取信息的全面性，而基金定投不仅具有团队的专业性，而且对资金的要求也不高，投资者可以每月拿出几百元进行基金定投，聚少成多，在不断的投资加码过程中，避免在证券市场高位入场的风险，也可达到资金增值的目的。

基金定投一般由银行代理销售，客户在初次进行基金定投投资时，应到银行的个人理财柜台开通网上银行，在理财师的指导下填制基金申购申请，选择扣款日期，以后银行自动每月在扣款期扣款。

如果个人想扩大投资或者申购新的基金定投，可以在网上银行进行购买。下面以某银行个人电子银行系统中基金业务为例（见图1—12、图1—13、图1—14）演示操作过程。

图1—12　某银行基金投资界面图示

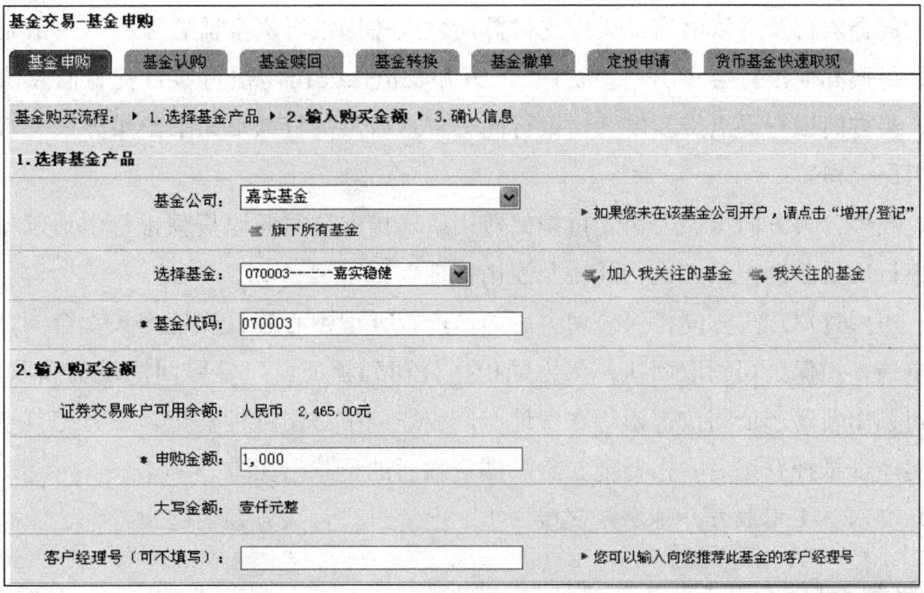

图1—13　某银行基金申购图示

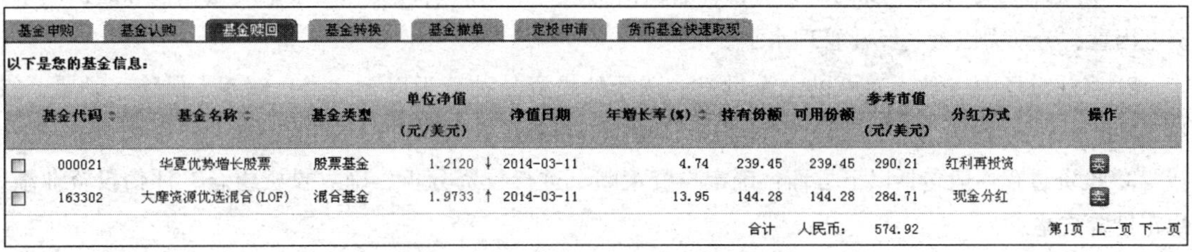

图1—14　某银行基金赎回图示

在该行代理的基金产品中进行比较与选择。如果基金在持有一段时间后升值，投资者可以选择基金赎回以获利。基金定投价格波动不会太大，适合中长期投资，没必要进行频繁的买卖，耗费过多的赎回费。

五、房屋投资产品的获得

相比较证券投资品来说，房产的获取更加复杂，流程更加繁琐。二手房投资一般要包括以下步骤：

（1）看房：买方看房，买卖双方初步洽谈价格、付款方式、交房日期等事项。

（2）查档：买卖双方持房产证原件或按揭合同到国土部门查房档案。

（3）签合同：买卖双方协商房屋价格、定金、首期款、资金监管、贷款申请时间、赎楼费用、过户申请时间、税费支付方式、交房日期、租客情况、佣金的支付时间及比例、违约责任，确定这几大要点后，买卖双方与中介签订三方合同或者买卖双方签订合同，把上述内容写入合同，支付定金给中介公司。

（4）卖方同担保公司到公证处进行公证，卖方委托担保公司办理相关事务。

（5）资金监管及贷款申请：买方支付首期款到按揭银行资金监管账号（一般是原贷款银行，如果换其他银行会多出一些费用），买方及担保公司与银行签订资金监管协议及相关文件，买方向银行提出贷款申请，银行同意贷款后出具贷款承诺书给买方（一般银行直接通知担保公司）。

（6）赎楼：买方向担保公司支付担保费用后，担保公司向原贷款银行申请赎楼，担保公司向银行出具赎楼担保，进行赎楼及注销抵押登记手续。

（7）房屋过户：买方同担保公司去房地产产权登记中心签订房地产买卖合同，递交房产过户申请，担保公司领取回执；买方同担保公司到领证窗口签署回执缴费领取房产证，担保公司领出新房产证同按揭银行在房地产产权登记中心作抵押登记，银行把首期款给卖方，新房产证抵押登记后，银行把扣除赎楼贷款后的贷款给卖方。

（8）交房：买卖双方办理房屋交接，水、电等过户，买方领钥匙。

项目小结

1. 影响和决定投资环境的因素有：社会政治因素、市场因素、资源因素、交通运输和通信因素、资金因素、劳动力因素、经营管理水平。

2. 当前市场中一般认为可供个人投资者选择的投资品种分为以下种类：储蓄、保险、股票、债券、基金、外汇投资、期货投资、黄金投资、房地产投资、收藏品投资等。

3. 投资过程一般包括以下方面：确定投资策略、进行投资分析、确立投资组合、评估投资业绩、修正投资策略。

4. 获取典型投资品包括证券交易账户的开立与交易、贵金属投资品的取得、外汇投资账户的取得、基金申购与赎回、房屋投资产品的获得。

技能训练

一、单选题

1. 以下投资产品中，最不能抵御通胀风险的是（　　）。

A. 黄金　　B. 房地产　　C. 股票　　D. 债券

2. 一个完整的经济周期的变动过程是（　　）。

A. 繁荣—萧条—衰退—复苏　　B. 复苏—上升—繁荣—萧条

C. 上升—繁荣—下降—萧条　　D. 繁荣—衰退—萧条—复苏

3. 以下投资品中，最让投资者省心的是（　　）。

A. 股票　　B. 房地产　　C. 基金　　D. 衍生品

4. 以下投资品获得过程最为复杂的是（　　）。

A. 纸黄金　　B. 股票　　C. 二手房投资　　D. 基金

5. 个人投资者证券交易账户的完整开立过程主要涉及的金融机构是（　　）。

A. 证券交易所和银行　　B. 证券公司和银行

C. 上市公司和银行　　D. 证券结算机构和银行

二、多选题

1. 投资动机主要有（　　）。

A. 资本增值动机　　B. 参与决策动机　　C. 安全动机　　D. 避税动机

2. 证券投资政策是投资者为实现投资目标应遵循的基本方针和基本准则，包括（　　）。

A. 确定投资目标　　B. 确定投资对象

C. 确定投资规模　　D. 应采取的投资策略和措施

3. 确定投资策略的原则有（　　）。

A. 风险分散原则　　B. 量力而行原则

C. 收益最大化原则　　D. 风险最小化原则

三、判断题

1. 随着人们生活水平和受教育程度的提高，消费心理、消费习惯、文明程度和社会责任感会逐渐改变，从而引起对某些商品的需求变化并进一步影响行业的兴衰。（　　）

2. 对国家财政政策、货币政策和收入政策的分析属于宏观经济分析的范畴。（　　）

3. 如果市场物价上涨，需求过度，经济过度繁荣，被认为是社会总需求大于总供给，中央银行就会采取扩大货币的政策以减少需求。（　　）

4. 国内生产总值的增长速度一般用来衡量经济增长率，是反映一个国家经济是否具有活力的基本指标。（　　）

5. 通货膨胀一般以两种方式影响到经济：通过收入和财产的再分配以及通过改变产品产量与类型。（　　）

四、实务操作题

参考本文投资品取得的操作步骤，请读者到自己的开户银行开通电子银行，完成基金、贵金属、外汇市场的开户，并进行一次业务操作，投资金额保持在400元以内，记录自己的盈亏过程，对操作结果进行分析，并向自己的朋友介绍投资操作流程。

要求：对操作步骤截图，形成一份Word文档。

项目二

债券投资

学习目标

1. 掌握债券的概念、票面要素和债券种类；
2. 了解我国发行债券的历史；
3. 具备一定的分析债券投资价值的能力；
4. 具有一定的债券投资的风险意识；
5. 能够判断生活中各种债券的分类，并说出其特征；
6. 能够概括各种债券的特点，利用所学知识分析不同条件下如何投资债券。

项目导言

债券是一种重要的投资理财方式。债券投资可以为我们带来收益，同时也具有一定的风险。通过学习本项目，结合我国证券市场的实际，可以系统地学习债券投资工具的定义、种类、基本特征以及如何投资的基本理论，能够具有一定的债券投资实际操作能力。

项目导入——为什么要购买债券?

宏观意义上讲，政府机构购买债券是为了实施货币政策，将其作为调控经济的一种手段。微观意义上讲，居民投资者购买债券是将它作为投资理财的方式，使手中资金的购买力不受到通货膨胀的侵蚀。

作为一种投资方式，债券和股票、基金、外汇，以及实物资产等其他投资方式有哪些不同？我们应该选择哪种债券进行投资？债券投资如何尽可能规避风险和实现收益？回答这些问题之前，我们需要从了解债券的相关知识开始。

任务一

认识债券

任务描述

1. 比较国债、金融债券和公司债券各自的特点；
2. 搜索财经网站，参考正在发行的债券并举例说明其特征。

相关知识

一、债券的概念、基本要素和特征

（一）债券的概念

债券是一种有价证券，是政府、金融机构、企业等社会经济体为筹集资金向债券投资者出具，同时承诺按一定利率定期支付利息，并到期按约定条件偿还本金的债权债务凭证。债券具有法律效力，约定了债券发行者和购买者之间的债务债权关系。债券的概念包括了四个方面的含义：第一，债券发行人是借入资金的经济主体；第二，购买债券的投资者是借出资金的经济主体；第三，发行人按照约定日期还本付息；第四，债券反映了债券发行者和购买者之间的债务债权关系，是具有法律效力的债权债务凭证。

（二）债券的基本要素

债券作为债权债务关系的凭证，虽然种类式样不一，但内容都包含了一些基本要素，以一定格式的票面形式来表现，明确了债权债务人的权利和义务。

1. 债券的面值

债券的面值是指债券的票面价值，是债券发行人承诺在债券到期后应偿还给债券持有人的本金数额，也是按期支付利息时的计算依据。债券的面值与债券实际的发行价格并不一定是一致的，发行价格大于面值称为溢价发行，小于面值称为折价发行，等于面值称为平价发行。

2. 债券的票面利率

债券的票面利率是指债券利息与债券面值的比率，是发行人承诺以后一定时期支付给债券持有人报酬的计算标准。债券票面利率的确定主要受到银行利率、发行者的资信状况、偿还期限和利息计算方法以及当时资金市场上资金供求情况等因素的影响。

3. 债券的付息期

债券的付息期是指债券发行人发行债券后的利息支付的时间。它可以是到期一次支付，也可以是一年、半年或者3个月支付一次。在考虑货币时间价值和通货膨胀因素的情况下，付息期对债券投资者的实际收益有很大影响。到期一次付息的债券，其利息通常是按单利计算的；而年内分期付息的债券，其利息是按复利计算的。

4. 债券的偿还期

债券的偿还期是指债券上载明的偿还债券本金的期限，即债券发行日至到期日之间的时间间隔。债券发行人要结合自身资金周转状况及外部资本市场的各种影响因素来确定债券的偿还期。

（三）债券的特征

债券作为一种债权债务凭证，与其他有价证券一样，也是一种虚拟资本，而非真实资本，它是经济运行中实际运用的真实资本的证书。

债券作为一种重要的融资手段和金融工具具有如下特征：

1. 偿还性

债券规定了偿还期限，发行人必须按约定条件偿还本金并支付利息。

2. 流动性

上市债券具有较好的流动性。当债券持有人急需资金时，在偿还期到来之前，可以在证券市场上自由流通和转让。而且随着金融市场的进一步开放，债券的流动性将会不断加强。因此投资者持有债券与持有现款或将钱存入银行几乎没有区别。

3. 安全性

与股票相比，债券通常规定有固定的利率，并且在发行时就约定了到期后可以支付本金和利息，故其安全性高。企业债券与企业绩效没有直接联系，收益比较稳定，风险较小。此外，在企业破产时，债券持有者享有优先于股票持有者对企业剩余资产的索取权。

4. 收益性

债券的收益性主要表现在两个方面：一是投资债券可以给投资者定期或不定期地带来利息收入；二是投资者可以利用债券价格的变动，买卖债券赚取差额。

二、债券的分类

（一）根据发行主体分类

1. 政府债券

政府债券是国家为筹集资金而向投资者出具的，承诺在一定时期支付利息和到期偿还本金的债务凭证。中央政府发行的债券称为中央政府债券或者国债，地方政府发行的债券称为地方政府债券。政府债券最初仅是政府弥补赤字的手段，但在现代商品经济条件下，政府债券已成为政府筹集资金、扩大公共开支的重要手段，并且随着金融市场的发展，逐渐具备金融商品和信用工具的职能，成为国家实施宏观经济政策、进行宏观调控的工具。由于其发行主体是国家，由政府偿本付息，因此在各类债券中，政府债券的信用等级是最高的，对于投资者而言风险相对较小，获取利息的收益比较稳定。而且，政府债券的发行量较大，竞争力强，允许在证券交易所和场外市场进行交易，故其流动性也比较强。

1981年后，我国发行的普通国债主要有以下几类：

（1）记账式国债。记账式是指没有实物形态的，投资者持有的债券登记于证券账户中，投资者仅取得收据或对账单以证实其所有权的一种债券。记账式国债是由我国财政部面向全社会各类投资者通过无纸化方式发行的、以电子记账方式记录债权并可以上市流通和交易的债券。在我国，上海证券交易所和深圳证券交易所已为证券投资者建立计算机证券账户，因此，可以利用证券交易所的系统来发行债券。如果投资者进行记账式债券的买卖，就必须在证券交易所设立账户。所以，记账式国债又称无纸化国债。

（2）凭证式国债。它是由财政部发行的，有固定票面利率、通过纸质媒介记录债权债务关系的国债。我国近年通过银行系统发行的凭证式国债，券面上不印制票面金额，而是根据认购者的认购额填写实际的缴款金额，是一种国家储蓄债，可记名、挂失，以“凭证式国债收款凭证”记录债权，不能上市流通，从购买之日起计息。在持有期内，持券人如果遇到特殊情况，需要提取现金，可以到购买网点提前兑取。

（3）储蓄国债。所谓储蓄国债，是财政部面向个人投资者发行、以吸收个人储蓄资金为目的，满足长期储蓄性投资需求的不可流通记名国债品种。而电子储蓄国债就是以电子方式记录债权的储蓄国债品种。与传统的储蓄国债相比较，电子储蓄国债的品种更丰富，购买更便捷，利率也更灵活。由于其不可交易性，决定了任何时候都不会有资本利得。这一点与现有的凭证式国债相同，主要是鼓励投资者持有到期。

2. 金融债券

金融债券是指银行和非银行金融机构依照法定程序发行并约定在一定期限内还本付息的有价证券。金融债券的发行主体是银行和非银行金融机构，因能吸收存款而具有稳定的资金来源，信用度较高。发行此类债券的主要目的是将筹到的资金用于某些特殊项目，以及改变本身的资产负债结构。

我国的金融债券发行开始于北洋政府时期，后来，国民党政府时期也曾多次发行过“金融公债”、“金融长期公债”和“金融短期公债”。新中国成立之后的金融债券发行始于1982年。当年，中国国际信托投资公司率先在日本的东京证券市场发行了外国金融债券。

为推动金融资产多样化，筹集社会资金，1985年中国工商银行、中国农业银行发行了金融债券，开办特种贷款。这是中国经济体制改革以后国内发行金融债券的开端。在此之后，中国工商银行和中国农业银行又多次发行金融债券，中国银行、中国建设银行也陆续发行了金融债券。近年来，我国金融债券市场发展较快，金融债券根据发行主体主要分为政策性金融债券、商业银行债券、证券公司债券、保险公司次级债券和财务公司债券。

3. 公司债券

公司债券是指公司依照法定程序发行，约定在一定期限还本付息的有价证券。公司债券的发行主体是股份公司，这里的公司不是一般意义的企业，而是“公司化”的企业，即公司制企业。但有些国家也允许非股份制企业发行债券。公司发行债券的主要目的是满足企业的经营活动。由于公司实力和信用具有差别，因此公司债券的风险相对于政府债券和金融债券较大一些。公司债券的种类较多，这里主要选择以下几种进行介绍。

(1) 信用公司债券。信用公司债券是一种不以公司任何资产作担保而发行的债券，属于无担保证券范畴。一般情况下，公司债券的信用程度不及政府债券和金融债券，发行债券时往往需要提供某种形式的担保。但少数大公司信誉高，也可以不提供担保。这样，发行人实际上是将公司信誉作为担保。发行这种债券时，为了保护投资者的利益，可附有某些限制性条款，如公司债券不得随意增加、债券未清偿之前股东的分红要有限制等。

(2) 不动产抵押债券。不动产抵押公司债是以公司的不动产（如房屋、土地等）作抵押而发行的债券，是抵押证券的一种。一旦发行公司不能偿还债务，抵押的不动产将被出售以供偿还债务。

(3) 保证公司债券。保证公司债券是公司发行并由第三方为其还本付息提供担保的债券，是担保证券的一种。第三方可以是政府、信誉良好的银行或者发行公司的母公司等。如果发行债券的公司到期不能偿还债务，担保人则要承担偿还债务的责任。实践中，担保行为常见于母子公司之间。

（二）根据付息方式分类

1. 累息债券

累息债券又叫一次还本付息债券，是指在债券到期日时，按照票面载明的金额和利率一次性向债券持有者支付利息并偿还本金的债券。累息债券在存续期内是不支付利息的。

2. 附息债券

附息债券又称息票债券，是按照债券票面载明的利率及支付方式，定期分次付息的债券。此类券面上附有息票，息票的持有人可以按照标明的时间期限到指定地点按照标明的利息额领取利息。

3. 贴现债券和零息债券

贴水发行的折现债券有两种，分别为贴现债券和零息债券，是指在票面上不规定利率，在发行时按照规定的折扣率以低于票面金额的价格发行，到期时按照面额偿还本金。贴现债券和零息债券属于折价方式发行的债券，其发行价格与票面金额的差额即为实际的利息。贴现债券是期限比较短的折现债券。零息债券的期限普遍较长，最长可达20年。

（三）根据债券形态分类

1. 实物债券

实物债券是一种具有标准格式实物券面的债券，在其券面上，一般印制了债券面额、债券利率、债券期限、债券发行人全称、还本付息方式等各种债券票面要素，不记名、不挂失，可上市流通。我国1981年恢复发行的国库券就是实物债券。

2. 凭证式债券

凭证式债券是债权人认购债权的一种收款凭证，而不是债券发行人制定的标准格式的债券。凭证式债券可记名、可挂失，但不能上市流通。我国通过商业银行发行的凭证式国债就属于凭证式债券。

3. 记账式债券

记账式债券是无实物形态的票券，利用电子系统以记账形式记录债券，而不表现为实物形态，其发行和交易均无纸化。记账式债券可记名、可挂失，可上市流通，我国于1994年开始发行。

（四）根据是否能转化成公司股票分类

1. 可转换债券

可转换债券是指在特定时期内可以按某一固定比例转换成普通股的债券，它具有债务与权益双重属性，属于一种混合型筹资方式。由于可转换债券赋予债券持有人将来成为公司股东的权利，因此其利率通常低于不可转换债券。

2. 不可转换债券

顾名思义，不可转换债券是指不能转换为普通股的债券，实为普通债券。由于其没有赋予债券持有人将来成为公司股东的权利，所以其利率一般高于可转换债券。

（五）根据是否有财产担保分类

1. 抵押债券

抵押债券是以企业财产作为担保的债券，按抵押品的不同又分为一般抵押债券、不动产抵押债券、动产抵押债券和证券信用抵押债券。抵押债券可以分为封闭式债券和开放式债券。封闭式债券发行额会受到限制，即不能超过其抵押资产的价值；开放式债券发行额不受限制。抵押债券的价值取决于抵押资产的价值。

2. 信用债券

信用债券是不以任何公司财产作为担保，完全凭信用发行的债券。其持有人只对公司的非抵押资产具有追索权，企业的盈利能力是这些债券投资人的主要担保。由于信用债券没有财产担保，所以在债券契约中都要加入保护性条款，如不能将资产抵押给其他债权人，不能兼并企业、未经债权人同意不能出售资产、不能发行其他长期债券等。

（六）根据利率是否固定分类

1. 固定利率债券

固定利率债券指在发行时规定利率在整个偿还期内不变的债券。无论市场利率如何变化，债券持有人只能按照债券票面所载明的利率获取利息。虽然固定利率债券由于其固定利率可以较好地抵制通货紧缩风险，但是当偿还期的市场利率上升且高于债券票面利率时，债券持有人就要承担收益率相对降低的风险。

2. 浮动利率债券

浮动利率债券是指发行时规定债券利率随市场利率定期浮动的债券。也就是说，债券利率在偿还期内可以进行变动和调整。因为浮动利率债券的利率同当前市场利率挂钩，而当前市场利率又考虑了通货膨胀的影响，所以浮动利率债券可以一定程度抵制通货膨胀风险。

（七）根据是否能够赎回分类

1. 可赎回债券

可赎回债券指在债券到期前，发行人可以按照事先约定的赎回价格收回的债券。

2. 不可赎回债券

不可赎回债券是指发行人不能在债券到期前赎回的债券。

任务二

分析债券的投资价值

任务描述

1. 结合目前我国的债券市场，谈谈进行债券投资应考虑的因素；
2. 根据债券的基本要素，计算债券的内在价值并做出投资决策；
3. 选择目前债券市场的一个债券，分析其收益率。

相关知识

一、影响债券投资价值的因素

债券价值是指进行债券投资时投资者预期可获得的现金流入的现值。债券的现金流入主要包括利息和到期收回的本金或出售时获得的现金两部分。为了获取收益，投资者在投资债券时，应当考虑债券的投资价值，把握债券投资的交易时机。

（一）影响债券投资价值的内部因素

1. 债券的期限

通常情况下，债券的期限越长，其市场变动的可能性就越大，其价格的易变性也就越大，投资价值越低。

2. 债券的票面利率

债券的票面利率越低，价格的易变性越大。市场利率提高的时候，票面利率较低的债券的价格下降较快。市场利率下降时，债券增值潜力也较大。

3. 债券的提前赎回条款

提前赎回条款是债券发行人所拥有的一种选择权，它允许债券发行人在债券发行一段时间以后，按约定的赎回价格在债券到期前部分或全部偿还债务。这种规定在财务上对发行人是有利的，因为发行人可以发行较低利率的债券取代那些利率较高的被赎回的债券，从而减少融资成本。而对于投资者来说，他的再投资机会受到限制，再投资利率也较低，这种风险是要补偿的。因此，具有较高提前赎回可能性的债券应具有较高的票面利率，也应具有较高的到期收益率，其内在价值也就较低。

4. 债券的税收待遇

债券的税收待遇是影响债券价格和收益率的一个重要因素。一般来说，免税债券的到期收益率比类似的应纳税债券的到期收益率低。此外，税收还以其他方式影响着债券的价格和收益率。例如，我国发行的国债和国家发行的金融债券的利息收入可免纳个人所得税，同等条件下，其收益率比其他金融债券或企业债券的收益率要低。

5. 债券的流动性

债券的流动性是指债券可以随时变现的性质，反映债券规避由市场价格波动而导致的实际价格损失风险的能力。流动性好的债券与流通性差的债券相比，具有较高的内在价值。

6. 债券的信用级别

债券的信用级别是指债券发行人按期履行合约规定的义务、足额支付利息和本金的可靠程度。信用越低的债券，投资者要求的到期收益率就越高，债券的内在价值也就越低。

（二）影响债券投资价值的外部因素

1. 基础利率

基础利率一般是指无风险债券利率，是债券定价必须考虑的一个重要因素。一般来说，短期政府债券风险最小，可以近似看作无风险证券，其收益率可被用作确定基础利率的参照物。基础利率也可参照银行存款利率来确定。

2. 市场利率

市场利率是债券利率的替代物，是投资于债券的机会成本。市场总体利率水平上升时，债券的收益率水平也应上升，从而使债券的内在价值降低；反之，在市场总体利率水平下降时，债券的收益率水平也应下降，从而使债券的内在价值增加。

3. 其他因素

主要包括通货膨胀水平、外汇汇率风险等。这些风险的存在使债券的内在价值降低。

二、计算债券的价值

（一）计算债券价值的数学基础

使用货币按照某种利率进行投资的机会是有价值的，该价值被称为货币的时间价值。任何一种金融投资都应该考虑其时间价值。债券投资的目的在于投资者在未来的某个时点可以取得一笔已发生增值的货币收入。因此，债券当前价格可表示为投资者为取得这笔未来收入而在目前需要投入的资金。使用货币按照某种利率获取货币的时间价值时，按照本期产生的利息是否作为下一期计算利息的本金，利息的计算方法分为单利和复利。

为简化起见，假设不存在信用风险，不考虑通货膨胀，从而对债券的估价可以集中在时间对它的影响上。在这一假定的基础上，再考虑债券估价的其他因素。

1. 终值

假设，当前一项投资的期限为 n 期，每个时期的利率为 i；P_n 为从现在开始 n 个时期的未来价值，即终值；P_0 为初始的本金。那么该项投资第 n 年年末时分别按复利和单利计算的终值分别为：

单利终值计算公式，$P_n = P_0 \times (1 + ni)$　　(2—1)

复利终值计算公式，$P_n = P_0 (1 + i)^n$　　(2—2)

【例 2—1】 每年支付一次利息的 5 年期国债，年利率为 8%，面值为 1 000 元，那么这张债券 5 年后按照单利和复利计算的终值分别应为：

按单利计算，$P_5 = 1\,000 \times (1 + 5 \times 8\%) = 1\,400$ 元

按复利计算，$P_5 = 1\,000 \times (1 + 8\%)^5 = 1\,469.30$ 元

由此可知，当利率相同时，用单利计息的终值比用复利计息的终值低。这是因为，单利计算终值时，不承认利息可以产生利息，也就是不认为作为利息的货币与作为本金的货币一样具有时间价值。此外，在采用复利方式计算终值时，如果利率越高，或者计算的期数越多，这笔资金投资的未来值将越大。

2. 现值

现值是终值计算的逆运算。金融决策在许多时候都需要在现在的货币和未来的货币之间作出选择，也就是将未来所获得的现金流量折现与目前的投资额相比较来测算盈亏。

单利现值计算公式，$P_v = \frac{P_n}{1+ni}$　　(2—3)

复利现值计算公式，$P_V = \frac{P_n}{(1+i)^n}$　　(2—4)

计算现值的过程叫贴现，所以现值也常被称为贴现值，其利率 i 则被称为贴现率。

【例 2—2】 假设一位投资经理约定 6 年后要向投资人支付 200 万元，采用复利方式计息。同时，此经理有把握每年实现 12%的投资收益率，那么他现在向投资人要求的初始投资额应为多少？

这里，$i=12\%$，$n=6$，$P_n=200$ 万元

那么，$P_V=\frac{200}{(1+12\%)^6}=101.32$ 万元

也就是说，投资人现在出资 101.32 万元，由投资经理以每年 12%的收益率经营 6 年后，投资人才有可能获得 200 万元的价值回报。

从公式（2—4）中可以看出，当贴现率提高，收取未来货币的机会成本提高，现值会下降；同样，收到货币的未来时间越长，它现在的价值就越小。

（二）债券估值原理

任何一种金融工具的理论价值都等于这种金融工具能为投资者提供的未来现金流量的贴现。给债券估值，首先要确定它的现金流量。一种不可赎回债券现金流量的构成包括两部分：在到期日之前周期性的息票利息支付和票面到期价值。把未来现金流量用适当的贴现率进行贴现并求和，就可得到债券的投资价值，即理论价格。通过比较债券的实际价格和理论价格，便可以为投资决策做出参考。

1. 确定债券的现金流

（1）债券的面值和票面利率。票面利率通常采用年单利表示，票面利率乘以付息间隔和面值就是每期的利息金额。本期利息金额和本金构成了未来的现金流。

（2）付息间隔。这是定期支付利息的时间间隔，是计算利息金额和进行贴现时最基本的条件之一。

（3）债券的嵌入式期权条款。可能含有发行人提前赎回权、债券持有人提前返售权、转股权、转股修正权、偿债基金条款等嵌入式期权，这些会影响未来的现金流模式。

（4）债券的税收待遇。免税债券与应纳税债券相比价值更大。

（5）其他因素。付息方式（浮动、可调、固定）、债券的币种（单一货币、双币债券）等都会影响债券未来的现金流。

2. 确定债券的贴现率

债券的贴现率是投资者对该债券要求的最低回报率，也叫必要回报率。根据表述，其公式为：

债券必要回报率＝真实无风险利率＋预期通胀率＋风险溢价

其中，真实无风险利率是指真实资本的无风险利率，理论上由社会资本平均回报率决

定。预期通胀率是指人们预测出来用于确定货币工资率及其他货币价格的通货膨胀率，是对未来的通货膨胀的估计。风险溢价可以认为是因为购买公司的债券要承担风险，由于承担额外风险而要求的额外回报。

投资学中，无风险收益率＝真实无风险利率＋预期通胀率，一般用相同期限零息国债的到期收益率来近似表示。

（三）债券估值模型

1. 零息债券定价

零息债券发行人不向债券持有人按期支付利息，而是折价发行，把购买价格和到期面值之间的差额作为利息支付。持有人到期后可以从发行人手中兑换等同债券面值的货币，所以零息债券的未来现金流量只是到期时债券的面值。通常 1 年期以内的债券为零息债券。

所以一张零息债券的估值模型为：

$$P=\frac{M}{(1+i)^n} \tag{2—5}$$

式中，P 代表债券价值，M 为债券面值，i 为贴现率，n 为从现在起至到期日所余周期数。

【例 2—3】　从现在起 15 年到期的一张零息债券，如果其面值为 2 000 元，必要收益率为 12%，它的理论价格应为：

$$P=\frac{2\,000}{(1+12\%)^{15}}=365.4\text{ 元}$$

2. 附息债券定价

在附息债券的估价计算中，我们先假设，附息债券的付息间隔为 1 年，且息票的利息是固定的。当确定了债券的现金流量和必要收益率后，我们就以现金流量贴现的方式为附息债券估价。

$$P=\frac{c}{1+i}+\frac{c}{(1+i)^2}+\cdots+\frac{c}{(1+i)^n}+\frac{M}{(1+i)^n} \tag{2—6}$$

附息债券可以视为一组零息债券的组合。

式中，P 代表债券价值，c 为每期支付的利息，由债券面值与票面利率的乘积，M 为债券面值，i 为贴现率，n 为从现在起至到期日所余周期数。

【例 2—4】　2012 年 1 月 31 日，财政部发行的某期国债距到期日还有 3 年，面值 100 元，票面利率 3.75%，每年付息 1 次，下次付息日在 1 年以后。1 年期、2 年期、3 年期贴现率分别为 4%、4.5%、5%。该债券的内在价值应为：

$$P=\frac{3.75}{1+4\%}+\frac{3.75}{(1+4.5\%)^2}+\frac{103.75}{(1+5\%)^3}=96.66\text{ 元}$$

3. 累息债券定价

与附息债券不同的是，累息债券也有票面利率，但是规定到期一次性还本付息，所以现金流量为一次性的本息之和。可将其视为面值等于到期还本付息额的零息债券，并按零息债券定价公式定价。

$$按照单利计息方式：P=\frac{M(1+nr)}{(1+i)^m} \tag{2—7}$$

$$按照复利计息方式：P=\frac{M(1+r)^n}{(1+i)^m} \tag{2—8}$$

式中，P 代表债券价值，r 代表票面利率，M 为债券面值，i 贴现率，n 为从发行日至到期日的付息期数，m 为从买入日至到期日的所余时期数。

【例 2—5】 2012 年 5 月 31 日，财政部发行的 3 年期国债，面值 100 元，票面利率年息 3.75%，按单利计息，到期一次还本付息。3 年期贴现率 5%。计算如下：

$$P=\frac{100\times(1+3\times3.75\%)}{(1+5\%)^3}=96.10\text{ 元}$$

【例 2—6】 某面值 1 000 元的 5 年期债券的票面利率为 8%，按复利计息，到期一次还本付息。2011 年 1 月 1 日发行，在发行后第 2 年（即 2013 年 1 月 1 日）买入。假定当时此债券的必要收益率为 6%，买卖时债券的价值应为：

$$P=\frac{1\,000\times(1+8\%)^5}{(1+6\%)^3}=1\,233.67\text{ 元}$$

三、计算债券的收益率

在选择债券投资时，投资者最关心的就是债券的收益。债券收益率是衡量债券收益常使用的指标。债券收益率是债券收益与其投入本金的比率，通常用年率表示。债券收益不同于债券利息。债券利息仅指债券票面利率与债券面值的乘积。但是由于人们在债券持有期内还可以在债券市场进行买卖以赚取价差，因此债券收益除利息收入外，还包括买卖盈亏差价。

决定债券收益率的主要因素有债券的票面利率、期限、面值和购买价格。最基本的债券收益率计算公式为：

$$债券收益率=\frac{到期本息和-发行价格}{发行价格\times偿还期限}\times100\%$$

由于债券持有人可能在债券偿还期内转让债券，因此债券收益率还可以分为出售者的收益率、债券购买者的收益率和债券持有期间的收益率。各自的计算公式如下：

$$债券出售者的收益率=\frac{卖出价格-发行价格+持有期间的利息}{发行价格\times持有年限}\times100\%$$

$$债券购买者的收益率=\frac{到期本息和-买入价格}{买入价格\times剩余期限}\times100\%$$

$$债券持有期间的收益率=\frac{卖出价格-买入价格+持有期间的利息}{买入价格\times持有年限}\times100\%$$

以上计算公式没有考虑获得的利息进行再投资的因素。把获得的利息再投资并将收益计入债券收益的收益率为复利收益率。

任务三

认识债券投资的风险

任务描述

1. 检索近年来债券市场中有关投资风险的大事件，并分析所存在的具体风险；
2. 谈谈你认为应如何防范债券投资风险。

相关知识

一、债券投资的风险形式

债券投资是投资者通过购买各种债券进行的对外投资。尽管和股票相比风险较低，但其仍然具有风险。债券市场价格以及实际收益率受许多因素影响，这些因素的变化，都有可能使投资者的实际利益发生变化，从而为投资行为带来各种风险。债券投资者的投资风险主要由以下几种风险形式构成。

（一）利率风险

利率风险是指银行利率的变动影响货币市场利率变动，从而引起债券市场价格变动，导致债券投资收益损失的可能性。在有价证券市场上，当货币市场利率发生变化时，受影响最大的就是债券。因为债券是典型的利息商品，投资者是在对各种投资方式下的利率水平作充分比较的基础上进行债券投资的。因此，一旦货币市场利率发生变化，债券的价格自然也要发生变化，即投资者面临一定的风险。

比如，当1年期市场利率为2%，债券票面利率为3%，债券期限5年，发行价格为平价发行，则100元面额的债券发行价格为100元。如以单利计算，此债券的年投资收益率为3%。如1年后1年期的市场利率上升为3%，新发行的4年期债券票面利率为4%，发行价格仍为平价发行，则由于债券投资收益率由3%上升到4%，因而原100元面额的债券价格下降到100元以下时，其投资收益率才能达到与新发行债券的收益率相当的水平。

（二）信用风险

信用风险又称违约风险，是指发行债券的借款人不能按时支付债券利息或偿还本金，而给债券投资者带来损失的风险。在所有债券之中，财政部发行的国债由于有政府担保，往往被市场认为是金边债券，即没有违约风险。但除中央政府以外的地方政府和公司发行的债券则或多或少地有违约风险。因此，信用评级机构要对债券进行评价，以反映其违约风险。一般来说，如果市场认为一种债券的违约风险相对较高，那么就会要求债券具备较高的收益率，从而弥补投资人可能承受的损失。但违约与破产不同，违约通常导致债券价格下跌，而破产时债券价格几乎等于零。发生违约时，债权人与债务人可以和解或达成协议，使债权延期。债务人因此可以继续经营，债券投资收益便可在未来协议期获得。而破产是在特殊的法律程序下进行公司清理，债权人与债务人关系解除。

（三）购买力风险

购买力风险是指由于物价上涨，货币购买力下降，从而引起债券投资者的投资收益贬值的可能性。尽管债券市场的价格未发生变化，甚至可能略有上升，但由于通货膨胀的影响，造成实际购买力下降，债券投资者的投资本金和利息收入实际上相对减少，投资者在无形中受到损失。若债券利率为10%，通货膨胀率为8%，则实际的收益率只有2%，购买力风险是债券投资中最常出现的一种风险。

（四）变现力风险

变现力风险又称流动性风险，是指投资者在短期内无法以合理的价格卖掉债券的风险。如果投资者遇到一个更好的投资机会，想出售现有债券，但短期内找不到愿意出合理价格的买主，要把价格降到很低或者很长时间才能找到买主，那么他不是遭受降低损失，就是丧失新的投资机会。债券的变现能力大小取决于市场上债券的供求状况，即它的市场价值和市场潜力情况。销售越容易，债券变现力风险越小；销售越难，债券越要折价，损失越大，变现力风险也越大。

（五）再投资风险

再投资风险是指债券持有者在持有期间收到的利息收入、到期时收到的本息、出售时收到的资本收益等，用于再投资所能实现的报酬，可能会低于当初购买该债券时的收益率。如长期债券利率为14%，短期债券利率13%，为减少利率风险而购买短期债券。但在短期债券到期收回现金时，如果利率降低到10%，就不容易找到高于10%的投资机会，还不如当期投资于长期债券，仍可以获得14%的收益。

（六）经营风险

经营风险是指在债券持有期内，被投资企业在经营过程中由于经营、管理、企业声誉、债务状况等方面的问题给投资者带来损失的可能性。企业经营不善，导致收益下降，致使投资者不能收到预期收益，继而抛售债券，导致债券价格下降。另外，企业经营不善导致企业长期财务状况不良，债券投资的风险也会加大。

二、规避债券投资的风险

债券投资的预期收益包括债券发行人支付的利息收益和金融市场上买卖债券的价差收益。导致这些预期收益受损的潜在因素称为债券投资的风险。从前文分析可知，债券发行人可能违约，导致利息收益受损，即信用风险；价差收益受损主要是利率变化或者是交易违约，即利率风险或信用风险。所以，在了解债券投资的风险时要重点关注债券的信用风险和利率风险。

（一）规避债券的利率风险

利率风险是投资者面对的主要风险。当利率提高时，债券的价格就降低；当利率降低时，债券的价格就会上升。由于债券价格会随利率变动，所以即便是没有违约风险的国债也会存在利率风险。债券投资的利率风险是在债券市场中由于某种或多种产生利率风险的因素发生作用，引起债券收益的不确定性。这些因素包括：宏观经济运行、财政政策或货币政策变化、期权因素以及突发事件等。因此，可以通过分析这些因素来防范可能面临的利率风险。

1. 宏观分析相关因素

包括各种政治、经济、社会因素的变动情况。投资者应了解经济运行的周期性特点、各种宏观经济政策特别是财政政策和货币政策的变动趋势，关注影响利率的各种因素的变动。

2. 衡量并控制风险

采用科学的方法衡量利率风险和利率变动的敏感程度，其中比较常见的方法就是债券的修正久期和凸性。根据对利率变动的敏感程度，将资产、负债划分不同的种类，根据利率的预期走势进行结构调整，确定一个错配的投资组合久期，将其风险水平控制在自身风险承受能力范围之内。

3. 分散债券投资期限

投资者将自己的资金分散投资在不同期限的债券上，长短期结合。在通货膨胀率较高，利率面临下调趋势时，尽可能持有期限较长、利率固定的债券；在通货膨胀利率较低，利率面临上升趋势时，尽可能持有短期债券或浮动利率债券。

（二）规避债券的信用风险

信用风险一般是由于发行债券主体经营状况不佳或信誉不高带来的风险。所以，避免信用风险最直接的办法就是不买质量差的债券。在选择债券时，一定要仔细了解公司的情况，包括公司的经营状况和公司以往债券的支付情况，尽量避免投资经营状况不佳或信誉不好的公司债券。在持有债券期间，应尽可能对公司经营状况进行了解，以便及时作出卖出债券的决策。

1. 利用信用评级

债券发行人为了向公众说明债券具有的投资价值以及债券发行者信誉的可靠程度，会通过专业的证券评级机构评定其债券的信用等级。当今的资本市场中，债券品种繁多，债券投资者不可能全面而准确地对债券进行分析和研究。专业的证券评级机构作为公正的第三方，对债券质量进行评级并以简单明了的形式提供评价结果，可以使投资者在较短的时间内了解债券的质量，做出选择。

评级记号一般以英文字母或阿拉伯数字来表示。例如，标准普尔公司信用等级标准从高到低可划分为：AAA 级、AA 级、A 级、BBB 级、BB 级、B 级、CCC 级、CC 级、C 级和 D 级。穆迪投资服务公司信用等级标准从高到低可划分为：Aaa 级、Aa 级、A 级、Baa 级、Ba 级、B 级、Caa 级、Ca 级和 C 级。两家机构信用等级划分大同小异。前四个级别债券信誉高，第五级开始的债券信誉低。投资者只要了解每个字母和数字表示的等级含义，就可以识别债券的质量。

2. 利用风险管理工具

当投资者已经投资于债券后，为了规避债券的风险，可以试着采用一些管理工具去管理债券的风险，获得收益的同时减少损失。目前，评估发债人信用风险的具体方法有很多，如多变量信用风险判别模型、期权定价型的“破产模型”、债券违约率模型、期限方法、神经网络分析系统和要素分析法等。

（三）规避债券的购买力风险

购买力风险主要是由于通货膨胀引起的。对于购买力风险，最好的规避方法就是分散投资，使购买力下降带来的风险能为某些收益较高的投资收益所弥补。通常采用的方法是将一部分资金投资于收益较高的投资方式上。西方俗语，“不要把所有的鸡蛋放在同一个篮子里”，提示了投资者要进行多元化投资，分散投资风险的重要性。

（四）规避债券的变现力风险

针对变现能力风险，投资者应尽量选择交易活跃的债券，便于在短期内快速交易和转让。在决定投资之前，不能光看产品收益率的高低，而要将产品的收益率、期限、结构和风险度做一个综合判断。

（五）规避债券的再投资风险

对于再投资风险，积极的防范措施就是分散债券的期限，长短期配合。如果利率上升，短期投资可迅速找到高收益投资机会；若利率下降，长期债券仍能保持高收益。也就是说投资者在确定自己的预期收益后，将风险分散到不同的投资组合中。尽量使一些风险能够相互抵消，以获得较高的综合收益。

（六）规避债券的经营风险

为了防范经营风险，一定要对公司的财务状况进行调查。通过对其报表进行分析，了解其盈利能力、偿债能力和信誉等。一旦出现了经营风险，可能导致其他风险同时出现。因而要随时关注债券发行人的经营状况，以便快速做出投资决策。

项目小结

本项目首先讲述了关于债券的一般性基础知识，包括债券的概念、特征和分类等。在此基础上，本项目结合目前实际发行的债券，系统地介绍了如何分析债券的投资价值，就其影响因素、估值模型等也做了说明。最后，任何一种投资都具有风险，债券也不例外，学习者也要熟知债券的投资风险，以便在债券投资活动中加以防范。

技能训练

一、单选题

1. 贴现债券通常在票面上（　　），是一种折价发行的债券。

A. 不规定利率　　B. 规定利率

C. 标明折价　　D. 不标明折价

2. 浮动利率债券是指利率可以变动的债券，这种债券的利率在确定时一般与（　　）挂钩。

A. 市场利率　　B. 银行贷款利率

C. 同业拆借利率　　D. 定期存款利率

3. 债券根据券面形式，其中（　　）是具有标准格式的债券。

A. 实物债券　　B. 凭证式债券

C. 记账式债券　　D. 电子债券

4. 可以提前兑现的债券是（　　）。

A. 实物债券　　B. 凭证式债券

C. 记账式债券　　D. 以上都不能

5. 从广义的角度来看，公债的举债主体是国家，从狭义的含义来看公债的举债主体是（　　）。

A. 依然是国家　　B. 政府

C. 法院　　D. 只能是地方政府

6. 兼有债权和股权的双重性质的公司债是（　　）。

A. 优先股　　B. 可转换公司债

C. 收益公司债　　D. 信用公司债

7. 以个人为目标的（　　）一般是吸收个人小额储蓄资金，故有时称之为储蓄债券。

A. 流通国债　　B. 非流通国债

C. 短期国债　　D. 中长期国债

8. 对公司而言，发行不同种类的公司债券有不同的限制条件，其中有公司债券不得随便增加，债券未清偿之前股东的分红要有限制等的是（　　）。

A. 不动产抵押公司债　　B. 信用公司债

C. 保证公司债　　D. 收益公司债

二、多选题

1. 债券票面的基本要素有（　　）。

A. 票面价值　　B. 偿还期限

C. 利率　　D. 发行者名称

2. 影响债券偿还期限的因素主要有（　　）。

A. 债券票面金额　　B. 资金使用方向

C. 市场利率变化　　　　　　　　D. 债券变现能力

3. 债券的特征有（　　）。

A. 偿还性　　　　B. 安全性　　　　C. 流动性　　　　D. 收益性

4. 按计息方式分类，债券可以分为（　　）。

A. 单利债券　　　　　　　　B. 复利债券

C. 累进利率债券　　　　　　D. 贴现债券

5. 债券和股票的区别表现在（　　）方面。

A. 权利　　　　　　　　B. 目的

C. 期限　　　　　　　　D. 收益和风险

三、判断题

1. 债券是体现债权债务关系的法律凭证。（　　）

2. 债券具有永久性的特性。（　　）

3. 市场利率下跌，债券价格上升。（　　）

4. 贴现债券是属于溢价方式发行的债券。（　　）

5. 复利债券的实际收益率总比单利债券的实际收益率高。（　　）

四、综合分析题

1. 比较债券与股票有什么不同。

2. 债券的票面要素主要由哪些内容构成？

3. 储蓄国债有何特点？

4. 案例分析：

资料一：债券发行人背景

发行人为中国长江三峡工程开发总公司，系国有独资企业，1993 年设立。作为三峡工程项目的业主，公司全面负责三峡工程的建设与运营。1994 年 12 月，工程正式开工建设；1997 年 11 月大江截流；2003 年，三峡工程实现了水库初期蓄水、双线五级船闸通航、首批机组投产发电三大目标；截至 2008 年 10 月，三峡左、右岸电站 26 台机组全部投产发电，总装机容量达到 1 820 万千瓦，实现 172 米水位试验性蓄水目标，三峡工程开始全面发挥防洪、发电、航运和生态效益。

发行人战略定位为以大型水电开发和运营为主的清洁能源集团。围绕发展目标，以长江流域为主线，依托葛洲坝电站和三峡电站，滚动开发长江上游水能资源，在金沙江组织建设溪洛渡、向家坝、乌东德、白鹤滩四个巨型电站。其中溪洛渡水电站工程于 2005 年 12 月正式开工，2007 年 11 月实现大江截流。向家坝水电站工程于 2006 年 11 月正式开工，2008 年 12 月实现大江截流。乌东德和白鹤滩电站前期勘测工作按计划推进，乌东德电站预可行性研究报告编制完成，白鹤滩电站预可行性研究报告通过审查。

发行人以水电为主业，积极开发风电、核电、抽水蓄能等清洁能源。发行人全面实施以大型水电开发为主体的西部开发战略、以新型清洁能源为导向的东部优化战略和以求精求强为目标的差异化竞争战略。风电开发作为公司发展战略规划中的重要业务之一，经过两年多的建设，截至 2008 年 10 月装机 4.95 万千瓦的慈溪风电场项目已全部并网发电，响水风电项目于 2007 年 12 月正式通过国家发改委核准并开工。

此外，公司积极开拓金融、旅游、工程咨询等专业化服务业务。截至 2007 年年底，公司共拥有全资、控股子公司 10 家。

资料二：债券发行基本情况

（一）债券名称：2009 年中国长江三峡工程开发总公司企业债券

（二）发行总额：100 亿元

（三）债券品种的期限及规模：本期债券分为 5 年期和 7 年期两个品种。其中，5 年期品种发行规模为 70 亿元，7 年期品种发行规模为 30 亿元。

（四）债券利率：本期债券 5 年期品种的票面年利率为 3.45%（该利率根据 Shibor 基准利率加上基本利差 1.58%确定）；7 年期品种的票面年利率为 4.05%（该利率根据 Shibor 基准利率加上基本利差 2.18%确定）。Shibor 基准利率为发行首日前五个工作日全国银行间同业拆借中心在上海银行间同业拆放利率网上公布的一年期 Shibor 利率的算术平均数 1.87%，在债券存续期内固定不变。本期债券面值 100，采用单利付息，逾期不另计利息。

（五）发行方式：本期债券采用通过承销团成员设置的发行网点向境内机构投资者公开发行和在上海证券交易所向机构投资者协议发行两种方式。

（六）发行对象：在承销团成员设置的发行网点的发行对象为在中央国债登记结算有限责任公司开户的境内机构投资者；在上海证券交易所的发行对象为在中国证券登记结算有限责任公司上海分公司开户的机构投资者。

（七）信用级别：经中诚信国际信用评级有限责任公司综合评定，发行人的主体信用级别为 AAA，本期债券信用级别为 AAA。

（八）债券担保情况：无担保。

案例讨论：

（1）请说明该债券属于何种债券，并具体说明其特点。

（2）假设现在必要收益率为 2.5%，请问三峡债券 5 年期和 7 年期的内在价值分别为多少？

（3）假设在 2010 年，时隔债券发行恰好一年时，该债券的市场价格为 105 元，若想购买 5 年期的三峡债券，请问是否合适？

项目三

股票投资

学习目标

1. 掌握股票的种类和常见股票称谓及含义；
2. 熟悉股票不同价值的概念；
3. 掌握股票内在价值的计算公式；
4. 了解股票投资的风险。

项目导言

股票投资作为金融投资的一种工具，是资本市场上比较热门的投资工具。在股票投资里要学会认识和了解风险，分析股票的投资价值，作出正确的投资计划。

项目导入

2008年9月，巴菲特斥资18亿港元购买了2.25亿股，约10%的比亚迪股份，一年后账面获利91亿港元，增幅达500%。比亚迪总裁王传福也因为巴菲特的青睐而成为2009年的中国首富。但是股票投资并非一本万利，也有很多失败的案例。比如民生银行在2007年10月、2008年12月两次分别以6.83亿元、2.04亿元入股美国联合银行，最终拥有了该银行20%的股权。2009年11月6日，美国联合银行被监管当局关闭，民生银行8.87亿元的初始投资资金打了个水漂。

任务一　认识股票

任务描述

查阅财经网站，选几只股票说明它们具有哪些特征。

相关知识

一、股份公司

（一）股份公司的概念

股份公司是股份有限公司的简称，其全部资本分为等额股份，股东以其所持股份为限对公司承担责任，公司以其全部资产对其债务承担责任。

（二）股份公司的特征

（1）股份公司是企业法人。

（2）股份公司应当有两人以上两百人以下为发起人，其中须有半数以上的发起人在中国境内有住所。

（3）股份公司的股本全部划分为等额股份，同股、同价、同责、同利。

（4）股份公司所有权和经营权通常相分离。

（5）股份公司的股票可以依法转让。

（6）股份公司的财产责任形式为有限责任。

股票就是股份公司发给股东作为已投资入股的证书与索取股息的凭证。

（三）股份公司设立的条件

（1）发起人应符合法定人数。股份公司应当有两人以上两百人以下为发起人，其中须有半数以上的发起人在中国境内有住所。

（2）发起人认缴和社会公开募集的股本应达到法定资本最低限额。股份公司最低资本限额为人民币五百万元。公司采取发起设立的，发起人首次出资额不得低于注册资本的20%，其余部分由发起人自公司成立之日起两年内缴足。公司采取募集设立的，发起人认购的股份不得少于公司股份总数的35%，其余股份应当向社会公开募集。发起人可以用工业产权、非专利技术作价出资，其金额不得超过股份公司注册资本的20%。

（3）股份发行、筹办事项符合法律规定。股份发行实行公开、公平、公正的原则，同股同价，不得折价发行。

（4）发起人制定公司章程，并经创立大会通过。创立大会对所讨论事项作出决议，必须经出席会议的认股人所持表决权过半数通过。

（5）有公司名称、建立符合股份公司要求的组织机构，必须在公司名称中注明“股份有限公司”。

（6）有固定的生产经营场所和必要的生产经营条件。

二、股票及其特征

（一）股票的定义

股票是股份公司发给股东的所有权凭证，是股东借以取得股利的一种证券。因此，股票是股本、股份、股权的具体体现。股票实质上代表了股东对股份公司的所有权，即获得股息和红利，参加股东大会并行使权利，同时承担相应的责任与风险。我国《公司法》规定，股票采用纸面行使或国务院证券管理部门规定的其他形式。股票应载明的事项主要有公司名称、公司登记成立的日期、股票种类、票面金额及代表的股份数、股票的编号。

（二）股票的性质

（1）股票是有价证券。有价证券是指股票是财产价值和财产权利的统一表现形式，代表一定量的财产。

（2）股票是要式证券。要式证券是指股票应真实全面载明法律（即《公司法》）规定内容，如果缺少规定的要件，股票就缺乏法律效力。

（3）股票是证权证券。证券可以分为设权证券和证权证券。设权证券是指证券所代表的权利本来不存在，而是随着证券的制作而产生，即权利的发生是以证券的制作和存在为条件的。证权证券是指证券是权利的一种物化的外在形式，它是权利的载体，权利是已存在的。

(4) 股票是资本证券。资本证券是指股票是投入股份公司资本份额的证券化，独立于真实资本之外，是虚拟资本。

(5) 股票是综合权利证券。综合权利证券是指股票既不是物权证券，也不是债权证券，而是综合权利证券，因为股东的权利是综合的。

(三) 股票的特征

股票是一种有价证券，是经股份公司签发，证明持有者拥有公司的股份，并按其所持股份享有权利和承担义务的书面凭证。

股份与股票的区别与联系：股份是股份公司股本的等额构成单位，每一股份代表一定量的资本额。股票实质上是股份的具体表现形式，股票是股份的形式，股份是股票的内容。股票在实质上只是代表股份资本所有权的凭证，本身并没有任何价值，不是真实的资本，而是一种独立于实际资本以外的虚拟资本。股票有以下特征：

(1) 收益性。一方面股票持有者可以获得股息红利，另一方面持有者利用股票投资可以获得价差收入。

(2) 风险性。股票的收益性不是事先已确定的数值，而是一个事先难以确定的动态数值，它要随公司的经营状况和盈利水平波动，也会受到股票市场行情的影响。

(3) 稳定性。股票是一种期限无限长的法律凭证，反映着股东与公司之间比较稳定的经济关系。投资者一旦购买了股票就不能退股，只能在股票市场上转让；对于公司来说，股票是筹集资金的主要手段，由于股票始终流通于股票交易市场而不能退出，因此，通过发行股票所筹集到的资金，在公司存续期间就是一笔稳定的自有资本。

(4) 流动性。股票可以自由地交易，由于其流动性较高的特点，在会计上又称其为流动资产。

(5) 参与性。股东通过出席股东大会，选举公司董事会、参与公司的重大决策来实现参与性。

(四) 股票价格

股票本身是没有价值的，仅是一种凭证。它之所以有价格，可以买卖，是因为它能给持有人带来预期收益。一般来说，公司第一次发行时，要规定发行总额和每股金额，一旦股票发行后上市买卖，股票价格就与原来的面值分离。这时的价格主要由预期股利和当时的市场利率来决定，即股利的资本化价值决定了股票的价格。此外，股票价格还受整个经济环境变化和投资者心理等复杂因素的影响。

股市上的价格分为开盘价、收盘价、最高价和最低价等，投资人在分折股票股价时主要使用收盘价。

(五) 股利

股利是公司对股东投资的回报，它是股东所有权在分配上的体现。股利是公司税后利润的一部分。

三、股票的类型

（一）普通股票与优先股票

按股东享有权利的不同，股票可以分为普通股票和优先股票。

1. 普通股票

普通股票是最基本、最常见的一种股票，其持有者享有股东的基本权利和义务。普通股票的权利完全随公司盈利的高低而变化。在公司盈利较多时，普通股票股东可获得较高的股利收益，但在公司盈利和剩余财产的分配顺序上列在债权人和优先股票股东之后，故其承担的风险也比较高。

2. 优先股票

优先股票的股息率是固定的，其持有者的股东权利受到一定限制。但在公司盈利和剩余财产的分配上比普通股票股东享有优先权。

（二）记名股票和不记名股票

股票按是否记载股东姓名，可分为记名股票和不记名股票。

1. 记名股票

股份有限公司向发起人、法人发行的股票，应当为记名股票。记名股票有如下特点：(1) 股东权利归属于记名股东。(2) 可以一次或分次缴纳出资。(3) 转让相对复杂或受限制。(4) 便于挂失，相对安全。

2. 无记名股票

发行无记名股票的，公司应当记载其股票数量、编号及发行日期。无记名股票有如下特点：(1) 股东权利归属股票的持有人。(2) 认购股票时要求一次缴纳出资。(3) 转让相对简便。(4) 安全性较差。

（三）有面额股票和无面额股票

按股票是否标明金额，股票可分为有面额股票和无面额股票。有面额股票是在票面上标有一定金额的股票，也称为票面金额、票面价值或股票面值。持有这种股票的股东，对公司享有的权利和承担的义务大小，以其所持有的股票票面金额占公司发行在外股票总面值的比例而定。

无面额股票是指不在票面上标出金额，只载明所占公司股份总额的比例或股份数的股票，又被称为比例股票或股份股票。无面额股票的价值随公司财产的增减而变动，而股东对公司享有的权利和承担的义务的大小，直接以股票标明的比例而定。这种股票的特点是：(1) 发行或转让价格灵活，更加注重股票的实际价值。(2) 便于分割。目前，我国《公司法》不承认无面额股票，规定股票应记载面额，并且发行价格不得低于票面金额。

我国目前各公司发行的都是不可赎回的、记名的、有面值的普通股票，只有少量公司曾按当时的规定发行过优先股。

四、我国现行的股票类型

按股东的权利和义务关系，国外一般将股票分为普通股和优先股，而我国按投资主体的不同性质，将股票划分为国家股股票、法人股股票、个人股股票、外资股股票等不同类型。

（1）国家股。国家股股票是国家授权的投资机构或部门以国有资产向股份公司投资形成的股票。

（2）法人股。法人股股票是由企业法人以其依法可支配的资产投入公司形成的股票或具有法人资格的事业单位和社会团体以国家允许用于经营的资产向公司投资形成的股票。法人持股形成的所有权关系，是法人经营自身财产的投资行为，但必须以法人登记。如果具有法人资格的国有企业、事业单位以及其他单位以其依法占用的法人资产向独立于自己的股份公司投资形成或取得的股份，就属于国有法人股，它是国有股权的一部分（另一部分为国家股）。

（3）个人股。个人股股票也称公众股股票，是指社会个人或股份公司内部职工以个人财产投入公司形成的股份，个人股按股权所有者分类又可分为公司内部职工股和社会公众股。

（4）外资股。外资股是指股份公司向外国和我国香港、澳门、台湾地区投资者发行的股票。它是我国股份公司吸收外资的一种方式，主要包括境内上市外资股和境外上市外资股两种。

五、常见股票称谓及其含义

（一）蓝筹股、成长股和红筹股

蓝筹股多指长期稳定增长的、大型的传统工业股及金融股。此类上市公司的特点是有着优良的业绩、收益稳定、股本规模大、红利优厚、股价走势稳健、市场形象良好。蓝筹股并非一成不变，随着公司经营状况的改变及经济地位的升降，蓝筹股的排名也会变更。

成长股是指这样一些公司所发行的股票，它们的销售额和利润额持续增长，而且其速度快于整个国家和本行业的增长。这些公司通常有宏图伟略，注重科研，留有大量利润作为再投资以促进其扩张。

红筹股是指在中国境外注册，在香港上市但主要业务在中国内地或大部分股东权益来自中国内地的股票。

（二）一线股、二线股与三线股

一线股通常指股票市场上价格较高的一类股票。这些股票业绩优良或具有良好的发展前景，股价领先于其他股票。大致上，一线股等同于绩优股和蓝筹股。一些高成长股，如我国证券市场上的一些高科技股，由于投资者对其发展前景充满憧憬，它们也位于一线股之列。一线股享有良好的市场声誉，为机构投资者和广大中小投资者所熟知。

二线股是价格中等的股票。这类股票在市场上数量最多。二线股的业绩参差不齐，但从整体上看，它们的业绩也同股价一样在全体上市公司中居中游。

三线股指价格低廉的股票。这些公司大多业绩不好，前景不妙，有的甚至已经到了亏损的境地。也有少数上市公司，因为发行量太大，或者身处夕阳行业，缺乏高速增长的可能，难以塑造出好的投资概念来吸引投资者。这些公司虽然业绩尚可，但股价却徘徊不前，也被投资者视为三线股。

（三）A 股、B 股、H 股、N 股、S 股

A 股的正式名称是人民币普通股票。它是由我国境内的公司发行，供境内机构、组织或个人（不含港澳台投资者）以人民币认购和交易的普通股股票。

B 股的正式名称是人民币特种股票，它是以人民币标明面值，以外币认购和买卖，在境内（上海、深圳）证券交易所上市交易的。它的投资人限于：外国的自然人、法人和其他组织，我国香港、澳门、台湾地区的自然人、法人和其他组织，定居在国外的中国公民。

H 股，即注册地在内地、上市地在香港特区的外资股。香港的英文是 HongKong，取其字首，在港上市外资股就叫做 H 股。依此类推，纽约的第一个英文字母是 N，新加坡的第一个英文字母是 S，纽约和新加坡上市的股票就分别叫做 N 股和 S 股。

（四）S 股（境内）、ST、*ST 与 S*ST、SST

S 股（境内）是指尚未进行股权分置改革或者已进入改革程序但尚未实施股权分置改革方案的股票，此标记从 2006 年 10 月 9 日起启用。ST 股票是针对财务状况或其他状况出现异常的上市公司的股票交易进行的特别处理，由于“特别处理”的英文是 Special Treatment（缩写是“ST”），因此这些股票就简称为 ST 股。*ST 是指由证券交易所对存在股票终止上市风险的公司股票交易实行“警示存在终止上市风险的特别处理”，是在原有“特别处理”基础上增加的一种类别的特别处理。S*ST 是公司经营连续三年亏损，退市预警、还没有完成股改的股票。SST 是公司经营连续两年亏损，特别处理、还没有完成股改的股票。

任务二

分析股票的投资价值

任务描述

1. 在沪深两市选择一只股票，分析其投资价值受到哪些因素的影响；

2. 计算这只股票的内在价值，分析是否可以进行投资。

相关知识

一、股票价值的概念

反映普通股股票价值的指标主要有以下几种：

（一）面值

股票票面价值又称“股票票值”、“票面价格”，是股份公司在所发行的股票票面上标明的票面金额，它以元/股为单位，其作用是表明每一张股票所包含的资本数额。

在我国上海和深圳证券交易所流通的股票的面值均为每股一元（唯一例外是紫金矿业的股票面值为0.1元）。股票面值的作用之一是表明股票的认购者在股份公司的投资中所占的比例，作为确定股东权利的依据；第二个作用就是在首次发行股票时，将股票的面值作为发行定价的一个依据。一般来说，股票的发行价格都会高于其面值。当股票进入流通市场后，股票的面值就与股票的价格没有什么关系了。股票的市场价格有时高于其票面价格，有时低于其票面价格。但是，不论股票市场价格发生什么变化，其面值都是不变的，尽管每一股份实际代表的价值可能发生了很大变化。

（二）账面价值

股票账面价值又称股票净值或每股净资产，是每股股票所代表的实际资产的价值。每股账面价值是以公司净资产减去优先股账面价值后，除以发行在外的普通股票的股数求得的。它实际代表公司资产的价值，反映了股东权益。

（三）清算价值

清算价值是指公司在破产清算时每股股票的价值。

（四）市值

股票的市值就是按市场价格计算出来的股票总价值。一家上市公司每股股票的价格乘以发行总股数即为这家公司的市值，整个股市上所有上市公司的市值总和，即为股票总市值。

（五）内在价值

内在价值是指公司股票未来预期现金流量的折现值，股票股价模型估价的价值一般为股票的内在价值。

（六）投资价值

投资价值是指股票内在价值与市场价格之比，是投资者对股票分析的估计价值。分析股票的投资价值最重要的就是要掌握股票内在价值的估价。

二、影响股票投资价值的因素

（一）影响股票投资价值的内部因素

1. 公司净资产

公司净资产是总资产减去总负债后的净值。理论上讲，净值应与股价保持一定比例，即净值增加，股价上涨；净值减少，股价下跌。

2. 公司盈利水平

公司盈利增加，可分配的股利相应增加，股票的市场价格上涨；公司盈利减少，可分配的股利相应减少，股票的市场价格下降。但要注意，股票价格的涨跌和公司盈利的变化并不完全同时发生。

3. 公司股利政策

股利与股票价格成正比。通常股利高，股价涨；股利低，股价跌。

4. 股份分割

股份分割一般在年度决策月份进行，通常会刺激股价上升。股份分割往往比增加股利分配对股价上涨的刺激作用更大。

5. 增资和减资

公司因业务发展需要增加资本额而发行新股，在没有产生相应效益前将使每股净资产下降，因而会促使股价下跌。但对那些业绩优良、财务结构健全、具有发展潜力的公司而言，增资意味着公司经营实力提高，会给股东带来更多回报，股价不仅不会下跌，可能还会上涨。公司宣布减资，多半是因为经营不善、亏损严重、需要重新整顿，所以股价会大幅下降。

6. 公司资产重组

要分析公司重组对公司是否有利，要看重组后是否会改善公司的经营状况，这是决定股价变动方向的决定因素。

（二）影响股票投资价值的外部因素

1. 宏观因素

影响股票投资价值的宏观因素主要有政治因素、经济因素、法律因素、金融因素、科技因素、文化因素等。一个国家在特定时期的政治状况、经济发展水平、法制建设进程以及科技教育发展程度综合反映了社会发展状况，从而也就影响了该国股票的投资价值。

2. 行业因素

股票所在的行业对股票的基本走势起基础决定作用，每个时期都有几个典型的行业是蓬勃发展的，具有很好的投资价值，这些行业的股票就会成为整个股票市场的领头羊。国家通过一定的政策导向来影响行业类的股票投资，如国家战略支持的行业，以及由政府出面牵头的新兴行业等。

3. 市场因素

证券市场是宏观经济的“晴雨表”，宏观经济的走势决定证券市场的走势。当宏观经济形势向好时，证券市场尤其是股票市场会呈现大涨行情即所谓的牛市；相反，当宏观经济形势极度不乐观时，会呈现下跌的行情即所谓的熊市；当宏观经济形势不确定时，即出现牛皮震荡市。

三、股票的内在价值

任何资产的内在价值是由这种资产在未来时期产生的现金流按一定的贴现率折算成的现值。股票的内在价值，就是股票在未来时期支付的股利按一定的贴现率（必要报酬率）折算成的现值。

（一）一般公式及投资决策

1. 一般公式

股票贴现模型（Dividend Discount Model，DDM）的公式如下：

$$V=\sum_{t=1}^{\infty}\frac{D_t}{(1+k)^t}$$

式中：V 代表股票的内在价值；D 代表股票未来时期现金流；k 代表一定风险下的贴现率或必要报酬率；t 代表折现期数。

此公式是计算股票内在价值的基本模型。它在实际应用时，面临的主要问题是如何预计未来每年的股利，以及如何确定折现率。

股利的多少，取决于每股盈利和股利支付率两个因素。对其估计的方法是历史资料的统计分析，例如回归分析、时间序列的趋势分析等。股票评价的基本模型要求无限期地预计历年的股利（D_t），实际上不可能做到。因此应用的模型都是各种简化方法，如每年股利相同或固定比率增长等。

折现率的主要作用是把所有未来不同时间的现金流入折算为现在的价值。折算现值的比率应当是投资的必要报酬率。那么，投资的必要报酬率应当是多少呢？我们将在本任务稍后再讨论这个问题。

2. 股票投资决策

$$NPV=V-P$$

$$=\sum_{t=1}^{\infty}\frac{D_t}{(1+k)^t}-P$$

式中：NPV 指净现值，内在价值与股票购买价格之差；V 指所有预期现金流收入的现值之和；D_t 指 t 年的股利；P 指股票的购买价格。

若 $NPV>0$，表示所有预期现金流收入的现值之和大于投资成本，这时股票价值被低估，应该购买这种股票。

若 $NPV<0$，表示所有预期现金流收入的现值之和小于投资成本，这时股票价值被高

估，不应该购买这种股票。

当 $NPV=\sum_{t=1}^{\infty}\frac{D_t}{(1+k^*)^t}-P=0$ 时，这时计算出的 k^* 是使投资净现值为零的贴现率，称为内部收益率。某只股票的必要收益率 k 与它的内部收益率 k^* 相比，若 $k<k^*$ 则这只股票的净现值大于零，股票被低估，应该购买这只股票，反之不应该购买。投资者也可以通过计算出股票的内在价值后，和市价来进行比较，来决定是否投资。

（二）短期持有，未来准备出售股票的价值

$$V=\sum_{t=1}^{n}\frac{D_t}{(1+k)^t}+\frac{F}{(1+k)^n}$$

式中：D_t 表示 t 年的股利；k 为股票必要收益率；F 表示出售股票时所获得的现金流入；n 指持有股票的年限。

（三）零增长股票的价值

假设未来股利不变，其支付过程就是一个永续年金，则股票价值为：

$$V=\frac{D}{k}$$

式中：D 指每期相等的股利，k 为股票的必要收益率。

【例 3—1】 一只股票每年每股股利 2 元，最低报酬率为 16%，则：

$V=2\div16\%=12.5$（元）

这就是说，该股票每年能给投资者带来 2 元的收益，在市场利率为 16%的条件下，它相当于 12.5 元资本的收益，所以其价值是 12.5 元。

当然，市场上的股价不一定就是 12.5 元，根据投资人对风险的态度，股价可能高于或低于 12.5 元。如果当时的市价不等于股票价值，例如市价为 12 元，每年固定股利为 2 元，则其预期报酬率为：$k=2\div12\times100\%=16.67\%$。

可见，市价低于股票价值时，预期报酬率高于最低报酬率。

（四）固定增长股票的价值

企业的股利不应当是固定不变的，而应当不断增长。各公司的增长率 g 不同，但就整个行业平均来说应等于国民生产总值的增长率。股票价值的固定增长模型为：

$$V=\sum_{t=1}^{\infty}\frac{D_0\ (1+g)^t}{(1+k)^t}$$

当 g 为常数，并且 $g<k$ 时可简化为：

$$V=\frac{D_0(1+g)}{k-g}=\frac{D_1}{k-g}$$

【例 3—2】 ABC 公司刚刚分红，每年股利 2 元，预计年股利增长率为 12%，投资者投资 ABC 公司股票所要求的最低报酬率为 16%，问 ABC 公司股票的内在价值是多少？

$D_0=2$ 元，$D_1=2\times$（1+12%）=2.24（元）

则股票的内在价值为：$V=$（2×1.12）$\div$（0.16−0.12）=56（元）

（五）非固定增长股票的价值

在现实的生活中，有的公司的股利是不固定的。例如，在一段时间里高速增长，在另一段时间里正常固定增长或固定不变。在这种情况下，就要分段计算，才能确定股票的内在价值。

【例 3—3】 一个投资人持有 ABC 公司的股票，他的投资必要报酬率为 15%。预计 ABC 公司未来 3 年股利将高速增长，增长率为 20%。在此以后为正常增长，增长率为 12%。公司最近支付的股利是 2 元。请问 ABC 公司股票的内在价值是多少？

首先，计算非正常期的股利现值（见表 3—1）：

表 3—1　非正常增长期的股利现值计算　　单位：元

年份	股利（D_1）	现值系数（15%）	现值 P（元）
1	2×1.2=2.4	0.870	2.088
2	2.4×1.2=2.88	0.756	2.177
3	2.88×1.2=3.456	0.658	2.274
合计（3 年股利的现值）			6.539

其次，计算第三年年底的普通股内在价值。

$$V_3=\frac{D_4}{k-g}=\frac{D_3\times(1+g)}{k-g}=\frac{3.456\times1.12}{0.15-0.12}=129.02(\text{元})$$

计算其现值：$PV_3=129.02\times(P/S,15\%,3)=129.02\times0.6575=84.831$（元）

最后，计算股票目前的内在价值：$V=6.539+84.831=91.37$（元）

四、股票的收益率

前面主要讨论如何估计股票的价值，以判断某种股票被市场高估或低估。现在，假设股票价格是公平的市场价格，证券市场处于均衡状态，在任一时点证券价格都能完全反映有关该公司的任何可获得的公开信息，而且证券价格对新信息能迅速作出反应。在这种假设条件下，股票的期望收益率等于其必要的收益率。

根据固定增长股利模型，我们知道：$V=\dfrac{D_1}{k-g}$

如果把公式移项整理，求 k，可以得到：$k=\dfrac{D_1}{V}+g$

这个公式告诉我们，股票的总收益率可以分为两个部分：第一部分是 $\dfrac{D_1}{V}$，叫做股利收益率，它是根据预期现金股利除以当前股价计算出来的。第二部分是增长率 g，叫做股利增长率。由于股利的增长速度也就是股价的增长速度，因此 g 可以解释为股价增长率或资本利得收益率。g 的数值可以根据公司的可持续增长率估计。V 是股票市场形成的价格，只要能预计出下一期的股利，就可以估计出股东预期报酬率，在有效市场中它就是与该股票相适应的必要报酬率。

【例 3—4】 ABC 公司股票目前的价格为 20 元，预计下一期股利是 2 元，该股票现金股利将以 10%的速度持续增长，试问投资 ABC 公司股票的期望收益率是多少？

$$V=\frac{D_0(1+g)}{k-g}$$

$$20=\frac{2}{k-10\%}$$

则 $k=2/20\times100\%+10\%=20\%$

如果用 20%作为必要报酬率，则一年后的股价为：

$$P_1=\frac{D_1\times(1+g)}{k-g}=\frac{2\times(1+10\%)}{20\%-10\%}=22(\text{元})$$

如果你现在用 20 元购买股票，年末将收到 2 元股利，并且得到资本利得（22—20=2 元）。

总报酬率＝股利收益率＋资本利得收益率

$=2/20\times100\%+2/20\times100\%$

$=10\%+10\%$

$=20\%$

这个例子验证了股票期望报酬率模型的正确性。该模型可以计算特定公司风险情况下固定要求的必要报酬率。这就是说，股东期望或者说要求公司赚取 20%的收益。如果股东的要求大于 20%，他就不会进行这种投资；如果股东的要求小于 20%，就会购买该股票，使得该价格升上去。既然股东们接受了 20 元的价格，就表明他们要求的是 20%的报酬率。

任务三

认识股票投资的风险

任务描述

选择股票市场上的某只 ST 股，分析其所具有的系统风险和非系统风险分别有哪些。

相关知识

股票投资风险一般分为系统风险和非系统风险，其中系统风险主要包括利率风险、汇率风险、购买力风险、市场风险和宏观经济风险；非系统风险主要包括经营风险、筹资风险、流动性风险和操作性风险。

一、股票投资的系统风险

（一）利率风险

利率是经济运行过程中的一个重要经济杠杆，它会经常发生变动，从而给股票市场带来明显的影响。一般来说，银行利率上升，股票价格下跌，反之亦然。其主要原因有两方面：第一，人们持有金融资产的基本目的是获取收益，在收益率相同时，他们乐于选择安全性高的金融工具。通常情况下，银行储蓄存款的安全性要远远高于股票投资，所以，一旦银行存款利率上升，资金就会从证券市场流出，从而使证券投资需求下降，股票价格下跌，投资收益率因此下降。第二，银行贷款利率上升后，信贷市场银根紧缩，企业资金流动不畅，利息成本提高，生产发展与盈利能力都会随之削弱，企业财务状况恶化，造成股票市场价格下跌。

（二）汇率风险

汇率与股票投资风险的关系主要体现在两方面：一是本国货币升值有利于以进口原材料为主从事生产经营的企业，不利于产品主要面向出口的企业，因此，投资者看好前者，看淡后者，从而引发股票价格的涨落。而本国货币贬值的效应正好相反。二是对于货币可以自由兑换的国家来说，汇率变动也可能引起资本的输出与输入，从而影响国内货币资金和证券市场供求状况。

（三）购买力风险

购买力风险又称通货膨胀风险。通货膨胀对股票价格有两种截然不同的影响，在通胀之初，固定资产账面价值因通货膨胀而水涨船高，物价上涨不但使企业存货能高价售出，而且可以使企业从以往低价购入的原材料上获利，名义资产增值与名义盈利增加，自然会使公司、企业股票的市场价格上涨。同时，预感到通胀可能加剧的人们，为保值也会抢购股票，刺激股价短暂上扬。然而，当通货膨胀持续上升一段时期以后，它便会使股票价格走势逆转，并给投资者带来负效益，公司资产虚假增值显露出来，新的生产成本因原材料等价格上升而提高，企业利润相应减少，投资者开始抛售股票，转而寻找其他金融资产保值的方式，所有这些都将使股票市场需求萎缩，供大于求，股票价格自然也会显著下降。严重的通货膨胀还会使投资者持有的股票贬值，抛售股票得到的货币收入的实际购买力下降。

（四）市场风险

市场风险是股票持有者所面临的所有风险中最难对付的一种，它给持股人带来的后果有时是灾难性的。在股票市场上，行情瞬息万变，并且很难预测行情变化的方向和幅度。收入正在节节上升的公司，其股票价格却下降了，这种情况经常可以看到；还有一些公司经营状况不错，收入也很稳定，其股票却在很短的时间内上下剧烈波动。出现这类反常现象的原因，主要是投资者对股票的一般看法或对某些种类或某一组股票的看法发生变化所致。投资者对股票看法（主要是对股票收益的预期）的变化所引起的大多数普通股票收益的易变性，称为市场风险。

（五）宏观经济风险

宏观经济风险主要是由于宏观经济因素的变化、经济政策变化、经济的周期性波动以及国际经济因素的变化给股票投资者可能带来的意外收益或损失。

二、股票投资的非系统风险

（一）经营风险

经营风险是指由于公司的外部经营环境和条件以及内部经营管理方面的问题造成公司收入的变动而引起的股票投资者收益的不确定。经营风险可进一步分为外部经营环境风险与内部经营管理风险。企业原材料价格上升、竞争对手降价销售都可归为外部经营环境风险。由于企业经营管理能力差、技术水平落后和竞争能力下降等原因导致企业盈利能力的下降，进而影响股价的风险，可归纳为内部经营风险。就不同企业而言，由于经营环境各不相同，所以外部经营风险有较大差异，但其内部经营大致是相似的，主要是由于管理当局决策错误或管理能力差造成的。

（二）筹资风险

筹资风险是指由于筹资结构不当，或者由于负债比例过高，而使公司出现严重财务危机，致使公司股票价格有较大幅度的下跌，使投资蒙受损失的风险。公司债权与股权比例是否适度和有效，将直接影响公司的长远生存和发展，如果处理不当将会使公司背上沉重的利息负担而大大减少税后收益，或者由于无法支付到期债务而破产。不过完全不举债的公司筹资结构也不是最好的，因为在扩张时期，由于债务资本的成本低于权益资本的成本，适当地利用债权融资的公司将获得比完全通过股市筹资的公司更强的扩张能力。

（三）流动性风险

流动性风险是指由于将资产变成现金方面的潜在困难而造成的投资者收益的不确定。一种股票在不做出大的价格让步的情况下卖出的困难越大，则拥有该种股票的流动性风险程度越大。在流通市场上交易的各种股票当中，流动性风险差异很大，有些股票极易脱手，市场可在与前一交易相同的价格水平上吸收大批量的该种股票交易。如美国的通用汽车公司、埃克森石油公司股票，每天成交成千上万手，表现出极大的流动性，这类股票，投资者可轻而易举地卖出，在价格上不引起任何波动。而另一些股票在投资者急着要将它们变现时，很难脱手，除非忍痛贱卖，在价格上做出很大牺牲。当投资者打算在一个没有什么买主的市场上将一种股票变现时，就会面临较大的流动性风险。

（四）操作性风险

操作性风险纯粹是由于投资者在投资过程中操作不当所造成的风险。因为在同一证券市场上，对于同一种股票，不同投资者的操作结果有时截然不同，有的盈利而有的亏损，这与操作风险直接有关。操作风险主要来自于不同投资者的不同市场判断、不同投资决策和不同心理素质等多重因素。不断研究投资市场和培育良好心理素质是降低此风险的关键。

三、股票投资风险案例分析

2007 年 5 月，有着国家背景的中投公司成立。刚成立的中投公司斥资 30 亿美元以每股 29.605 美元收购黑石集团 1.01 亿股无投票权的股份。相当于黑石总股本的约 10%，投资锁定期为 4 年。黑石集团于 2007 年 6 月 22 日在纽约证券交易所挂牌交易，每股 IPO 价格为 31 美元。之后由于美国次贷危机爆发，美国股市连续下跌，截至 2008 年 10 月 9 日，中投公司投资于黑石的浮亏已达 21.103 95 亿美元，相当于人民币 144 亿元，超过 30 亿美元投资额的 70%，可谓是损失惨重。

再看黑石集团 2008 年的报表，第二季度财报显示，受次贷危机和经济不景气影响，黑石第二季度亏损 1.565 亿美元，而 2007 年同期则盈利 7.744 亿美元，中投公司的第一单股票投资就因为受到市场风险、经营风险等而影响了 2008 年的投资收益。

项目小结

股票投资是资本市场比较重要的投资工具之一，要想掌握好股票的基础知识，需要分清股票的类型，了解股票的价值类型，会计算股票的内在价值、收益率，从而作出准确的投资计划。同时股票的投资是有风险的，所以我们要认识和了解股票投资的系统和非系统风险。

技能训练

一、单选题

1. 关于记名股票，下列说法正确的是（　　）。

A. 不得转让　　B. 股东应在认购时一次缴足股款

C. 股东可以分次缴纳出资　　D. 只有记名股东本人才能行使股东权

2. 某股份公司因破产进行清算，公司财产在支付完破产费用后，其偿付的优先顺序依次是（　　）。

A. 优先股股东、债权人、普通股股东　　B. 债权人、优先股股东、普通股股东

C. 优先股股东、普通股股东、债权人　　D. 普通股股东、债权人、优先股股东

3. 股票市场价格的最直接影响因素是（　　）。

A. 供求关系　　B. 公司经营状况

C. 宏观经济因素　　D. 政治因素

4. 可以被视为无限期证券的是（　　）。

A. 股票　　B. 国债　　C. 金融债券　　D. 企业债券

5. 股票的内在价值是指（　　）。

A. 股票票面上标明的金额　　B. 股票成交的市价

C. 股票未来收益的现值　　D. 中介机构评估的价值

二、多选题

1. 股票具有的特征包括（　　）。

A. 风险性　　B. 流动性　　C. 参与性　　D. 收益性

2. 以下属于股票性质的有（　　）。

A. 有价证券　　B. 要式证券　　C. 设权证券　　D. 资本证券

3. 我国目前不允许发行（　　）。

A. 比例股票　　B. 普通股票　　C. 份额股票　　D. 法人股票

4. 关于红筹股，下列描述正确的是（　　）。

A. 红筹股不属于外资股

B. 红筹股是指在中国境外注册、在香港上市但主要业务在中国内地或大部分股东权益来自中国内地的股票

C. 红筹股已经成为内地企业进入国际资本市场筹资的一条重要渠道

D. 红筹股属于境外上市外资股

5. 上市公司出现以下（　　）情形的，证券交易所对其股票交易实行退市风险警示。

A. 最近 2 年连续亏损

B. 公司主要银行账号被冻结

C. 在法定期限内未披露年度报告或者半年度报告，公司股票已停牌 2 个月

D. 公司生产经营活动受到严重影响且预计在 3 个月以内不能恢复正常

三、判断题

1. 无记名股票也称不记名股票，与记名股票的主要差别是在股东的权利大小方面。（　　）

2. 《公司法》规定，股票采取纸面形式或国务院证券管理部门规定的其他形式。（　　）

3. 公司清算时每一股份所代表的实际价值是账面价值。（　　）

4. 由于未来收益及市场利率具有不确定性，各种价值模型计算出来的股票内在价值只是其真实的内在价值的估计值。（　　）

5. 具有法人资格的国有企业、事业单位及其他单位以其依法占用的法人资产向独立于自己的股份公司出资形成或依法定程序取得的股份，称为国有法人股，国有法人股属于社会公众股。（　　）

四、计算分析题

1. 从证券交易所网站上查阅上市股票，试着找出几种一线股、二线股。

2. 上网查阅几种 S 股、ST、＊ST 与 S＊ST 股票，进一步理解其含义，并用一定时间关注该公司信息及其变化。

3. 某公司预计从今年起连续5年每年发放固定股利1元，从第6年开始股利将按每年6%的速度增长。假定当前市场必要收益率为8%，当前该股票价格为50元，请计算该公司股票的内在价值和净现值，并对当前股票价格的高低进行判断。

4. 某上市公司上年每股股利为0.3元，预计以后股利每年以3%的速度递增。假设必要收益率（贴现率）是8%。试用股利定价模型计算该股票的内在价值。若该股票当时股价为5元，请问该股票是被低估了还是被高估了？应如何操作该股票？

5. 某上市公司上年每股股利为0.4元，股利分配政策一贯坚持固定股利政策。假设投资必要收益率（贴现率）是8%。试用股利定价模型计算该股票的内在价值。若该股票当时股价为4元，请问该股票是被低估了还是被高估了？应如何操作该股票？

6. ABC股份公司去年支付每股股利1元，预计在未来该公司股票股利按每年6%的速率增长，假定必要收益率为8%，请计算该公司股票的内在价值。当前该股票价格为30元，请用净现值法判断该股票是否具备投资价值。

7. 假设某公司现在正处于高速成长阶段，其上一年支付的股利为每股1元，预计今后3年的股利年增长率为10%，3年后公司步入成熟期，从第4年开始股利年增长率下降为5%，并一直保持5%的增长速度。如果市场必要收益率为8%，请计算该股票的内在价值。

项目四

基金投资

学习目标

1. 熟悉基金的概念；
2. 掌握基金的基本特征及类型；
3. 掌握基本基金投资技能；
4. 理解基金投资风险情况。

项目导言

随着人们生活水平和财富的积累，人们对投资的需求越来越多，但是对于个人投资者而言，投资知识、投资管理能力等相对较弱，人们需要找到一些职业投资管理人管理自己的资产。基金就是这种由职业管理人专业化管理投资资金的一种形式。

项目导入——养老金与生命周期基金

受第二次世界大战后的“婴儿潮”影响，美国自 20 世纪 80 年代推出 401（K）计划开始，不断改革养老金体系。到了 90 年代中期，企业养老金计划由待遇确定型（DB）计划向缴费确定型（DC）计划转变，这促进越来越多的养老金计划开始投资基金。把握这个市场机遇，很多基金公司开始着手设计适合养老金投资需求的产品，生命周期基金应运而生。

生命周期基金又称目标退休基金或目标到期日基金，指按照人的生命周期不断调整资产配置的创新基金产品，通过多元化的专业投资组合，来满足投资者在生命中不同阶段的需求，实现投资者的目标。

第一只生命周期基金——BGI 2000 Fund 是由巴克莱在 1993 年 11 月推出的，不过，真正将生命周期基金发扬光大的则是富达集团。1996 年，富达推出了 Fidelity Freedom 2000 Fund（富达自由生命周期基金），并以重金对其产品进行了市场推广。随后，富达不断完善和修改这一系列的生命周期基金，到 2006 年，富达自由系列基金已拥有 12 只产品，其中一只以投资债券为主，其余与养老金计划相关联。

自由系列生命周期基金由多只子基金组成，因到期日不同而具有不同的风险收益特征。例如，先锋 2050 基金，适宜计划于 2048—2052 年退休的投资者，基金组合中 70%投资美国本土股票，10%投资于国际市场，其余 20%则投资于垃圾债券。而先锋 2015 基金的投资组合，47%持有美国上市公司股票，12%投资于国际股市，在垃圾债券上的投资只占组合的 6%，其余 30%为固定收入类投资品，5%为现金。

随着越来越多的雇主把退休资产的管理责任强加于他们的员工身上，这两种类型的生命周期基金越来越受欢迎，尤其是在固定缴款市场。2004 年，富达的生命周期基金产品的市场占有率达到了 34%，成为美国养老金管理市场的领导者。到 2005 年，生命周期基金总资产达到 1 320 亿美元，较上一年猛增近 20%。

随后，先锋、Barclays Global、Russell 公司等大型资产管理公司相继推出自己的生命周期基金，此类基金开始在美国养老金市场流行。这些基金大多不直接投资股票、债券等证券，而是通过投资其他基金的方式构建投资组合，也就是采取基金中基金（FOF）的方式来进行管理。截至 2010 年年底，美国市场上生命周期类基金资产管理规模达到 3 397.95 亿美元，其中 91%为养老金资产。

资料来源：《上海证券报》，2012 - 07 - 16。

任务一

认识基金

任务描述

1. 登录“天天基金网”，查找一些基金的品种；
2. 选出一个基金品种，根据基金披露的信息，了解该基金的相关关系人；
3. 找出基金的以往业绩情况，并加以比较分析。

相关知识

一、基金的发展情况

从基金的起源来追溯，世界上第一只基金是1822年荷兰国王威廉一世创立的私人基金。基金的形成是社会专业分工的最终产物，我们通常所说的基金主要指的是证券投资基金。投资基金起源于英国，19世纪中期，英国凭借其强大的高速发展的工业和大量的殖民扩张积累了大量的财富，越来越多的英国富有阶层希望投资海外市场来谋求更高的回报，同时还必须保证资金安全。人们开始寻找值得信赖的专业投资管理者，委托专业人士代为处理海外投资事宜，分散风险，从而产生了投资人与代理投资人之间的信托契约。1868年11月，英国组建了以信托方式存在的“海外和殖民地政府信托基金”，受到了中小投资者的欢迎。

投资基金起源于英国，盛行于美国。1924年3月21日在波士顿设立的“马萨诸塞州投资信托基金”，是世界上第一只公司型开放式基金，也是美国第一个现代意义的共同基金。在此后几年中，投资基金经历了第一个辉煌时期。1926年到1928年3月，美国成立的公司型基金多达480家。到1929年基金总资产达到70亿美元，为1926年的7倍。1929年10月，全球股市崩溃，大部分基金倒闭或者停业，到了1931年末基金总资产下降了50%。20世纪30年代，基金的发展一直处于停滞不前的状态。1940年，美国颁布《投资公司法》和《投资顾问法》，以法律形式明确基金的规范运作，严格限制投机活动，为投资者提供了体系完善的法律保护。截止到2013年4月，美国的共同基金规模已经达到13万亿美元的规模，全球共同基金规模达到26.8万亿美元。

中国的基金业相比西方国家起步较晚。1992年11月第一家比较规范的投资基金——淄博乡镇企业投资基金经过中国人民银行总行批准设立。1997年11月14日《证券投资基金管理暂行办法》颁布。这是我国基金早期的探索阶段。1998年3月27日，经证监会批准，新成立的南方基金管理公司和国泰基金管理公司分别设立了规模均为20亿的两只封闭基金——“基金开元”和“基金金泰”，这才拉开了中国证券投资基金试点的序幕并进入迅速发展阶段。2000年10月8日，中国证监会发布了《开放式证券投资基金试点办法》。2001年9月，第一只开放式基金“华安创新”的诞生，标志我国基金业从封闭式基金到开放式基金的历史性跨越。2004年6月1日《证券投资基金法》的正式颁布实施，让我国基金业开始进入规范化发展道路。基金业协会的数据显示，2013年末公募基金规模再度升至3万亿以上，达到30 020.71亿元，该数据继2007年中国基金业曾经最高规模达到3.5万亿后，重新回到3万亿水平。与之前不同的是，那时候3.5万亿里面90%以上是股票基金，而2013年末的3万亿里面，股票基金比重不足60%，这表明2008年金融危机以后，基金规模以及基金类型发生了一定变化。

二、基金概述

（一）基金定义

我们通常所说的基金指的证券投资基金，这是一种狭义的理解。事实上，基金还有很多种类，比如，投资基金、社保基金、信托基金、退休基金、公积金、慈善基金等各种各样以某种目的而设立的基金会。广泛来讲基金是指的是为了某种目的而设立具有一定规模，进行规范化运营的资金。

证券投资基金（投资基金）是指通过公开发售基金份额，将众多投资者的资金集中起来，由基金托管人托管，基金管理人管理和运作，按照一定的投资组合方式投资股票、债券、基金、货币等投资工具，从而获得资本增值和投资收益。投资基金是一种利益共享、风险共担的集合投资方式。世界上各国或地区对投资基金的称呼不一样，美国称为“共同基金”，英国和我国香港地区称为“单位信托基金”，日本和我国台湾地区称为“证券投资信托基金”。根据《证券投资基金法》规定，我国证券投资基金可以投资股票、债券和国务院证券监督管理机构规定的其他证券品种。

（二）证券投资基金市场的参与主体

1. 证券投资基金的当事人

我国证券投资基金按照法律规定依据基金合同设立，基金份额持有人、基金管理人与基金托管人成为基金的当事人。

（1）基金份额持有人。基金份额持有人也就是我们所说的基金投资者，是基金的出资人、持有人，是基金资产的所有人和基金投资回报的受益人。比如说，我们作为投资者买卖基金，买卖成功后，我们就是基金份额的持有人。

（2）基金管理人。基金管理人是基金产品的募集者和管理者，负责基金发起设立与经营管理的专业性机构。基金管理人的主要职责就是按照基金合同的约定，负责基金资产的投资管理，有效管理基金投资风险，为投资者争取最大的投资收益。目前在我国，基金管理人由依法设立的基金管理公司担任。比如我国的大型基金公司有华夏基金、博时基金、易方达基金等，都是基金管理人。最近几年，也有越来越多的私募基金管理人活跃于市场。

(3) 基金托管人。基金托管人是依据基金运行中管理与保管分开的原则，对基金管理人进行监督以及保管基金资产的机构。基金托管人的主要职责体现在基金资产保管、基金资金清算、会计复核以及对基金投资运作管理进行监督。通常情况下，基金托管人只能由依法设立并取得基金托管资格的商业银行或者信托公司担任，是基金份额持有人的权益代表，比如中国工商银行、中国建设银行等。

三方当事人在基金的运作过程中形成三角关系：基金份额持有人委托基金管理人投资，委托基金托管人托管；管理人接受委托进行投资管理，监督托管人并接受托管人的监督；托管人保管基金资产，执行投资指令，同时，监督管理人并接受管理人的监督。因此，基金份额持有人与基金管理人之间是委托人、受益人与受托人之间的关系；基金份额持有人与基金托管人之间是委托人与受托人之间的关系；基金管理人与基金托管人之间是平行受托和互相监督关系。图 4—1 反映了基金参与者之间的关系。

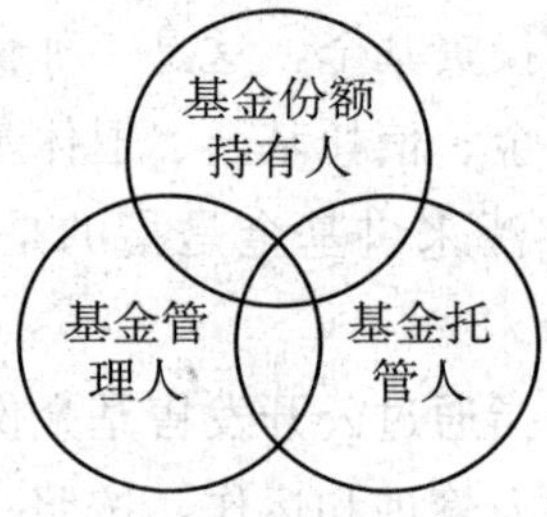

图 4—1　基金参与者之间的关系

2. 证券投资基金市场服务机构

在证券投资基金市场中，基金管理人和基金托管人既是基金的当事人，也是基金的主要服务机构。除了上述基金管理人和基金托管人外，还有一些向基金提供各种服务的其他金融服务机构，这些机构包括：基金销售机构、注册登记机构、律师事务所、会计师事务所、基金投资咨询公司、基金评级机构等。基金销售机构指的是具备基金销售资格的机构，比如一些商业银行、基金公司以及一些代销机构（天天基金网）等。目前在我国承担基金份额注册登记工作的是基金管理公司自身和中国证券登记结算有限责任公司（简称“中国结算公司”），它们是注册登记机构。

3. 证券投资基金的监管和自律管理

(1) 基金监管机构。基金管理人内部的监管和基金托管人的监管，以及证监会的监管等。

(2) 证券交易所。跟股票一样，证券交易所同样是基金的监管者，监管基金管理人是否在证券法律法规范围内运作。

(3) 基金行业自律机构。中国证券投资基金业协会（官方网址 http：//www.amac.org.cn/）是基金行业的自律组织机构。

三、投资基金的特点

基金是通过发售基金份额，将众多投资者资金集中起来，形成独立资产，由基金托管人托管，基金管理人管理，以投资组合的投资方式进行证券投资的投资方式。它具备如下特点：

（一）集合理财、专业管理

基金是将大量的投资者的资金集合起来，交给基金管理人进行专业化投资，表现了集合理财的投资特点。通过聚集大量的资金有效地发挥基金资金的规模优势，结合基金管理人的专业管理，合理降低交易成本。基金管理人一般都是基金公司担任，基金公司在证券市场有较强的专业化研究团队和强大的信息网络，能够更好、更准确地了解掌握证券市场上第一时间的投资机会和投资方向，最大化地为投资者争取投资利益。对于中小投资者而言，将资金交给基金管理人管理，可以享受到专业化的投资理财管理。

（二）组合投资、分散风险

众多的投资者将资金交给基金公司管理运作，资金有规模优势。基金利用其资金的规模优势，对资金进行组合投资方式，分散风险。“组合投资，分散风险”成为基金的一大特色。基金一般会选择不同行业、不同公司的股票来进行投资，这样有效地规避了市场的不利波动带来的非系统性风险。作为一般的投资者，由于资金的有限，想进行组合投资、规避风险有一定操作难度，基金投资恰恰有效弥补了个人投资者的资金缺陷。

（三）利益共享、风险共担

基金份额的持有人作为该基金的所有人，所有的投资者一起承担基金的风险，共同分享基金投资带来的回报。基金投资收益扣除基金管理过程中的费用后的盈余部分由所有投资者所有，按照投资者所持有基金份额按比例分享投资收益。在基金运作管理的过程中，基金应向基金服务机构支付一定费用，比如给基金管理人支付管理费，给基金托管人支付托管费等，基金管理人、托管人无权分享投资收益。

（四）严格监管、信息透明

《证券投资基金法》明确规定了基金当事人各自的权利和义务，保护投资者的合法权益。中国证监会对基金进行比较严格的监管，增强投资者对基金的信心，保护投资者的利益，强制要求基金进行充分的信息公开。同时基金公司还有内部监管部门监督管理基金合理合法运作管理。

（五）独立托管、保障安全

在中国证券市场初期，证券投资资金没有独立托管，受到了比较大的影响，之后采用三方托管、独立分账管理，保护投资者资金安全。将基金管理人个人资产与投资者资产分开，避免基金管理人为了获取个人利益，而做出损害投资者利益的违法行为。独立托管的过程中，在保障资金安全的同时，还引入基金托管人对基金管理人进行监督，制约基金管理人，加大投资者权益保护。

四、基金的类型

（一）契约型基金和公司型基金

按照法律形式的不同，分为契约型基金和公司型基金，二者区别见表 4—1。

表 4—1　　契约型基金与公司型基金的区别

区别	契约型基金	公司型基金
法律主体资格不同	不具法人资格	具有法人资格
投资者地位不同	契约关系，契约受益人，不具有投资决策发言权	公司股东，有权对重大决策发言、审批
运营依据不同	依据契约运营	根据公司章程运营

契约型基金是依据基金投资者、基金管理人、基金托管人之间通过签订基金契约的形式发行受益凭证而设立的一种基金。根据契约条款来约束相关各方各自的权利与义务。

公司型基金是在法律上具有独立法人地位的股份投资公司。公司基金的设立类似普通公司，按照《公司法》规定设立。公司型基金指基金本身为一家股份有限公司，公司通过发行股票或受益凭证的方式来筹集资金。投资者购买了该家公司的股票，就成为该公司的股东，凭股票领取股息或红利、分享投资所获得的收益。基金的组织结构类似于一般公司，设有董事会和持有人大会（股东会），基金资产归基金持有人所有。

目前我国基金全部是契约型基金，而美国的绝大多数基金则是公司型基金。

（二）封闭式基金和开放式基金

根据证券投资基金运作方式，分为封闭式基金和开放式基金，二者区别见表 4—2。

表 4—2　　封闭式基金和开放式基金的区别

区别	封闭式基金	开放式基金
期限不同	固定期限（通常为 10 年或者 15 年）	无固定期限
份额限制不同	份额固定	没有规模限制
交易场所不同	证券交易所（二级市场）	基金管理人或者代销机构
价格形成方式不同	二级市场供给情况决定	资产净值决定

封闭式基金是指基金份额在基金合同期限内固定不变，基金份额可以在依法设立的证券交易所交易，但基金份额持有人不得申请赎回的一种基金运作方式。封闭式基金在基金的存续期内，投资者不能对基金追加或赎回，只能通过证券市场在二级市场上进行基金的买卖。

开放式基金是基金份额不固定，基金份额可以在基金合同约定的时间和场所进行申购或赎回的基金方式。开放式基金可以自由申购赎回。开放式基金由于有赎回机制，一般会从筹集到的资金中提取一定比例以应对赎回要求，并以现金形式保存。

（三）债券基金、股票基金、货币市场基金和混合基金

按照投资对象不同，分为债券基金、股票基金、货币市场基金、混合基金等。

债券基金是指主要以债券作为投资对象的基金。根据证监会对基金类别的分类标准，基金资产 80%以上投资于债券的为债券基金。

股票基金是指以股票为主要投资对象的基金。根据证监会对基金类别的分类标准，基金资产 60%以上投资于股票的为股票基金。股票基金由于股票市场波动较大，基金投资风险相对较高，会受所投资的公司经营情况、当时证券市场环境、相应经济政策的影响。

货币市场基金是指以货币市场为主要投资对象的基金。根据证监会对基金类别的分类标准，仅投资于货币市场工具的为货币市场基金。比如投资国库券、大额存单、商业票据等。

混合基金同时以股票、债券等为投资对象，期望通过不同的资产类别的投资实现基金风险与收益的相对平衡。一般来讲，按照规定，不符合股票、债券、货币市场基金的基金我们都称为混合基金。

（四）公募基金与私募基金

根据资金募集的方式不同，分为公募基金、私募基金。

公募基金是指面向社会大众公开发售的基金。公募基金必须遵守基金法律法规的约束，接受监管部门的严格监管，对公募基金有信息披露、利润分配、运行限制等行业规范要求。目前我国大多数基金的存在方式都是公募基金，公募基金得到了法律承认和规范。

私募基金是指只能采取非公开发行方式，面向特定投资人群募集发售的基金。私募基金不能公开发行、宣传、销售。目前我国私募基金行业处于政策规范阶段，逐步有私募基金开始阳光化运作，并接受行业监督管理，所以也称为阳光私募。

（五）成长型基金、收入型基金和平衡型基金

根据投资目标不同，分为成长型基金、收入型基金和平衡型基金。

成长型基金一般以追求资本增值为基本目标，主要以具有良好增长潜力的股票为投资对象。收入型基金以稳定、经常性收入为目标，主要投资大盘蓝筹股、公司债等稳定收益对象。平衡型基金追求成长和收入达到平衡的投资目标。成长型基金、平衡型基金和收入型基金三种基金的投资风险依次递减。

还有一些特殊型基金，比如系列基金、基金中的基金、保本基金、交易型开放指数基金和上市开放式基金等。

任务二

分析基金的投资价值

任务描述

1. 登录“天天基金网”，查找某只基金的净值变动情况；
2. 通过研究该基金近期一年的投资持仓结构，分析该基金的投资价值。

相关知识

一、投资基金的资产估值

随着《证券基金法》的发布，基金行业越来越规范，加上证券市场的高速发展，各种各样满足不同投资者的投资需求的基金纷纷推出，投资者面对不同的基金，在投资决策、选择上出现了难题。衡量投资基金的价格或价值的主要标尺就是投资基金的净值。

基金的估值过程是通过基金所拥有的全部资产及所有负债按一定的原则和方法进行估值。基金资产净值是从基金总资产减去资产总负债所剩余的部分，然后除以当前基金份额就是基金份额净值。计算公式如下：

基金资产净值＝基金总资产－基金总负债

基金份额净值＝基金资产净值/基金总份额

在评价基金资产价值的时候，我们一般用基金份额净值来理解，或者用基金价格高低来比较，基金净值的变化来源于基金投资收益与支出的关系。

（一）基金投资收益

1. 利息收入

利息收入是投资基金收入的主要组成部分，特别是债券类投资基金，利息收入更是投资收入的主要来源。基金拥有庞大的资金规模，根据基金投资策略的需要，分散投资风险，一般都会有大量的现金储备，这些现金储备存放在商业银行或者其他商业机构，或者投资短期债券、长期债券、企业债券、商业票据等，都会给投资基金带来利息收入。比如现在市场最火爆的余额宝，就是支付宝与天弘基金合作发行的一款货币基金，该基金收益主要来自银行利息收入。存款和债券利息收入，构成了基金收入的第一个收入来源。

2. 股息收入

证券投资基金将大部分资金投资于股票市场，通过购买上市公司股票，成为公司股东。上市公司会在季度、半年、年度召开股东大会，决定是否对该年度进行利润分配，对股东进行分红派息。一般处于成熟发展的上市公司扣除相关费用和计提一部分资金之后，会对股东按比例进行分红派息。比如影视行业龙头公司华谊兄弟，白酒行业龙头公司贵州茅台对投资者的回馈相当丰厚。

3. 二级市场买卖差价与投资增值

在证券市场上，部分优秀的基金管理人，有专业的基金管理水平，对证券市场走势、操盘水平把握能力较强，能够合理买卖基金，形成基金的差价，但是二级市场的买卖差价相对来讲不太容易确定，是一项不稳定收益。投资增值是因为一家基金所投资的证券价格上涨超过投资成本形成基金净值增加的情况，严格来讲不算做收入的形式。投资增值需要在证券市场变现出售才能够体现在收入上。二者差别主要体现在投资周期长短上，前者一般是一种短期投资、交易，后者是较长期投资，比如购买原始股，项目投资等，回收周期较长。目前我国证券市场投资基金，由于多重因素导致绝大多数都是属于买卖差价的形式居多。

（二）基金的费用支出

基金的费用支出指基金在日常投资经营活动中发生的、会导致所有权益减少的、与基金持有人分配利润无关的经济利益流出。具体包括基金管理费、托管费、销售服务费、交易费用、利息支出和其他费用。

一般来讲，基金费用主要是基金管理费和托管费，还有一些其他费用。基金管理费就是支付给基金管理人的管理报酬，也是基金公司的主要收入来源。基金管理费费率高低与基金规模成反比，与风险成正比。基金规模越大，基金管理费费率越低，每一基金份额支付的管理费就越少，反之越多。我国目前基金管理费为基金净值的2.5％，最近几年随着基金销售渠道的拓展，不少基金在基金管理费率上有打折情况，比如一些基金公司官方网站通过在线申购基金，费率打4折。在各种基金中，货币市场基金年管理费率最低为基金净值的0.25％～1％，其次是债券基金，为0.5％～1.5％，股票基金为1％～1.5％，认股权证为1.5％～2.5％。另外随着基金业的发展，有的基金还设立了基金业绩报酬以奖励优秀基金管理人，如果基金表现优秀，基金公司提取一定比例的业绩报酬奖励给基金经理。

基金托管费指的是支付给基金托管人托管资金的费用。基金托管费按照前一交易日基金净值0.25％的年费计提。

其他费用包括基金管理期间的信息披露费用、会计师和律师费、持有人大会费等，一般这部分费用较低。

（三）投资基金的利润分配

投资基金在取得投资收益之后，基金公司会根据实际情况，对基金的收益进行利润分配。分配的原则是按照投资者所持基金按比例分配。基金的利润分配会导致基金的净值下降。

基金利润的分配有相应的规则。比如，基金当年收益应当弥补上一年度亏损，然后才可以进行当年收益分配。基金投资当年发生亏损，则不进行收益分配。基金分红的方式以现金分红为主，开放式基金还有分红再投资转换为基金份额的方式获取回报。

二、投资基金的价值分析

（一）基金价格变动因素

1. 同期银行存款利率

同期银行存款利率是央行调节货币市场的有效工具，它直接调整货币的供应，同时也指导着投资者的投资去向。一般来讲，我们所说的银行利率指的是一种无风险利率，是一种固定收益。基金市场的投资收益一般是不固定的，除了债券或者货币基金相对稳定，股票型基金的收益极不稳定。那么投资者在选择较高风险的投资品时，会期望一个更高的回报，如果利率的上升达到或者接近于基金投资的时候，那么作为理性的投资者肯定更加愿意将资金转向银行储蓄，相对应的一些基金资产减少，基金价格下跌。理性的投资者在考虑投资决策的时候，银行存款利率是个很重要的考量标的。

2. 国内经济形势和行业发展情况

在股票市场有一句话，“股市是宏观经济的晴雨表”，告诉我们一个国家的经济发展情况跟国内的资本市场很大。当然中国的股市对中国经济的“预告”作用不够明显，但是对于基金业、一个基金管理者来讲，对国家具体经济政策的解读、对行业发展的判断，对于基金投资策略影响很大。经济情况的良好与否直接影响着资本市场相应资产价格的变化。

3. 证券市场相关金融工具的活跃情况

目前我国对基金业不征收交易印花税。较低的交易成本吸引着大量投资者进行基金投资。在基金市场，一部分投机资金，利用资金规模优势和低成本优势，炒作一些小基金，让其价格偏离其价值，在封闭式基金市场有不少基金有这种情况。比如银华锐进这只杠杆基金，跟踪沪深300指数，其价格波动幅度远远大于实际指数波动。

4. 基金过往业绩

部分投资者投资决策时会考虑基金过往业绩，虽然过往业绩的优劣不能代表未来，但是部分投资者将过往业绩作为考虑投资基金的一个依据。过往价格往往也对基金价格起到一定支撑作用。比如一只基金去年投资回报是30%，那么投资者会愿意高于现在价格买进基金，即溢价买入基金。

（二）基金产品选择以及策略

基金的种类比较多，每一种基金的情况也各不相同，我们在选择基金产品做投资的时候，需要结合自己的情况，合理做出投资决策。每个人在投资活动中对风险的偏好应该是首要考虑的因素，我们身边的投资者常常缺乏风险意识，以为投资产品都能够给自己带来收益，这种盲目自信的投资是非常害人的。当然自身情况还包括：资金实力、收入水平、家庭财务支出结构、个人投资偏好、个人投资能力、投资理财目的和期望报酬等。

考虑了自我情况以后，在基金产品的投资选择中，我们还应该了解以下几种基金基本的情况：

1. 基金投资方向

每一个基金的类型不一样，投资的方向以及投资品种上的选择也会有很大的差别。比如，指数型基金主要投资的是一些指数标的股票；新兴行业领域的基金投资的是一些新兴行业的股票；有的基金投资消费、医疗等民生方向的股票。投资者可以结合当时的实际情况，考虑哪个方向或者哪些领域基金可能有更高的回报。

2. 基金产品的管理公司和基金经理

一般基金管理公司都会管理好多只基金，大型的基金管理公司的投资研究队伍更加强大、更加成熟，这种管理公司拥有更强的研究和管理能力。同时基金经理也是影响一只基金产品业绩很重要的因素，一个优秀的基金经理的投资理念、投资技能对基金产品的管理和运作起着决定性作用。我们可以通过基金经理的投资履历、从业经验、管理基金的过往业绩、投资风格等多方面来考察投资基金经理的投资水平。

3. 投资成本

在基金投资中，主要的投资成本就是认购费、管理费、托管费、赎回费，一般来讲不同基金的认购费不尽相同，股票型基金比货币型基金管理费高。我们可以通过基金的募集说明书了解费用。另外，在选择申购渠道的时候，我们也可以发现，一般代销基金平台费用高于基金直销渠道。随着网络的发展，很多基金公司提供通过官方网站申购基金的渠道，该渠道申购费率有一定折扣。比如国泰基金，通过其官方网站申购基金定投，可以享受 4 折的申购费率优惠。

4. 过往业绩

不少投资者在选择基金投资的时候，希望参照基金的过往业绩来看。一般来讲基金的过往业绩表现可以做一定的参考，切记不要过分参考，基金的过往业绩只能衡量基金过去的业绩情况，我们投资的是基金的未来表现。比如一些私募基金，在某些年份投资收益相当可观，采用的投资方式也比较激进，按照这种收益标准片面预测未来的投资收益，有可能导致投资损失。

5. 基金购买方法

目前基金市场主要有开放式基金和封闭式基金两种形式。封闭式基金除了第一次买卖的时候通过申购，以后的买卖过程都是通过二级市场买进卖出来获取收益，其买卖形式跟股票或者一般商品买卖无异，成交价格根据市场供需情况成交。开放式基金就不一样，开放式基金与封闭式基金最大的区别在于规模是否固定以及交易价格的确定方式不一样。开放式基金的买卖双方是基金管理人（基金公司）与投资者，投资者买卖交易的对手方都是基金管理人。在基金的购买方法采用的是“金额申购，份额赎回”的原则，简单解释为，申购以金额申购，赎回以份额赎回，申购赎回成交的价格是当日基金的净值。

任务三

认识基金的投资风险

任务描述

1. 上网查询并阅读“基金要闻”和“基金观点”等，了解专业人士对基金的分析观点，逐渐形成自己的投资见解；

2. 上网查找并了解基金清盘的相关知识。

相关知识

一、基金管理风险

（一）申购赎回未知风险

基金投资的完整过程是由基金的申购与赎回两个步骤来完成的。封闭式基金和开放式基金的成交价格方式不一样，申购赎回风险主要体现在开放式基金，因为开放式基金净值投资者是无法知晓的。投资者在进行申购和赎回的时候，所能够参考的是前一个交易日的净值数据，而所成交的却是当日最新形成的基金净值，在前一个交易日到当日的基金净值变化无法预测和知晓。在市场波动极大的时候，前一个交易日与当日基金净值很可能出现极大变化，给投资者造成不可预知的风险。

（二）投资运营风险

基金投资的标的不一样，相对应的风险也就不一样。基金市场上主流的是货币型、债券型和股票型基金。由于货币型基金多数属于短期资金行为，我们不将货币基金风险考虑在内。

1. 债券风险与股票风险

投资债券型基金和股票型基金所面临的风险就是债券风险与股票风险。

债券投资风险主要受利率的影响以及信用关系影响。一般来讲，利息收益飙升，代表市场风险情绪较高，投资者要求市场给予更高的风险报酬，相对应的债券收益率也会提高，同时债券投资风险意识上升，投资收益率上涨。例如在欧债危机发生的时候，欧洲债务最为严重的希腊、意大利等国国债利率基本上一天一变，一时间风险情绪蔓延着整个欧洲市场，真实体现了当时债务危机给债券型基金造成的风险。

股票投资风险主要来自于上市公司经营管理、经济周期和证券市场环境风险。上市公司的经营管理，直接影响着上市公司的收益，间接影响到投资基金的业绩，上市公司经营业绩优秀，股价上涨，基金净值增长，反之下降。比如最近几年大家熟悉的食品安全丑闻中，三聚氰胺拉下了伊利股份价格，瘦肉精影响双汇发展价格，塑化剂腰斩了酒鬼酒股价。这些上市公司股价的暴跌，直接影响了投资它们的基金净值。

2. 经营风险、操作风险、合规风险

在基金公司运营过程中，除了要面对以上风险以外，公司经营管理、操作技术、合规等风险也是公司运营中比较重要的风险。

在基金公司运营管理的过程中，公司管理人的专业管理技能、研究能力和投资管理水平是对基金管理风险中很重要的一环。管理人对证券市场环境趋势的研判把握、证券价格走势判断以及操盘水平直接体现在基金净值上。同时基金公司的投资管理制度、风险管理制度、内部控制制度以及基金管理人职业道德水平都会对基金收益情况造成影响。

3. 信用风险

在基金申购或者赎回的过程中，很可能发生基金交收违约或者投资债券的债权人违约的情况，那么这种违约也会对投资者带来很大的影响。在基金申购赎回过程中出现的违约一般是基金的流动性发生了问题，就是投资者在需要卖出的时候变现困难或者变现价格不合适，基金投资者无法当日全部赎回基金，那么就可能承担后面赎回的风险。

二、系统风险

系统性风险一般来自于企业外部环境，是由某种全局性因素影响，给投资环境造成不可避免的重大影响。这些影响企业一般无法抗拒或者回避，因此也叫不可回避风险。常见的系统性风险有以下几类：

（一）政策风险

国家的财政政策、货币政策、产业政策、地区发展政策等政策会指导相应产业发展，带动一大批资金的流动，导致相应市场公司波动，引起相关上市公司或者相关投资产品价格波动，最终导致基金价格波动。

（二）经济周期风险

随着经济周期的波动，证券市场收益也会发生变化，特别是一些周期性行业遭受的影响比较大。那么投资这些周期性的基金也会面临着周期性风险。比如一些农产品物资、资源类产品都是周期性产品。

（三）不可抗力风险

主要包括灾害、战争等情况，这种情况造成的危机非常严重。

技能训练

一、单选题

1. 证券投资基金的主要投资方向是（　　）。

A. 实业　　B. 上市公司的投资项目

C. 信贷　　D. 有价证券

2. 以下几种基金，最不适宜长期投资的是（　　）。

A. 货币市场基金　　B. 股票基金　　C. 债券基金　　D. 混合基金

3. 保本基金将大部分资金投资于（　　）。

A. 股票　　B. 货币市场工具

C. 衍生金融工具　　D. 与基金到期日一致的债券

4. 基金管理公司的回报主要来源于（　　）。

A. 自有资产的运用　　B. 管理费和手续费

C. 基金资产回报　　D. 佣金

5. 将众多投资者的资金集中起来，并委托基金管理人进行共同投资，表现了证券投资基金（　　）的特点。

A. 集合理财　　B. 组合投资　　C. 风险共担　　D. 分散风险

二、多选题

1. 根据投资目标的不同，可以将基金分为（　　）。

A. 成长型基金　　B. 收入型基金　　C. 混合基金　　D. 平衡型基金

2. 根据投资理念的不同，基金可分为（　　）。

A. 公募基金　　B. 主动型基金　　C. 被动型基金　　D. 私募基金

3. 根据相关法规规定，基金行业高级管理人员包括（　　）。

A. 基金管理公司的董事长　　B. 基金管理公司的总经理

C. 基金管理公司的副总经理　　D. 基金管理公司的督察长

4. 中国证券投资基金试点序幕拉开的标志是 1998 年 3 月 27 日（　　）的发起作用。

A. 招商安泰　　B. 基金开元　　C. 基金金泰　　D. 华安创新

5. 我国基金管理公司可以采取的组织形式包括（　　）。

A. 无限责任公司　　B. 有限合伙企业　　C. 有限责任公司　　D. 股份有限公司

三、判断题

1. 基金管理人按规定收取一定的管理费，并不参与基金收益的分配。（　　）

2. 在我国，基金托管人可以由依法设立并取得基金托管资格的商业银行担任，也可以由其他金融机构担任。（　　）

3. 基金托管协议是基金份额持有人和基金托管人签订的协议。（　　）

4. 中国证券业协会是具有独立法人地位的、由经营证券业务的金融机构自愿组成的行业性自律组织。（　　）

5. 开放式基金的赎回费率不得超过基金份额赎回金额的 3%。（　　）

四、分析思考题

1. 契约型基金与公司型基金的区别。
2. 登录“天天基金网”找出 3 个封闭式基金，3 个开放式基金。
3. 登录“天天基金网”，找出债券基金、股票基金、货币市场基金。
4. 从网络搜索并阅读“光大证券乌龙指事件”材料。

项目五

金融衍生品投资

学习目标

1. 了解远期合约的含义，能够进行远期合约损益分析，理解远期合约的定价，理解远期利率协议、远期外汇协议的投资过程；
2. 了解期货的含义、交易制度，理解金融期货的三种主要分类，掌握期货的投资策略；
3. 了解期权的含义，掌握期权交易的基本原理，理解三种投资策略；
4. 了解互换的含义、原理，理解利率互换和货币互换的过程和作用；
5. 掌握远期、期货、期权和互换各自的特点和区别。

项目导言

金融衍生品是由基础资产派生而来，它不仅丰富了金融市场的产品和结构层次，更重要的是给整个金融市场带来了全新的变革，使得金融体系更为灵活、高效、多样化和富于弹性。本项目将引导学生理解远期、期货、期权和互换这四类金融衍生产品的概念、特征以及交易策略；通过多种途径去体验金融衍生品的投资操作，感受投资的魅力，提高对投资管理的兴趣。

项目导入

格林斯潘认为，金融衍生产品是为对抗风险而产生的。在本项目中，你可以看到金融衍生产品确实可以发挥这样的作用。同时，沃伦·巴菲特认为，金融衍生品是金融领域内的“大规模杀伤武器”。关于这一点，请看以下的财经新闻。

回放一：英国巴林银行破产事件

1995年2月26日，一条消息震惊了整个世界金融市场。具有230多年历史、在世界1 000家大银行中按核心资本排名第489位的英国巴林银行，因进行巨额金融期货投机交易，造成9.16亿英镑的巨额亏损，在经过国家中央银行英格兰银行先前一个周末的拯救失败之后，被迫宣布破产。后经英格兰银行的斡旋，3月5日，荷兰国际集团以1美元的象征价格，宣布完全收购巴林银行。

回放二：中信泰富巨亏事件

2008年10月20日，香港恒指成分股中信泰富突然惊爆，因投资杠杆式外汇产品而巨亏155亿港元！其中包括约8.07亿港元的已实现亏损和147亿港元的估计亏损，而且亏损有可能继续扩大。中信泰富两名高层即时辞职，包括集团财务董事张立宪和集团财务总监周至贤。2008年10月21日，中信泰富股价跌幅达55.1%，远远超过业界预计的20%左右的跌幅。

任务一

认识金融远期合约

任务描述

1. 浏览各大银行网站，了解我国远期合约的主要种类、特征和投资过程；
2. 选定某种远期合约，并进行损益分析。

相关知识

金融衍生品，又称为金融衍生工具，是指价值依赖于基本标的资产价格的金融工具。基本的金融衍生品包括远期、期货、期权和互换四大类。金融衍生品的交易都是以合约为基础，这种合约可以是标准化的，也可以是非标准化的。

一、金融远期合约的概念

金融远期合约是指交易双方约定在未来的某一确定时间，按照事先商定的价格，以预先确定的方式买卖一定数量的某种金融资产的协议，是特指以金融资产（如债券、股票等）为标的物的远期合约。远期合约是为适应投资者规避现货交易风险的需要而产生的。

二、远期合约的构成要素

（1）标的物（标的资产、基础资产）：是指用于交易的资产。标的物是金融资产的远期合约是金融远期合约，例如远期外汇合约就是金融远期合约，其交易的标的物是外币。标的物是商品的远期合约是商品远期合约。

（2）多头和空头：多头也称多头头寸（long position），是合约中同意将来购买标的资产的一方；空头也称空头头寸（short position），是合约中同意将来出售标的资产的一方。

头寸，也称为“头衬”，就是款项的意思，是金融界及商业界的流行用语。如果银行在当日的全部收付款中收入大于支出款项，就称为“多头寸”，如果付出款项大于收入款项，就称为“缺头寸”。对预计这一类头寸的多与少的行为称为“轧头寸”。到处想方设法调进款项的行为称为“调头寸”。如果暂时未用的款项大于需用量时称为“头寸松”，如果资金需求量大于闲置量时就称为“头寸紧”。

在金融、证券、股票、期货交易中经常用到“头寸”。比如在期货开户交易中建仓时，买入期货合约后所持有的头寸叫多头头寸，简称多头；卖出期货合约后所持有的头寸叫空头头寸，简称空头。商品未平仓多头合约与未平仓空头合约之间的差额就叫做净头寸。

（3）到期日：是合约所确定的交割标的资产的时间。此时多头支付现金给空头，空头支付标的资产给多头。

（4）交割价格：是指远期合约中所确定的未来交割标的资产的价格。

（5）远期价格：是指在任意时刻，使得远期合约价值为零的价格。根据无套利原理，远期合约签订之日，远期合约价值为零，交割价格等于远期价格。随后远期价格将有可能改变，而交割价格保持相同，因此二者发生偏离，原有合约的价值就可能不为零。远期价格是确定交割价格的理论依据。如果即期价格低于远期价格，市场状况被描述为正向市场或溢价；如果即期价格高于远期价格，市场状况被描述为反向市场或差价。

三、远期合约的损益分析

决定远期合约价格的关键变量是标的资产的市场价格。远期合约签署时的价值为零，随后它可能具有正的或负的价值，这取决于标的资产价格的变动。如果将 t 时刻标的资产的价格记为 S，以 K 代表交割价格，到期日为 T，则到期日远期合约多方的收益为 S_T-K，如图 5—1 所示；而空方的收益为 $K-S_T$，如图 5—2 所示。

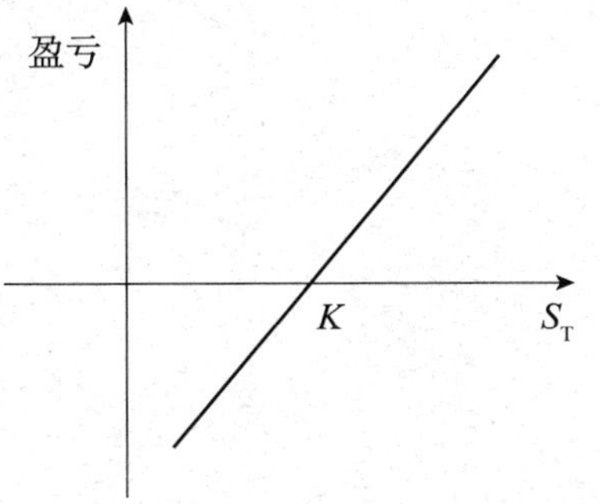

图 5—1　远期多头的到期盈亏

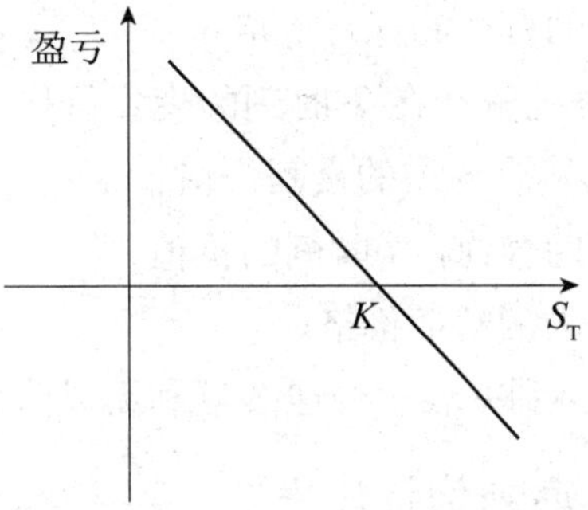

图 5—2　远期空头的到期盈亏

四、远期合约的特点

（1）非标准化合约。远期合约不在交易所集中交易，而是由交易双方具体谈判商定细节，双方可以就交割地点、交割时间、交割价格、合约规模、标的物的品质等细节进行谈判，具有很大的灵活性，以尽量满足双方的需要。

（2）实物交割。远期合约代表了货币或其他商品的现货交付，不像期货、期权那样只需在交割日前进行反向交易即可平仓了结。远期合约大部分最终要进行现金或实物交割，因此其投机程度大大减少，“以小搏大”的可能性被降至最低。

（3）低流动性。合约本身具有不可交易性，即一般不能像期货、期权那样可以随意对合约进行买卖。远期合约一般由买卖双方直接签订，或者通过中间商签约。合约签订后，要冲销原合约，除非与原交易者重新签订合约或协议且订明撤销原合约。因此，远期合约流动性较小。

（4）无须交易保证金。金融远期主要在银行间或银行与企业间进行，不存在统一的结算机构，价格无日波动的限制，只受普通合约法和税法的约束，因此无须支付保证金。

（5）非集中性。远期合约交易属于柜台交易，不在交易所交易，没有固定的、集中的交易所，不利于信息传递和交流，不利于形成统一的市场价格，市场效率低。

（6）违约风险较高。远期合约的履约没有保证，当价格变动对一方有利时，对方有可能无力或无诚意履行合约，因此远期合约的违约风险较高。

五、远期合约的定价

期货和远期价格在大多数情况下几乎不存在理论差异，在以下的分析中，对远期价格的分析同样适用于期货价格。

（一）符号界定

为便于分析，统一对分析所需的符号加以说明。

T：远期合约的到期时间，单位为年；

S：标的资产的现货价格；

S_T：标的资产在 T 时刻的现货价格；

K：远期合约中的交割价格；

f：远期合约在 t 时刻的价值；

F：今天的远期价格；

r：以年利率表示的连续复利无风险利率。

（二）远期价格的决定

远期合约在开始交易时远期价格等于合约的交割价格，所以此时合约的价值为零，即 $F=K$，$f=0$。利用这两个条件可以求出远期价格。

1. 不支付收益的资产的远期价格的确定

这类资产的远期价格最容易确定，包括不支付红利的股票和贴现债券等。

考虑投资策略：卖空一份远期合约，同时买入一份标的资产。因为 $f=0$，所以这笔投资的成本为 S。在 T 时刻进行交割时，投资者可以将持有的现货以交割价格 F（因为在初始投资时 $K=F$）卖出，所以这笔投资在 T 时刻的价值为 F。因为投资无风险，所以在初始投资时应该有

$$S=Fe^{-rT}$$

即 $$F=Se^{rT}$$

即 F 应该等于以无风险利率投资的 S 在 T 时刻的价值。

【例 5—1】 考虑一份股票远期合约，假设标的股票不支付股利。合约的期限是 6 个月，假设标的的股票现在的价格是 50 元，连续复利的无风险年利率为 6%。那么股票的远期价格应该为

$$F= Se^{rT}=50e^{0.06\times0.5}=51.52\text{（元）}$$

这份远期合约的交割价格 K 就应该等于这个价格。如果市场上该合约的交割价格为 52 元，这套利者可以以无风险利率借入 S 元用于购买股票，同时卖出股票远期合约。期末进行交割，获得 52 元，部分用于偿还贷款本息，期末可以获得 $52-51.52=0.48$ 元的无风险利润。反之，如果市场上的远期合约的交割价格小于 51.52 元，套利者可以卖空股票并买入远期合约至期末，这样也可以获得无风险的利润。

2. 支付收益的资产的远期价格的确定

这类资产将为持有者提供可以预测的收益，包括支付已知红利的股票和附息票的债券等。设 D 代表现金收益，在 t 时刻发放（$0<t<T$）。考虑投资策略：卖空一份远期合约同时买入一份标的资产。这笔投资的初始投资成本为 S，投资者可以将在 t 时刻收到的现金收益以无风险利率进行投资。所以这笔投资在 T 时刻的价值应该为 $F+De^{r(T-t)}$。同样，

这笔投资也是无风险的，因此在初始投资时有

$$Se^{rT}=F+De^{r(T-t)} \quad 即\ F=Se^{rT}-De^{r(T-t)}$$

$$F=[S-PV(D)]e^{rT}$$

式中的 $PV(D)$ 表示现金收益 D 的现值，即 $PV(D)=De^{-rt}$。

【例 5—2】 考虑一份远期合约，假设标的股票在 3 个月后支付现金红利 5 元。合约的期限是 6 个月，假设标的的股票现在的价格是 50 元，连续复利的无风险利率为 6%。那么股票的远期价格应该为：

$$F=50e^{0.06\times 0.5}-5e^{0.06\times 0.25}=46.44（元）$$

同样，这份远期合约的交割价格 K 应该等于 46.44，如果 K 不等于 46.44，就存在套利机会。

六、金融远期合约的主要种类

根据标的资产不同，常见的金融远期合约包括远期利率协议、远期外汇合约和远期股票合约。

（一）远期利率协议

远期利率协议（forward rate agreement，FRA）是交易双方承诺在某一特定时期内按双方协议利率借贷一笔确定金额名义本金的协议。远期利率协议是由银行提供的一种场外交易产品，买方是名义借款人，其订立远期利率协议的目的主要是规避利率上升的风险或者从利率上升中牟利；远期利率协议的卖方则是名义贷款人，其订立远期利率协议的目的主要是为了规避利率下降的风险或者从利率下降中牟利。之所以称为“名义”，是因为借贷双方不必真正借贷，只是在结算日根据协议利率和参考利率之间的差额以及名义本金额，由交易一方付给另一方结算金。

双方在交易日约定在未来某日期（结算日），按约定利率（协议利率）和名义期限，借贷一笔数额确定的名义本金。双方约定的名义借贷利率是远期利率。双方选择一种市场利率作为参考利率，如 LIBOR、短期国库券利率。在结算日，远期利率协议的买方支付以协议利率计算的利息，卖方支付以参考利率计算的利息，即双方根据确定日的协议利率和参考利率之间的差额以及名义本金额进行结算，如果参考利率高于协议利率，卖方向买方偿付，反之亦然。为了方便理解，我们将以时间流程图的形式给出上述日期之间的关系，如图 5—3 所示。

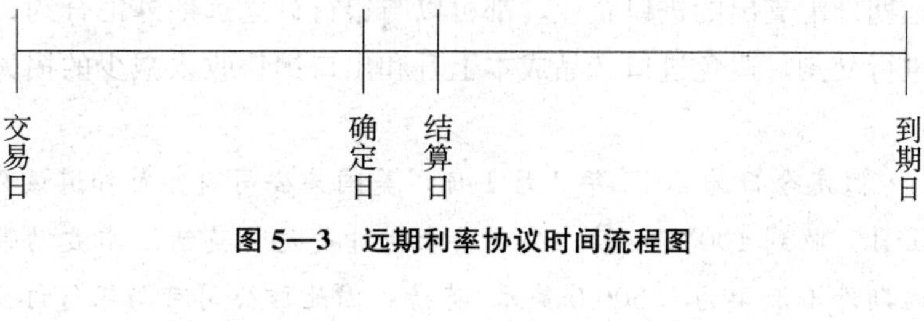

图 5—3 远期利率协议时间流程图

【例 5—3】

表 5—1 中报价第三行“6×9、8.03%～8.09%”的市场术语作如下解释：“6×9”（6 个月对 9 个月）是表示期限，即从交易日（7 月 13 日）起 6 个月末（即次年 1 月 13 日）为起息日，而交易日后的 9 个月末为到期日，协议利率的期限为 3 个月期。“8.03%～8.09%”为报价方报出的 FRA 买卖价：前者是报价银行的买价，若与询价方成交，则意味着报价银行（买方）在结算日支付 8.03%利率给询价方（卖方），并从询价方处收取参照利率。后者是报价银行的卖价，若与询价方成交，则意味着报价银行（卖方）在结算日从询价方（买方）处收取 8.09%利率，并支付参照利率给询价方。

表 5—1　　FRA 市场报价举例

7 月 13 日	美元	FRA
	3×6	8.08‰～8.14‰
	2×8	8.16‰～8.22‰
	6×9	8.03‰～8.09‰
	6×12	8.17‰～8.23‰

远期利率协议交易具有以下几个特点：

(1) 具有极大的灵活性。作为一种场外交易工具，远期利率协议的合同条款可以根据客户的要求“量身定做”，以满足个性化需求。

(2) 并不进行资金的实际借贷，尽管名义本金额可能很大，但由于只是对以名义本金计算的利息的差额进行支付，因此实际结算量可能很小。

(3) 在结算日前不必事先支付任何费用，只在结算日发生一次利息差额的支付。

远期利率协议最重要的功能在于通过固定将来实际支付的利率而避免了利率变动风险。签订远期利率协议后，不管市场利率如何波动，协议双方将来收付资金的成本或收益总是固定在合同利率水平上。

（二）远期外汇合约

远期外汇合约（forward exchange agreement，FXA），是一种外汇衍生工具，其结算基于合约起始日的远期汇率与结算时的即期汇率之差。

远期外汇合约是指外汇买卖双方在成交时先就交易的货币种类、数额、汇率及交割的期限等达成协议，并用合约的形式确定下来，在规定的交割日双方再履行合约，办理实际的收付结算。远期外汇合约的主要目的就是规避汇率风险，不论是有远期外汇收入的出口企业，还是有远期外汇支出的进口企业，都可以与银行订立远期外汇合约，按预约的价格在将来到期时进行交割，避免进口产品成本上升和出口销售收入减少的损失，以控制结算风险。

【例 5—4】 假定今日为 2013 年 3 月 1 日，美国某公司财务员知道该公司将于 3 个月之后（即 6 月 1 日）收到 100 万英镑。公司要求对冲美元与英镑汇率波动带来的风险。银行报出 3 个月远期外汇汇率为 1.500 0 美元/英镑。因此该公司可与银行订立远期合约，约定该公司于 6 月 1 日将 100 万英镑以 1.500 0＄/￡的价格卖给银行。

在此合约中，公司持有空头，银行持有多头。不论汇率此后如何变动，双方都负有在 3 个月后以 1.500 0＄/￡的价格买入（银行）和卖出（公司）100 万英镑的义务。

远期外汇合约有以下特点：

（1）交易地点不固定，通常是通过现代通信手段进行，交易时间也不受限制，可以 24 小时交易，因而属于无形市场。

（2）远期外汇合约是交易双方经协商后达成的协议，在交易币种、汇率、交割方式、金额等方面能够灵活地满足交易双方的偏好，因而是非标准化的合约。

（3）远期外汇合约双方当事人都要承担信用风险。

（三）远期股票合约

远期股票合约（equity forwards）是指在将来某一特定日期按特定价格交付一定数量单只股票或一揽子股票的协议。远期股票合约在世界上出现时间不长，总交易规模也不大。

七、远期合约的功能

远期合约主要有以下功能：

（1）套期保值，主要指资金借贷双方或进出口商为避免资金借贷或贸易业务中利率或汇率变动而进行的远期交易。

（2）平衡头寸，主要指银行等金融机构为避免日常业务中的利率、汇率变动的风险，相互间平衡其相关头寸的远期交易。

（3）投机，指建立在投机者某种预期基础上的，由投机者承担汇率和利率风险的远期交易。

任务二

如何进行金融期货投资

任务描述

1. 通过网络搜索我国金融期货产品的种类，并分析金融期货交易的特征；
2. 选择某种金融期货合约进行投资策略分析；
3. 结合我国实际情况，谈谈期货投资在我国的发展趋势。

相关知识

一、金融期货合约的定义

金融期货合约（financial future contracts）是指买卖双方在有组织的交易所内以公开竞价的形式达成的，在将来某一确定时间买卖既定数量某种金融资产的一种标准化的合约。

二、金融期货交易的特征

由于金融期货是以特定的金融工具为基础工具的期货，因而它具有既区别于现货，又区别于非金融期货的特征。主要体现在以下几个方面：

（1）金融期货的交易对象是标准化的金融工具凭证，如外汇、股票、利率等。

（2）金融期货的交易实行会员制度。非会员参与金融期货的交易必须通过会员代理，由于直接交易限于会员之间，而会员同时又是结算会员，缴纳保证金，因而交易信用风险较小，安全保障程度高。

（3）金融期货的交易价格是通过公开的市场竞争形成的，并不会随着金融工具的市场价格的变化而变化。

（4）交割期限的规格化。金融期货合约的交割期限大多数是 3 个月、6 个月、9 个月、12 个月，最长的是两年。

（5）金融期货的交易合约在规定的交割日期到来之前，财务对冲交易结束其头寸，无须最后的实物交割。

（6）期货交易实行每日清算制。每日交易结束后，清算公司都要根据期货价格对每个交易者的保证金账户进行调整。

三、金融期货的主要交易制度

（一）集中交易制度

金融期货在期货交易所或证券交易所进行集中交易。期货交易所是期货合约买卖的场所，是期货市场的核心。

（二）标准化的期货合约和对冲机制

期货合约是由交易所设计、经主管机构批准后向市场公布的标准化合约。期货合约设计成标准化的合约是为了便于交易双方在合约到期前分别做一笔相反的交易进行对冲，从而避免实物交收。实际上，绝大多数的期货合约并不进行实物交割，通常在到期日之前平仓。

（三）保证金制度

为了控制期货交易的风险和提高效率，期货交易所的会员经纪公司必须向交易所或结算所缴纳结算保证金，而期货交易双方在成交后都要通过经纪人向交易所或结算所缴纳一定数量的保证金。由于期货交易的保证金比率很低，因此有高度的杠杆作用，这一杠杆作用使套期保值者能用少量的资金为价值量很大的现货资产找到回避价格风险的手段，也为投机者提供了用少量资金获取利润的机会。

（四）结算所和无负债结算制度

结算所是期货交易的专门清算机构，通常附属于交易所，但又以独立的公司形式组建。结算所实行无负债的每日结算制度，又称逐日盯市制度，就是以每种期货合约在交易日收盘前规定时间内的平均成交价作为当日结算价，与每笔交易成交时的价格作对照，计算每个结算所会员账户的浮动盈亏，进行随市清算。由于逐日盯市制度以 1 个交易日为最长的结算周期，对所有账户的交易头寸按不同到期日分别计算，并要求所有的交易盈亏都能及时结算，从而能及时调整保证金账户，控制市场风险。

（五）限仓制度

限仓制度是交易所为了防止市场风险过度集中和防范操纵市场的行为，而对交易者持仓数量加以限制的制度。

四、金融期货的分类

被称作金融期货的金融衍生工具最主要的是三种，即外汇期货、利率期货和股票指数期货。

（一）外汇期货

外汇期货实际上就是一种在交易所达成的标准化的、规定在将来某一特定的时间和地点交收一定数额外汇，并在合约有效期内每日都进行盈亏结算的外汇交易工具。外汇期货又称货币期货，是最先产生的品种，主要用于规避外汇风险。到目前为止，在世界主要外汇期货市场上，几乎所有世界主要货币的期货交易都已经开办起来。如在美国期货市场上，就有英镑、澳元、加元、日元、瑞士法郎、欧元等的期货。2005 年，芝加哥商业交易所（CME）推出了以美元、日元、欧元报价和现金结算的人民币期货及期货期权交易，不过，由于人民币汇率并未完全实现市场化，这些产品的交易并不活跃。目前，我国正致力于实现人民币汇率形成机制的市场化改革，有关方面已经开始着手推动包括人民币期货在内的衍生产品开发。

（二）利率期货

利率期货是一种在期货市场上通过标准化利率期货合约的买卖来规避利率风险的金融工具。而利率期货合约则是指在有组织的交易所内，买卖双方通过公开竞价而达成的在未来某一日期按成交价格交收标准数量特定金融凭证的标准合约。

随着利率期货交易的迅速发展，利率期货交易无论是在数量上还是在品种上都形成了一定的规模。从品种上看，不仅有短期的货币期货，还有长期的资本期货。其中货币期货主要有短期国库券期货、欧洲美元期货及定期存单期货等；资本期货则主要有中、长期公债期货等。迄今为止，美国是世界上最大的利率期货交易市场，交易品种多，交易规模大。中国的国债期货交易试点开始于1992年，结束于1995年5月，历时两年半。时隔18年后，中国金融期货交易所2013年9月首批三个5年期国债期货合约上市交易，具体如表5—2所示。

表5—2　　5年期国债期货合约情况

合约标的	面值为100万元人民币、票面利率为3%的名义中期国债
可交割国债	合约到期月首日剩余期限为4～7年的记账式附息国债
报价方式	百元净价报价
最小变动单位	0.002元
合约月份	最近的三个季月（3月、6月、9月中的最近3个月循环）
交易时间	9:15—11:30，　13:00—15:15
最后交易日交易时间	9:15—11:30
每日价格最大波动限制	上一交易日结算价的±2%
最低交易保证金	合约价值的2%
最后交易日	合约到期月份的第二个星期五
最后交割日	最后交易日后的第三个交易日
交割方式	实物交割
交易代码	TF
上市交易所	中国金融期货交易所

（三）股票指数期货

股票指数期货是一种在期货市场上通过标准化股票指数期货合约的买卖来规避股票市场系统性风险的金融工具。而股票指数期货合约则是由合约双方同意在将来某一日期按约定的价格买卖股票指数的可转让合约。股票市场的风险主要有非系统风险和系统风险，非系统风险可以通过股票的期货合同来缓解，但一个人又无法买卖所有股票的期货合同。人们便想到要把股票价格指数改造成一种可以买卖的商品，利用这种商品的期货合约对整个市场的股票进行保值，因为股票价格变动指数基本上代表了整个市场股票价格变动的趋势和幅度。股价指数期货的交易单位等于基础指数的数值与交易所规定的每点价值之乘积，沪深300指数期货合约如表5—3所示。

表5—3　　沪深300指数期货合约

合约标的	沪深300指数
合约乘数	每点300元
报价单位	指数点
最小变动单位	0.2点
合约月份	当月、下月及随后两个季月
交易时间	9:15—11:30，13:00—15:15
最后交易日交易时间	9:15—11:30，13:00—15:15
每日价格最大波动限制	上一交易日结算价的±10%
最低交易保证金	合约价值的12%
最后交易日	合约到期月份的第三个星期五，遇国家法定假日顺延
最后交割日	同最后交易日
交割方式	现金交割
交易代码	IF
上市交易所	中国金融期货交易所

五、期货合约的投资策略

（一）套期保值

套期保值（hedging），即利用期货合约转移价格风险的策略，具体是指通过在现货市场与期货市场建立相反的头寸，从而锁定未来现金流的交易行为。套期保值是期货交易的最主要功能。许多期货市场的参与者利用期货交易来对冲现货交易的风险，针对已经持有的现货风险部位而在期货市场进行相反的操作进行避险。套期保值的原则是品种相同原则、数量相同原则、方向相反原则、时间相同原则。

【例 5—5】 多头套期保值

5 月 20 日，美国某公司从德国进口一批商品，价值 5 000 000 欧元，3 个月后支付货款。当日即期汇率为 1.289 0＄/€，期货价格为 1.302 0。（1）该投资者应该如何实施套期保值策略？（2）若 8 月 20 日，欧元对美元的即期汇率为 1.341 0＄/€，期货价格为 1.352 0。套期保值的结果如何？

（1）该公司因担心欧元汇率上涨带来损失，应作欧元期货的多头套期保值，欧元期货合约的交易单位是 125 000 欧元，因此购买合约分数为

n＝5 000 000/125 000＝40

（2）该公司因欧元汇率上升，在现货市场的损失为

5 000 000×（1.341 0－1.289 0）＝260 000＄

在期货市场的盈利为

40×125 000×（1.352 0－1.302 0）＝250 000＄

套期保值的结果为

250 000－260 000＝－10 000＄

【例 5—6】 空头套期保值

2010 年 3 月 1 日，沪深 300 指数现货报价为 3 324 点，在仿真交易市场，2010 年 9 月到期（9 月 17 日到期）的沪深 300 股指期货合约报价为 3 400 点，某投资者持有价值为 1 亿元人民币的市场组合，为防范在 9 月 l8 日之前出现系统性风险，可卖出 9 月份沪深 300 指数期货进行保值。

（二）投机

投机（speculating）是指预测资产价格的未来走势，通过低买高卖操作获取利润或者避免损失的投资方法。期货市场上的投机者会利用对未来期货价格的预期进行投机交易，预计价格上涨的投资者建立期货多头，反之则建立空头。

【例 5—7】 股票指数期货投机

2009 年 3 月 18 日，沪深 300 指数开盘报价为 2 335.42 点，9 月仿真期货合约开盘价为 2 648 点（每点价值 300 元人民币），若期货投机者预期当日期货报价将上涨，开盘即多头开仓，并在当日最高价 2 748.6 点进行平仓，则当日即实现盈利为

(2 748.6－2 648)×300＝30 180（元）

（三）套利

套利（arbitrage）是人为地构造某种特定资产，并利用该资产与相关资产进行反向交易，其目的是使投资者在目前无须投入资金，而在未来获得正的现金流，或在目前产生正的现金流，而未来没有负债。严格意义上的期货套利是指利用同一合约在不同市场上可能存在的短暂价格差异进行买卖，赚取差价，成为跨市场套利。行业内通常也根据不同品种、不同期限合约之间的比价关系进行双向操作，分别称为跨品种套利和跨期限套利。

【例 5—8】 设某股票报价为 30 元，该股票在 2 年内不发放任何股利。若 2 年期期货报价为 35 元（出于举例方便考虑，现实中基本上不存在 2 年期期货合约），则可进行如下套利：

按 5%年利率借入 3 000 元资金，并购买 100 股该股票，同时卖出 100 股 2 年期期货。2 年后，期货合约交割获得现金 3 500 元，偿还贷款本息 3 000×$(1+0.05)^2$＝3 307.5 元，盈利为 3 500－3 307.5＝192.5 元。

任务三

如何进行金融期权投资

任务描述

1. 谈谈期权合约与期货合约的区别；
2. 搜集某种期权产品，分析其投资价值。

相关知识

一、期权的定义

期权（option）是指在未来特定的期限内，按照特定的协议价格买卖某种资产的选择权。金融期权是在商品期权的基础上产生的。期权实际上是一种选择权，就是买进或卖出期货合约的选择权利。在期权交易中，期权购买者向期权出售者支付一定数量的期权费后，即取得在规定时期内按协定价格（执行价格）向期权出售者购买或出售一定数量的某种商品（实物商品、金融商品等）合约的权利。对于购买方来说，期权只是一种权利而不是义务，可以在到期前的任何时候行使、转卖或放弃这种权利，其最大损失只是购买期权的费用；对期权的出售方来说，由于收取了期权费，则要承担到期或到期前交割履约的义务和责任。

二、期权合约的种类

（一）根据选择权性质划分

（1）看涨期权：也被称为“认购权”，指期权的买方具有在约定期限内（或合约到期日）按协定价格（也被称为“敲定价格”或“行权价格”）买入一定数量基础金融工具的权利。

（2）看跌期权：也被称为“认沽权”，指期权的买方具有在约定期限内按协定价格卖出一定数量基础金融工具的权利。

（二）按执行价格 X 与某时刻标的资产的市场价格 S_t 的关系不同划分

（1）实值期权：如果现在履约，能产生正的现金流量的期权。当 $S_t>X$，买入期权为实值期权；当 $S_t<X$，卖出期权为实值期权。

（2）平值期权：相关资产的当前价格等于履约价格的期权。此时投资者行权和弃权都是无差异的。

（3）虚值期权：如果现在履约，能产生负的现金流量的期权。当 $S_t<X$，买入期权为虚值期权；当 $S_t>X$，卖出期权为虚值期权。

（三）按合约所规定的履约时间划分

（1）欧式期权：只能在期权到期日执行。

（2）美式期权：可在期权到期日或到期日之前的任何一个营业日执行。

（3）百慕大期权：修正的美式期权也被称为“百慕大期权”或“大西洋期权”，可以在期权到期日之前的一系列规定日期执行。

（四）按合约的交易场所划分

（1）场内期权：在集中性的交易所内进行的、标准化的期权合约。

（2）场外期权：在非集中性的交易所内进行的、非标准化的期权合约。

（五）按期货合约标的资产的性质的不同划分

（1）现货期权合约：以金融工具现货为标的资产的期权合约，如股票期权、股票指数期权、外汇期权等。

（2）期货期权合约：以各类期货为标的资产的期权合约，如股指期货期权、外汇期货期权等。

三、金融期货与金融期权的区别

金融期货和金融期权买卖的都是远期交货的标准化合约，都要通过公开竞价进行交易，这是两者的共性。但金融期货和金融期权也存在明显的区别，主要体现在以下几个方面。

（一）标的物不同

金融期货交易的标的物是金融商品或期货合约，而金融期权交易的标的物则是一种金融商品或期货合约选择权的买卖权利。

（二）投资者权利与义务的对称性不同

期权是单向合约，期权的买方在支付期权费后即取得履行或不履行买卖期权合约的权利，而不必承担义务；期货合同则是双向合约，交易双方都要承担期货合约到期交割的义务。如果不愿实际交割，则必须在有效期内对冲。

（三）履约保证不同

金融期货合约的买卖双方都要缴纳一定数额的履约保证金；而在期权交易中，买方无须缴纳履约保证金，只要求卖方缴纳履约保证金，以表明他具有相应的履行期权合约的财力。

（四）现金流转不同

在金融期权交易中，买方要向卖方支付期权费，这是期权的价格，为交易商品或期货合约价格的 5%～10%；期权合约可以流通，其期权费则要根据交易商品或期货合约市场价格的变化而变化。在金融期货交易中，买卖双方都要交纳期货合约面值 5%～10%的初始保证金，在交易期间还要根据价格变动对亏损方收取追加保证金；盈利方则可提取多余保证金。

（五）盈亏的特点不同

金融期权买方的收益随市场价格的变化而波动，是不固定的，其亏损则只限于购买期权的期权费；卖方的收益只是出售期权的期权费，其亏损则是不固定的。金融期货的交易双方则都面临无限的盈利和无止境的亏损。

（六）套期保值的作用与效果不同

金融期货的套期保值不是对期货而是对期货合约的标的金融工具的实物（现货）进行保值，由于期货和现货价格的运动方向会最终趋同，故套期保值能收到保护现货价格和边际利润的效果。金融期权也能套期保值，对买方来说，即使放弃履约，也只损失期权费，对其购买资产保了值；对卖者来说，要么按原价出售商品，要么得到期权费也同样保了值。可见，期权的套期保值可以在不增加风险的情况下仍抓住市场变化有利于自己的盈利机会，而且只需做一笔买入看涨期权或买入看跌期权。这与期货要做两笔交易才能达到套期保值的效果相比，在操作上要简便得多。

四、金融期权交易的基本原理

（一）内在价值与时间价值

期权的价格叫做期权费，它由两部分组成：内在价值和时间价值。内在价值是期权现时的价值，体现了期权执行价格和即期标的价格的关系。对于看涨期权来说，内在价值等于即期标的价格减去执行价格；而对于看跌期权来说，内在价值等于执行价格减去即期标的价格。按照惯例，内在价值不会低于零。时间价值则等于期权费减去内在价值。

没有内在价值的期权是虚值期权，实值期权有内在价值。在特殊的情形下，当期权的执行价格刚好等于基础证券的价格时，该期权为平价期权。

（二）到期期权的盈亏分布

在其他条件相同的情况下，欧式期权和美式期权在到期日的价值是一样的，所以我们在分析到期期权的损益状况时，无须区分欧式期权和美式期权。以 X 代表执行价格，S_T 代表标的资产在到期日的市场价格，C 代表看涨期权的期权费，P 代表看跌期权的期权费。

1. 买入看涨期权

看涨期权合约的买方预计标的证券将要上涨，但是又不希望承担下跌带来的损失，或者投资者希望通过期权的杠杆效应放大上涨所带来的收益。显然，当 $S_T>X$ 时，合约的买方才会执行该期权合约，他可以按 X 的价格买入当时市场价格为 S_T 的标的资产，从而获得 S_T-X 的收益，因此，此时期权的价值等于 S_T-X。当 $S_T<X$ 时，买方会放弃该权利，此时期权的价值为零。图 5—4 中实线表示看涨期权合约到期时买方的损益为 max（S_T-X，0）。考虑买方向卖方支付的期权费 C，买方的盈亏平衡点为 $X+C$，最大损失为 C，买方到期损益为 max（S_T-X，0）$-C$，如图 5—4 中虚线所示。

【例 5—9】　假设投资者买入 50ETF 看涨期权，当前最新价为 2.842 元，执行价为 2.842 元，期限为 1 个月，期权成交价为 0.15 元。

情形 1：期权到期后，50ETF 价格为 3.5 元，则投资者的收益为 3.5－2.842－0.15＝0.508 元（不考虑交易费用），投资收益率为 0.508/0.15＝338.67%，而投资正股的收益率仅为 23.15%。

情形 2：期权到期后，50ETF 的最新价格为 2.5 元，则投资者选择不行权，亏损全部期权费，亏损率为 100%，而投资正股的亏损率为 12.03%。

2. 卖出看涨期权

投资者预计标的证券价格可能要略微下降，也可能在近期维持现在价格水平，会卖出看涨期权。由于期权交易是一项零和游戏，合约买方的盈利就是合约卖方的损失，反之亦然。看涨期权的卖方的损益情况和买方正好相反。图 5—5 中实线表示看涨期权合约到期时卖方的损益为 min（$X-S_T$，0）。考虑买方向卖方支付的期权费，卖方的盈亏平衡点为 $X+C$，最大收益为 C，卖方到期损益为 min（$X-S_T$，0）$+C$，如图 5—5 中虚线所示。

【例 5—10】　假设投资者卖出 50ETF 看涨期权，当前最新价为 2.842 元，执行价为 2.782 元，期限为一个月，期权成交价为 0.13 元。

情形 1：期权到期时，50ETF 价格为 3.5 元，期权将被购买者执行，因此投资者必须以 2.782 元的执行价格进行股票交割，并承受潜在的损失。损益为 0.13－（3.5－2.782）＝

−0.588元，即投资者损失 0.588 元。

情形 2：期权到期时 50ETF 的价格为 2.5 元，则期权购买者将不会执行期权，投资者收益为 0.13 元，收益为全部期权费。

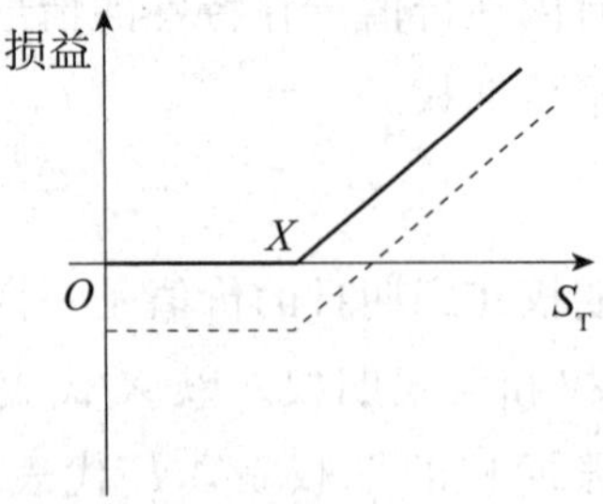

图 5—4 看涨期权的买方

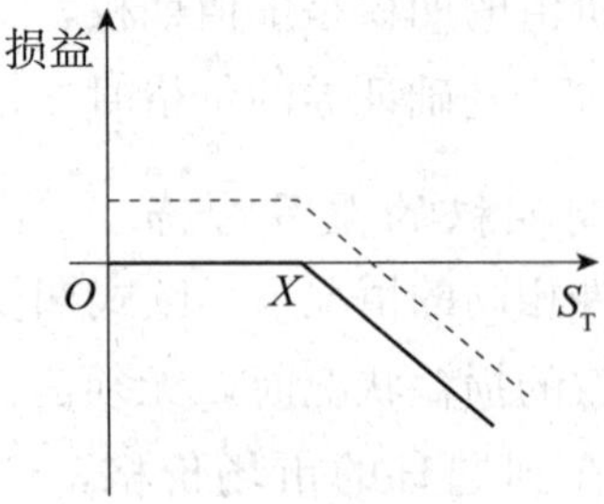

图 5—5 看涨期权的卖方

3. 买入看跌期权

投资者预计标的证券价格下跌幅度可能会比较大。如果标的证券价格上涨，投资者也不愿意承担过高的风险。对于合约的买方来说，当 $S_T<X$ 时，他才会执行该期权合约，他可以按 X 的价格卖出当时市场价格为 S_T 的标的资产，从而获得 $X-S_T$ 的收益；当 $S_T>X$ 时，买方会放弃该权利。因此，看跌期权合约买方的损益情况为 max（$X-S_T$，0），如图 5—6 中的实线所示。考虑买方向卖方支付的期权费 P，买方的盈亏平衡点为 $X-P$，最大损失为 P，买方到期损益为 max（$X-S_T$，0）$-P$，如图 5—6 中虚线所示。

【例 5—11】 假设投资者买入股票看跌期权，当前最新价为 5.425 元，执行价为 5.425 元，期限为两个月，期权成交价为 0.26 元。

情形 1：期权到期时，股票价格为 6.2 元，投资者不会行权，因此亏损全部期权费 0.26 元，亏损率为 100%。

情形 2：期权到期时，股票价格为 4.6 元，投资者应该执行期权。获利（5.425−4.6）−0.26=0.565 元，收益率为 217.31%。

4. 卖出看跌期权

投资者预计标的证券短期内会小幅上涨或者维持现有水平。另外，投资者不希望降低现有投资组合的流动性，希望通过做空期权增加收益。看跌期权的卖方的损益情况和买方正好相反。图 5—7 中实线表示看跌期权合约到期时卖方的损益为 min（S_T-X，0）。考虑买方向卖方支付的期权费 P，卖方的盈亏平衡点为 $X-P$，最大收益为 P，卖方到期损益为 min（S_T-X，0）$+P$，如图 5—7 中虚线所示。

【例 5—12】 假设投资者卖出股票看跌期权，当前最新价为 5.425 元，执行价为 5.425 元，期限为两个月，期权成交价为 0.26 元。

情形 1：期权到期时，股票价格为 6.2 元，投资者卖出的期权不会被执行，投资者获利全部期权费 0.26 元。

情形 2：期权到期时，股票价格为 4.6 元，投资者卖出的期权会被买家执行，投资者损益为 0.26−(5.425−4.6)=−0.565 元，即亏损 0.565 元。而投资正股亏损为 0.825 元。

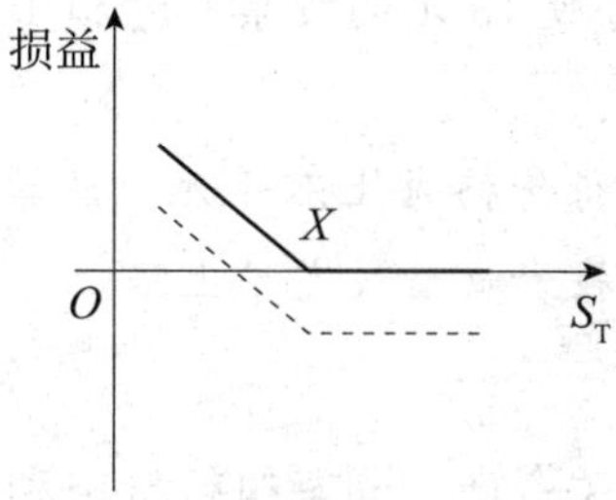

图 5—6　看跌期权的买方

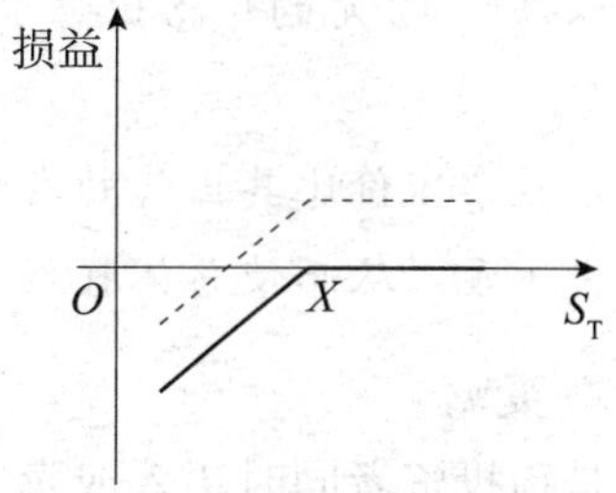

图 5—7　看跌期权的卖方

五、期权投资策略

（一）购买保护性看跌期权

购买保护性看跌期权是指当投资者已持有基础资产（如股票）时，为了防止该资产价格大幅下跌所造成的损失，通过购买该资产的看跌期权，为投资损失设定下限，从而获得现金流的一种投资策略。

【例 5—13】　某投资者以每股 10 元购入某公司股票，该股票价格有可能上升到每股 20 元，也可能下跌为每股 5 元。为了尽可能享受到该股票上升带来的收益，并规避股价大幅下跌所造成的损失，该投资者可以同时购买该股票的看跌期权。假设期权的执行价格为每股 9 元。不考虑期权费的问题：（1）当股价下跌到每股 9 元时，投资者的损益如何？（2）当股价下跌到每股 7 元时，投资者的损益如何？

（1）股价下跌到每股 9 元时，投资者股票损失 1 元；同时看跌期权为平值期权，不产生损益。因此总损失为 1 元。

（2）股价下跌到每股 7 元时，投资者股票损失 3 元；同时看跌期权为实值期权，期权收益 2 元。因此总损失还是为 1 元。

由此可见，当股票市价低于看跌期权的行权价格时，股价下降的损失会被看跌期权的收益弥补一部分，使总体损失保持在一定水平不变，从而达到风险控制的目的。

（二）抛补看涨期权

抛补看涨期权是指当投资者已持有原生资产时，为获得更高的收益，通过出售该资产的看涨期权，为投资收益设定上限，从而获得现金流的一种投资策略。

【例 5—14】　某投资者以每股 10 元购入某公司股票，该投资者希望在股价市场升幅的基础上获得更高的收益率，同时出售该股票的看涨期权，其执行价格为每股 12 元。不考虑期权费的问题：（1）当股价上升到到每股 12 元时，投资者的损益如何？（2）当股价上升到每股 13 元时，投资者的损益如何？

（1）当股价上升到到每股 12 元时，投资者股票获利 2 元；此时期权为平值期权，损益为 0。投资者总体获利为 2 元。

（2）当股价上升到到每股 13 元时，投资者股票获利 3 元；此时看涨的买入方将行权，导致该投资者以每股 12 元的价格出售了市价为每股 13 元的股票，亏损 1 元。投资者总体获利仍为 2 元。

由此可见，股票市价比其出售的看涨期权执行价格每上涨 1 元，股票投资收益增加 1 元，而期权损失 1 元，从而使总体收益不变，为投资收益设定了上限。

（三）对敲策略

对敲策略是指投资者同时买入或卖出同一相关资产、同一执行价格和同一到期日的看涨和看跌期权，以达到利用价格波动提升投资价值的目的。

当预期价格会大幅升降而又不能确定变化方向时，可利用对敲策略。比如某公司正值并购谈判时期，如果并购成功，该公司股价会翻番，而如果失败，股价会下跌一半，投资者可利用对敲策略，使股价以执行价格为中心变动，而不会承担亏损。

任务四

理解金融互换合约

任务描述

1. 理解互换的含义及运作原理；
2. 熟悉利率互换和货币互换的过程和作用。

相关知识

一、金融互换的定义

金融互换（financial swaps）是两个或两个以上当事人按照约定的条件，在约定时间内，交换一系列现金流的合约。或者说，互换是指买卖双方达成协议并在一定的期限内转换彼此货币种类、利率基础或其他资产的一种交易。

二、互换的原理

比较优势（comparative advantage）理论是英国著名经济学家大卫·李嘉图提出的。他认为，在两国都能生产两种产品，且一国在这两种产品的生产上均处于有利地位，而另一国均处于不利地位的条件下，如果前者专门生产优势较大的产品，后者专门生产劣势较小（即具有比较优势）的产品，那么通过专业化分工和国际贸易，双方仍能从中获益。

互换是比较优势理论在金融领域最生动的运用。根据比较优势理论，只要满足以下两种条件，就可进行互换：双方对对方的资产或负债均有需求；双方在两种资产或负债上存在比较优势。

三、互换市场的特点

（1）互换是一种建立在平等基础之上的合约。

（2）互换所载明的内容是同类商品之间的交换，但在某些品质方面存在差别。

（3）互换以交易双方互利为目的。

（4）互换交易具有极大的灵活性。

（5）互换不在交易所交易，主要是通过银行进行场外交易。

（6）互换市场几乎没有政府监管。

四、金融互换的种类

（一）利率互换

1. 定义

利率互换（interest rate swaps）是指双方同意在未来的一定期限内根据同种货币的同样的名义本金交换现金流，其中一方的现金流根据浮动利率计算出来，而另一方的现金流根据固定利率计算。互换的期限通常在 2 年以上，有时甚至在 15 年以上。

2. 利率互换的原因

双方进行利率互换的主要原因是双方在固定利率和浮动利率市场上具有比较优势。利率互换利用了交易双方在融资成本上的比较优势，常常是由降低融资成本的愿望所推动的。交易一方具有相对便宜的固定利率融资成本，但是希望筹措浮动利率资金；另一方具有相对便宜的浮动利率融资成本，但是希望筹措固定利率资金。通过利率互换，双方可以发挥各自的融资成本优势。之所以存在融资成本比较优势，是因为资本市场存在各种各样的瑕疵，它们可能来自监管、交易成本或者投资者的偏好等方面。

【例 5—15】　假定 A、B 公司都想借入 5 年期的 1 000 万美元，A 希望以浮动利率借款，B 希望以固定利率借款。但两家公司信用等级不同，故市场向它们提供的利率也不同，如表 5—4 所示。

表 5—4　　市场提供给 A、B 两公司的借款利率

	信用评级	固定利率	浮动利率
A 公司	AAA	9.0%	6 个月期 LIBOR+0.0%
B 公司	BBB	10.5%	6 个月期 LIBOR+0.5%
借款成本差额	—	1.5%	0.5%

比较优势：A以固定利率借款比B少支付1.5%，以浮动利率借款比B少支付0.5%，因此A的比较优势在固定利率，同理B的比较优势在浮动利率。

假设进行利率互换，即A以固定利率9.0%向银行借款1 000万美元，B以浮动利率LIBOR+0.5%向银行借款1 000万美元。A同意向B公司对1 000万美元本金支付LIBOR+0.25%的利息；B公司同意向A公司对1 000万美元本金支付9.75%的利息。利率互换的现金流量见图5—8。

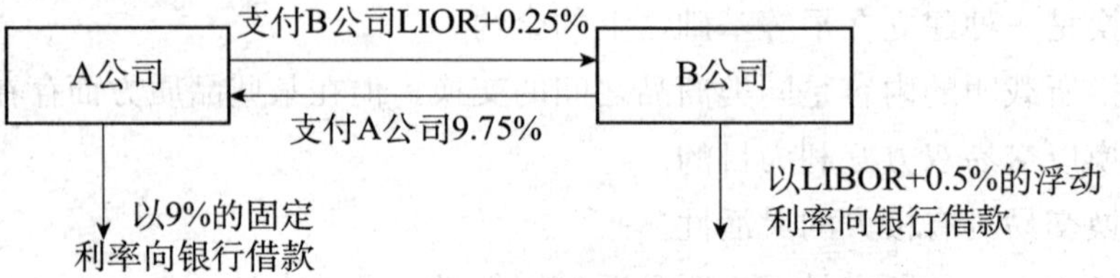

图5—8　利率互换的现金流量

互换结果：A公司（向B公司）支付LIBOR+0.25%的利息，此外还要向银行支付9%的固定利息，同时从B公司处收取9.75%的利息，即A公司净利息成本为LIBOR−0.5%，这样比直接以浮动利率LIBOR+0.0%向银行借款节约成本0.5%。

B公司（向A公司）支付9.75%的利息，此外还以LIBOR+0.5%向银行支付利息，同时它可以从A公司处收取LIBOR+0.25%的利息，即其资金净成本为10%。这样比直接以固定利率10.5%向银行借款节约成本0.5%。

（二）货币互换

1. 定义

货币互换（currency swaps）是将一种货币的本金和固定利息与另一货币的等价本金和固定利息进行交换。

2. 与利率互换的差异

标准货币互换在结构上与利率互换相仿，主要不同之处在于：互换双方支付的款项的币种不同；在协议开始和到期时，双方常常互换本金，且在签订互换协议的时候，用不同币种表示的本金大致等价；互换双方的利息支付可以是均为固定利率，或者均为浮动利率，或者一个是固定利率，另一个是浮动利率。

3. 货币互换的原因与步骤

货币互换的主要原因是双方在各自国家中的金融市场上具有比较优势。货币互换交易的三个基本步骤：（1）本金的初期互换；（2）利息的互换；（3）到期日本金的再次互换。

【例5—16】　假设甲公司需要美元贷款，乙公司需要英镑贷款，已知甲、乙两公司可分别按如下的固定利率获得英镑和美元的贷款。互换合约生效当日的汇率为1英镑=1.5美元，如果甲公司想要借贷的是6年期的1 500万美元，乙公司想要借贷等值的6年期的1 000万英镑，市场向甲、乙公司提供的借款年利率见表5—5。

表 5—5 市场向甲、乙公司提供的借款年利率

	英镑固定利率	美元固定利率
甲公司	10%	5%
乙公司	11.5%	6%
借款成本差额	1.5%	1%

比较优势：甲公司以英镑贷款比乙公司少支付利率 1.5%，以美元贷款比乙公司少支付利率 1%，显然甲公司的比较优势在英镑贷款，同理乙公司的比较优势在美元贷款。

若进行货币互换，甲公司以 10%的利率借入 6 年期的 1 000 万英镑，乙公司以 6%的利率借入 6 年期的 1 500 万美元。然后，甲公司把它的 1 000 万英镑资金和乙公司的 1 500 万美元的资金进行交换。甲公司向乙公司收取年利率为 10.75%的固定利息，而乙公司向甲公司收取 5.5%的固定利息。货币互换的现金流量如图 5—9 所示。

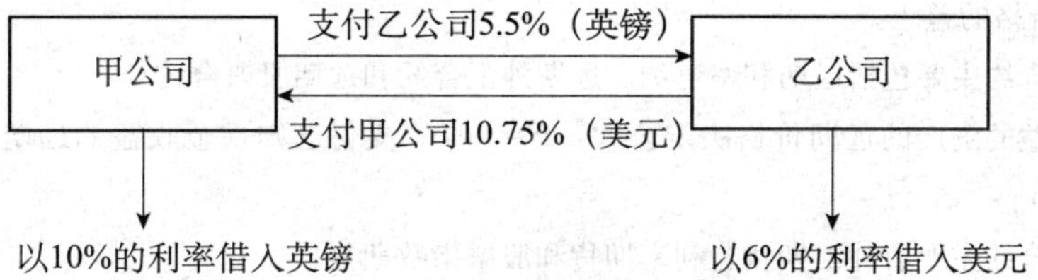

图 5—9 货币互换的现金流量

互换结果：甲公司的实际美元借款年利率为 4.75%，乙公司的实际英镑借款年利率为 11.25%，甲、乙两公司通过互换都节省了 0.25%的利息支出。

（三）其他互换

（1）零息互换。在标准互换中，固定利息的支付是按照固定的时间间隔支付的，而在零息互换中，其固定利息的多次支付被一次性的支付所取代，该一次性支付可以在互换期初，也可在期末。

（2）可延长和可赎回互换。在标准互换中，互换的期限是固定的，而在可延长互换中，其中一方有权在一定限度内延长互换期限。在可赎回互换中，其中一方有权提前终止互换。

（3）远期互换。远期互换是指互换生效期在未来某一确定的时间开始的互换。

（4）股权互换。股权互换是指某一股票指数所实现的资本利得及红利和某一债券的固定利率或浮动利率相互交换的互换。

（5）互换期权。互换期权是互换与期权相结合的新型金融衍生工具，在本质上属于期权，而不是互换。在事先约定的日期或某一期限内，互换期权的买方有权选择是否按照事先确定的条件进行互换。

五、金融互换合约的功能

通过金融互换可在全球各市场之间进行套利，从而一方面降低筹资者的融资成本或提

高投资者的资产收益，另一方面促进全球金融市场的一体化；利用金融互换，可以管理资产负债组合中的利率风险和汇率风险；金融互换为表外业务，可以逃避外汇管制、利率管制及税收限制。当要改变资产或负债类型的组合，以配合投资组合管理或对利率的未来动向进行锁定时，可以利用互换交易进行调整，而无须卖出资产或偿还债务。

项目小结

1. 远期合约和期货合约都是指由交易双方签订的、规定在未来的某一确定日期以交易当天约定的价格买卖既定数量某种资产的协议。期货合约是标准化了的远期合约。

2. 远期价格和期货价格是关于远期合约和期货合约的两个重要概念，都可以理解为市场上所有投资者对某种资产在未来某一时刻的价格的一致预期。

3. 远期合约和期货合约的价值是指远期合约和期货合约本身所具有的价值，它取决于远期价格或期货价格与交割价格的差距。

4. 金融远期合约主要包括远期利率合约、远期外汇合约和远期股票合约。

5. 不支付收益的资产的远期价格决定公式：$F=Se^{rT}$；支付已知现金收益的远期价格决定公式：$F=[S-PV(D)]e^{rT}$。

6. 金融期货合约主要有外汇期货、利率期货和股票指数期货。

7. 期货的投资策略既是不同投资者投资于期货的目的或意图，也是期货合约的功能所在，它主要包括套期保值策略、投机策略和套利策略。

8. 期权是指在未来特定的期限内，按照特定的协议价格买卖某种资产的选择权。根据选择权性质分为看涨期权和看跌期权。

9. 期权按执行价格 X 与某时刻标的资产的市场价格 S_t 的关系不同，分为实值期权、平值期权和虚值期权。

10. 期权的价格叫做期权费，它由两部分组成：内在价值和时间价值。内在价值是期权现时的价值，体现了期权执行价格和即期股票价格的关系。内在价值不会低于零。时间价值等于期权费减去内在价值。没有内在价值的期权是虚值期权，实值期权有内在价值。

11. 最基本的期权交易模式是买进看涨期权、卖出看涨期权、买进看跌期权和卖出看跌期权。把期权交易与期权基础资产交易相结合、期权交易与期权交易相结合又会形成不同的交易策略，比如购买保护性看跌期权、抛补的看涨期权和对敲策略。

12. 金融互换是两个或两个以上当事人按照约定的条件，在约定时间内，交换一系列现金流的合约。常见的有利率互换和货币互换。通过利率互换，可以进行浮动利率资产（负债）和固定利率资产（负债）间的相互转换；通过货币互换，可以进行不同货币表示的资产（负债）间的相互转换。

技能训练

一、单选题

1. 金融衍生工具产生的直接动因是（　　）。

A. 规避风险和套期保值　　B. 金融创新

C. 投机者投机的需要　　D. 金融衍生工具的高风险高收益刺激

2. 与金融远期合约相比，金融期货的最大特点是（　　）。

A. 预先商定价格　　B. 具有套期保值功能

C. 合约标准化　　D. 可实现价格发现功能

3. 看跌期权也称为（　　）。

A. 买入期权　　B. 卖出期权　　C. 欧式期权　　D. 货币资产期权

4. 套期保值是指通过在现货市场和期货市场之间建立（　　）的头寸，从而锁定未来现金流的交易行为。

A. 方向相同，数量不同　　B. 方向相反，数量不同

C. 方向相反，数量相同　　D. 方向相同，数量相同

5. 可在期权到期日或到期日之前的任何一个营业日执行的是（　　）。

A. 欧式期权　　B. 美式期权　　C. 修正的美式期权　D. 大西洋期权

6. 远期利率协议的买方相当于（　　）。

A. 名义借款人　　B. 名义贷款人　　C. 实际借款人　　D. 实际贷款人

二、多选题

1. 期货交易中套期保值的基本类型有（　　）。

A. 多头套期保值　　B. 空头套期保值

C. 交叉套期保值　　D. 平行套期保值

2. 金融期权的主要特征有（　　）。

A. 交换的是买卖权利

B. 买方无须缴纳保证金

C. 买卖双方均无须支付标的物的全部价格

D. 只有买入方才支付期权费

3. 金融衍生工具从其自身交易的方法和特点可以分为（　　）。

A. 金融远期合约　　B. 金融期货　　C. 金融期权　　D. 金融互换

4. 金融远期合约主要有（　　）。

A. 远期利率协议　　B. 远期外汇合约　　C. 远期股票合约　　D. 远期货币合约

5. 金融互换主要包括（　　）。

A. 股票互换　　B. 货币互换　　C. 利率互换　　D. 债券互换

三、判断题

1. 对看涨期权而言，若市场价格高于执行价格，则期权为虚值期权。（　　）

2. 从理论上说，期权出售者在交易中所取得的盈利是有限的，仅限于他所收取的期权费，而他可能遭受的损失却是无限的。（　　）

3. 金融期货合约是由期货交易所设计的一种对指定金融工具的种类、规格、数量、交收月份、交收地点都作出统一规定的标准化书面协议。（　　）

4. 在期货交易中，设立保证金的主要目的是当交易者出现亏损时能及时制止，防止出现不能偿付的现象，起履约保证的作用。（ ）

5. 从交易结构上看，可以将互换交易视为一系列远期交易的组合。（ ）

四、技能题

1. 如有一份股票远期合约，假设标的股票不支付股利。合约的期限是 3 个月，假设标的的股票现在的价格是 60 元，连续复利的无风险年利率为 6%。那么股票的远期价格应该为多少？

2. 现有一份远期合约，假设标的的股票在 3 个月后支付现金股利 6 元。合约的期限是 9 个月，假设标的的股票现在的价格是 60 元，连续复利的无风险利率为 6%。那么股票的远期价格应该为多少？

3. 2 月 20 日，英国某公司从美国进口一批价值 5 000 万英镑的商品，6 个月后支付货款。当日即期汇率为 1.500 0 \$/£，期货价格为 1.502 0，英镑期货合约的交易单位为每份 62 500。（1）该投资者应该如何实施套期保值策略？（2）若 8 月 20 日，英镑对美元的即期汇率为 1.551 0 \$/£，期货价格为 1.552 0，套期保值的结果如何？

4. 4 月 2 日沪深 300 指数开盘报价为 2 357 点，9 月份仿真期货合约开盘价为 2 543 点（每点价值 300 元人民币），若期货投机者预期当日期货报价将上涨，开盘即多头开仓，并在当日最高价 2 673 点进行平仓，则当日实现盈利为多少？

5. 某股票目前股价为 20 元，该股票不发放股利。若 6 个月期货报价为 24 元，市场上可以按 5%的利率取得借款，套利者如果能以此利率取得借款 10 000 元，那么他应该如何操作才能获利？

6. 某投资者买入 50ETF 看涨期权，当前最新价为 2.6 元，执行价为 2.7 元，期限为 1 个月，期权费为 0.15 元。（1）期权到期后，50ETF 价格为 3.2 元，则投资者的损益为多少？（2）期权到期后，50ETF 的最新价格为 2.2 元，则投资者的损益为多少？

7. 某投资者卖出股票看跌期权，当前最新价为 5 元，执行价为 5 元，期限为 3 个月，期权成交价为 0.3 元。（1）期权到期时，股票价格为 6.5 元，则投资者的损益为多少？（2）期权到期时，股票价格为 4.4 元，则投资者的损益为多少？

8. 某投资者以每股 8 元购入某公司股票，该股票价格有可能上升到每股 13 元，也可能下跌到每股 5 元。为规避股价大幅下跌所造成的损失，该投资者采取购买保护性看跌期权的策略。假设期权的执行价格为每股 7 元，不考虑期权费的问题：（1）当股价下跌到每股 6 元时，投资者的损益如何？（1）当股价下跌到每股 5 元时，投资者的损益如何？

9. 假定 A、B 公司都想借入 5 年期的 100 万欧元，A 希望以浮动利率借款，B 希望以固定利率借款。但两家公司信用等级不同，故市场向它们提供的利率也不同，如下表所示。请问甲、乙投资者如何利用比较优势进行利率互换？

	信用评级	固定利率	浮动利率
A公司	AAA	9.5%	6个月期LIBOR+0.5%
B公司	BBB	11%	6个月期LIBOR+1.0%

10. 如果甲公司想要借款为期5年的美元1 200万，乙公司想要借款5年期的欧元1 000万，已知甲、乙两公司可分别按下表的固定利率获得欧元和美元的贷款。当日的汇率为1欧元=1.2美元。请问甲、乙投资者如何利用比较优势进行货币互换？

	欧元固定利率	美元固定利率
甲公司	9%	4.5%
乙公司	10.5%	5.5%

项目六

其他投资产品投资

学习目标

1. 认识黄金投资品种及其盈利模式；
2. 认识外汇投资品种及其盈利模式；
3. 认识房地产投资品种及其盈利模式。

项目导言

当今社会是一个飞速发展的社会，是一个充满竞争和挑战的社会。随着社会的发展和进步，人们不再满足于追求简单的物质文化生活，而希望过上更美好、更富有诗意的新生活。

2007年，胡锦涛总书记说：要提高老百姓的财产性收入。2010年，温家宝总理说：要让老百姓过上有尊严的生活。投资理财正是顺应人们对美好生活的追求而走进了千家万户。

本项目将介绍除证券之外的黄金、外汇、房地产等投资品种的取得与盈利模式。

项目导入——金价再创新高，“中国大妈”解套有望

2014年国际金价持续走高，“中国大妈”是否能解套的问题目前备受关注。对此，中能国投研发部总监窦勤立认为，中期看解套的可能性很大，“近期国际金价反弹主要是美元相对疲软，再加上乌克兰的局势。中国大妈们第一批购买黄金是在2013年4月，金价在每克300～310元。目前国际金价在270元附近，距离300元还有一段距离，解套还需要一定时间。中国大妈们平均购买金价在280元左右，中期看解套的可能性很大。”

根据上述资料回答以下问题：

1. 黄金投资中，有一种说法叫做“战时黄金和时玉”，简要说明该说法的含义。

2. 除了黄金投资之外，投资者可以进行投资的品种还有哪些？

任务一　如何进行黄金投资

任务描述

1. 请通过网络搜索黄金实物与期货报价；
2. 结合当前国内外环境，分析金价变动走势。

相关知识

一、黄金与黄金的投资价值

（一）黄金

黄金是一种贵金属，按性质划分为生金和熟金。生金为从矿山和河床开采出来、未经提炼的金；熟金为生金经过提炼后加入其他元素，而使其发生色泽变化后的黄金。根据加入其他元素的区别，分为清色金和混色金，只加银元素的是清色金，加入银和其他元素的熟金叫做混色金，因此金也就有了纯度这一说法，K金为混色金纯度的一种表示方法，1K=4.166 6%，24K=99.998%，24K的基本视为纯金，市场黄金制品成色还有百分比标示法，如G999等。我国对黄金制品印记和标识有规定，要求生产企业一定要加生产企业代号、材料名称、含量印记等。

国际市场上黄金交易的单位为“盎司”，1盎司=31.103 5克，中国市场上黄金交易单位一般为“克”。

（二）黄金的价值

1. 黄金是重要的资产

黄金是世界上最古老和最普遍为人所接受的资产，从人类历史的发展演变进程看，无论世界经济如何变化和发展，黄金的储备价值、支付价值始终没有动摇过。在各国，黄金和白银最终都承担起支付功能的任务，是可信任、可长期保存的财富。

表6—1为部分国家外汇储备中的黄金占比。

表6—1　部分国家外汇储备中的黄金占比统计表（2014年3月）

国家	数量（公吨）	黄金占比（%）	国家	数量（公吨）	黄金占比（%）
美国	8 133.5	75.40	瑞士	1 040.1	12.10
德国	3 395.5	72.30	俄罗斯	936.6	9.60
意大利	2 451.8	71.90	日本	765.2	3.10
法国	2 435.4	71.20	荷兰	612.5	60.70
中国	1 054.1	1.70	印度	557.7	9.90

2. 黄金是重要的投资增值工具

全球市场上，黄金市场、外汇市场、石油市场、债券市场并驾齐驱。现在伦敦、纽约、中国香港等全球黄金市场交易时间连成一体，构成一个24小时不间断的投资交易系统。同时各国还不断地发行投资金币，为寻常百姓进行黄金投资提供渠道和便利。

3. 黄金是规避经济衰退和通货膨胀的有效工具

黄金资源的有限性及开采难度保证了黄金生产成本相对稳定，价格不会发生太大的变化，通过黄金投资，能较好地规避经济衰退和通货膨胀风险，极大地增加个人资产的安全性。

4. 黄金是重要的艺术饰品材料和工业原料

黄金作为彰显尊贵和生活品位的象征，是重要的艺术饰品材料，全球流通的黄金中，约有43%用于金制饰品，近年来亚洲国家对金饰品的消费不断增长，同时黄金在生产领域用途广泛，特别是在计算机和航天航空制造业中，不可或缺。

二、黄金市场的发展

（一）伦敦市场

伦敦黄金市场历史悠久，其发展历史可追溯到300多年前。1804年，伦敦取代荷兰阿姆斯特丹成为世界黄金交易的中心，1919年伦敦金市正式成立，由五大金行制定伦敦黄金市场每天的黄金价格，这种制度一直延续到了今天。该市场价格一直影响着纽约和香港的交易。1982年以前，伦敦黄金市场主要经营黄金现货交易。1982年4月，伦敦期货黄金市场开业。目前，伦敦仍是世界上最大的黄金市场。

伦敦黄金市场没有实际的交易场所，其交易是通过各大金商的销售联络网完成的。交易时由金商根据各自的买盘和卖盘，报出买价和卖价。黄金的纯度、重量等都可以选择，若客户要求在较远的地区交售，金商也会报出运费及保费等，也可按客户要求报出期货价格。伦敦黄金市场交收的标准金成色为99.5%，重量为400盎司。

（二）苏黎世黄金市场

苏黎世黄金市场没有正式的组织结构，由瑞士三大银行——瑞士银行、瑞士信贷银行和瑞士联合银行负责清算结账，苏黎世黄金市场在国际黄金市场的地位仅次于伦敦。

苏黎世黄金市场无金价定盘制度，在每个交易日的任一特定时间，根据供需状况议定当日交易金价，这一价格为苏黎世黄金官价。全日金价在此基础上波动而无涨停板限制。标准金为400盎司的99.5%纯金。

（三）美国黄金市场

纽约和芝加哥黄金市场是20世纪70年代中期发展起来的。主要原因是1977年后美元贬值，美国人（主要是以法人团体为主）为了套期保值和投资增值获利，使黄金期货迅速发展起来。

目前纽约商品交易所（COMEX）和芝加哥商品交易所（IMM）不仅是美国黄金期货交易的中心，也是世界最大的黄金期货交易中心。两大交易所对黄金现货市场的金价影响很大。

由于美国财政部和国际货币基金组织（IMF）也在纽约拍卖黄金，纽约黄金市场已成为世界上交易量最大和最活跃的期金市场，美国黄金市场以做黄金期货交易为主，其所签订的期货合约可长达23个月，黄金市场每宗交易量为100盎司，交易标的为99.5%的纯金，报价是美元。

（四）香港黄金市场

香港黄金市场已有90多年的历史，其形成以香港金银贸易场的成立为标志。1974年，香港政府撤销了对黄金进出口的管制，此后香港金市发展极快。由于香港黄金市场在时差上刚好填补了纽约、芝加哥市场收市和伦敦开市前的空当，可以连贯亚、欧、美时间形成完整的世界黄金市场。其优越的地理条件引起了欧洲金商的注意，伦敦五大金商、瑞士三大银行等纷纷进港设立分公司。他们将在伦敦交收的黄金买卖活动带到香港，逐渐形成了一个无形的当地“伦敦黄金市场”，促使香港成为世界主要的黄金市场之一。

（五）东京市场

东京黄金市场于 1982 年成立，是日本政府正式批准的唯一黄金期货市场。会员绝大多数为日本的公司。黄金市场以每克日元叫价，交收标准金成色为 99.99%，重量为 1 千克，每宗交易合约为 1 000 克。

（六）中国上海黄金交易所

上海黄金交易所从 2002 年 10 月 30 日起开始正式运行。它是经国务院批准，由中国人民银行组建，履行《黄金交易所管理办法》规定职能，遵循公开、公平、公正和诚实信用的原则组织黄金交易，不以营利为目的，实行自律性管理的法人。

交易所实行会员制组织形式，会员由在中华人民共和国境内注册登记，从事黄金业务的金融机构和从事黄金、白银、铂等贵金属及其制品的生产、冶炼、加工、批发、进出口贸易的企业法人，并具有良好资信的单位组成。现有会员 162 家。上海黄金交易所是全球最大黄金现货交易所，截至 2011 年底该所总交易额为 4.44 万亿元人民币。

标准黄金、铂金交易通过交易所的集中竞价方式进行，实行价格优先、时间优先撮合成交。非标准品种通过询价等方式进行，实行自主报价、协商成交。会员可自行选择通过现场或远程方式进行交易。

交易所主要实行标准化撮合交易方式。交易时间为每周一至五（节假日除外）上午 9:00—11:30，下午 13:30—15:30，晚上 21:00—2:30。交易所的商品有黄金、白银和铂金。黄金有 Au99.95、Au99.99、Au50g、Au100g 四个现货实盘交易品种，Au（T+5）与 Au（T+D）两个延期交易品种，以及 Au（T+N1）、Au（T+N2）两个中远期交易品种；白银有 Ag99.9、Ag99.99 现货实盘交易品种和 Ag（T+D）现货保证金交易品种；铂金有 Pt99.95 现货实盘交易品种；中国银行、中国农业银行、中国工商银行、中国建设银行和平安银行、兴业银行和华夏银行等作为交易所指定的清算银行，实行集中、直接、净额的资金清算原则。交易所实物交割实行“一户一码制”的交割原则，在全国 37 个城市设立 55 家指定仓库，金锭和金条由交易所统一调运配送。

上海黄金交易所的建立，与货币市场、证券市场、外汇市场等一起构筑成我国完整的金融市场体系。

三、黄金价格影响因素

（一）黄金的供求关系

世界黄金市场供求关系决定黄金价格的长期走势。

由于黄金有世界储备功能，黄金被当作具有长期储备价值的资产广泛应用于公共以及私人资产的储备中。其中黄金的官方储备占有相当大的比例，目前世界已经开采出来的黄金约 15 万吨，各国央行的储备金就约有 4 万吨，个人储备的有 3 万多吨。因此，世界上黄金官方储备量的变化将会直接影响世界黄金价格的变动。

全球黄金生产产量持续下跌，黄金供应大量减少，也会不断推高黄金价格。

（二）其他影响因素

1. 世界主要货币汇率

美元汇率是影响金价波动的重要因素之一。

由于黄金市场价格是以美元标价的，美元升值会促使黄金价格下跌，而美元贬值又会推动黄金价格上涨。回顾过去 20 年历史，美元对其他西方货币坚挺，则世界市场上金价下跌，如果美元小幅贬值，则金价就会逐渐回升。过去十年金价与美元走势存在 80％的逆相关性。

2. 石油供求关系

由于世界主要石油现货与期货市场的价格都以美元标价，石油价格的涨落一方面反映了世界石油供求关系，另一方面也反映出美元汇率的变化和世界通货膨胀率的变化。石油价格与黄金价格间接相互影响。

通过对世界原油价格走势与黄金价格走势进行比较可以发现，世界黄金价格与原油期货价格的涨跌存在正相关关系的时间较多。

3. 世界政局动荡、战争

世界上重大的政治、战争事件都将影响金价。政府为战争或为维持国内经济的平稳增长而大量支出，政局动荡大量投资者转向黄金保值投资，都会扩大黄金的需求，刺激金价上扬。如第二次世界大战、美越战争、1976 年泰国政变、1986 年“伊朗门”事件，都使金价有不同程度的上升。再如 2001 年“9・11”事件曾使黄金价格飙升至当年的最高价＄300 每盎司。2013 年末，乌克兰危机再次导致黄金价格上涨。

4. 其他因素

除了上述影响金价的因素外，世界金融组织的干预活动，各国和地区中央金融机构的政策法规，也会对世界黄金价格的走势产生重大的影响。

四、黄金投资的特点

（一）纳税负担较轻

股票投资时，如果需要进行股票的转手交易，要向国家缴纳一定比例的印花税。如此计算下来，利润将会成比例地减少，如果是进行大宗买卖或者长年累月的计算，这部分的费用可谓不菲。房产投资，除了在购买时需要缴纳相应的税收以外，在获得房产以后，还要缴纳土地使用税。政府为了抑制对房产的炒作，还会征收一定比例的增值税。

相对而言，黄金投资可以算是世界上税负最轻的投资项目了。比如，买卖高赛尔金条除了收取少量加工费用之外，不再另外收取其他任何费用，而且手续流程非常简单。

（二）产权转移的便利

住宅和股票、股权的转让一样，都要办理过户手续。假如是遗产的话，还要律师证明合法继承人的身份，并且缴纳一定的遗产税。黄金转让相对很容易。

（三）黄金能保持久远

不管是房产还是汽车，除非被某个名人使用过，否则经过长时间的使用都会有不同程度的贬值。而黄金由于其本身的特性，虽然会失去自身的光泽，但是其质地根本不会发生变化。表面经过药水的清洗，还会恢复原有的容貌。

（四）黄金是对抗通胀的最理想武器

近几十年间，通货膨胀导致的各国货币缩水情况十分剧烈。等缩水到了一定的程度时，钞票就会如同废纸一般。黄金却会随着通胀而相应地上涨。因此，进行黄金投资是避免在通胀中被蚕食的最佳方法。

（五）黄金市场很难出现庄家

任何地区性股票的市场，都有可能被人为操纵。但是黄金市场却不会出现这种情况。金市交易是属于全球性的投资市场，现实中还没有哪一个财团的实力大到可以操纵金市。

（六）无时间限制

香港金市的交易时间是从早上 9 点到第二天凌晨 2 点 30 分（冬季是 3 点 30 分），投资者可以进行港金和本地伦敦金的买卖。香港金市收市，伦敦全市又开，紧接着还有美国全市，全天 24 小时都可以进行黄金交易。投资者可以随时获利平仓，还可以在价位适合时随时建仓。另一方面，黄金的世界性公开市场不设停板和停市，令黄金市场投资起来更有保障，不用担心在非常时期不能及时入市平仓止损。

五、黄金投资品种

（一）金条

金条可以分为纪念性金条和投资性金条，市场中常见的纪念性金条、贺岁金条等都是纪念性金条。投资性金条加工费低廉，各种附加值不高。投资性金条全球 24 小时连续报价，全世界范围都可以方便买卖，大多数国家和地区对此类交易不征收交易税，因此投资性金条是最适合的实物黄金理财品种。

目前推出实物黄金买卖的银行主要有工商银行、农业银行、建设银行。个人开设黄金投资品种账户参看项目一中的投资流程。

（1）工商银行。工商银行品牌金——“如意金”金条。“如意金”金条是工商银行首次推出、自行设计、具有自身品牌名称的条块金条，金条上带有“中国工商银行”标志和固定编号。“如意”金条是首家在上海黄金交易所注册的银行金条，其售价与国际市场黄金价格挂钩，规格有 20 克、50 克、100 克、200 克、500 克和 1 000 克六种，成色是 99.99%。

（2）农业银行。农业银行的个人实物黄金买卖主要有以下几种：代销山东招远黄金的金条，金条的规格有50克、100克、200克、500克。金条的售价是由农业银行在上海黄金交易所原料金金价的基础上加一点运输费、加工费。农业银行也有自己银行的品牌金——“传世之宝”金条，规格有20克、50克、100克、200克、500克等。

（3）建设银行。建设银行“龙鼎金”实物黄金产品，产品成色为99.99%，根据客户及市场需求的不同，每类产品均设计了不同的种类和规格：有50克、100克、200克和500克四种。“龙鼎金”实物黄金的价格由银行实时报价。

（二）投资金币

金币有两种，即纯金币和纪念性金币。纯金币的价值基本与黄金含量一致，价格也基本随国际金价波动。纯金币主要为满足集币爱好者收藏。纯金币与黄金价格基本保持一致，其出售时溢价幅度不高（即所含黄金价值与出售金币间价格差异），投资增值功能不大。纪念性金币由于溢价幅度较大，具有比较大的增值潜力。

如银行销售的熊猫金币，规格有1盎司、1/2盎司、1/4盎司、1/10盎司、1/20盎司。金币的价格根据上海黄金交易所原料金的基础上制定出来，“随行就市”，每天一个价。

（三）纸黄金

“纸黄金”又称记账黄金，国内有一定资金实力的银行、黄金公司、大型黄金零售商都有开展。投资者只在账上从事黄金买卖，不做黄金实物的提取交割或存放，节省了实金交易中的报关费、储存费、保险费、鉴定费、运输费等支出，提高了黄金市场交易的速度。但是纸黄金不能提取实物，没有保值功能。

投资者只需要带着身份证与不低于10克黄金价格的现金，就可以到银行开设纸黄金买卖专用账户，交易费一般为买卖一次收取1元/克，报价跟随黄金市场的波动情况加入各自银行的点差形成。

纸黄全价格分为本币金价和外币金价。本币以人民币为交易本金，最低交易量为10克黄金，超出部分交易量1克的整数倍。外币以美元为交易单位，最低1盎司，超出部分交易量为0.1盎司的整数倍。

（1）黄金宝。中国银行首家获得银监会批准的个人黄金业务，黄金宝的交易币种为人民币，根据国际黄金市场报价，无须交付手续费，投资者可以通过把握市场走势低买高抛，赚取差价。黄金宝的交易标的是成色100%的账户金，24小时交易，交易以“克”为单位，最低交易量为10克黄金，超出部分交易量必须为整克数。投资者只需开办中国银行活期一本通账户并存入一定量人民币，同时开通电话交易功能，并在该行网站注册，就可以使用柜台、电话、网上、自助终端四种交易功能。

（2）金行家。工商银行的金行家个人账户黄金买卖业务也向投资者提供了炒金的选择。个人客户凭借在该行开立的活期多币种账户或人民币黄金账户，根据国际黄金市场报价，即可进行美元兑黄金（盎司）和人民币兑黄金（克）实盘交易。

（四）黄金期货

黄金期货以黄金期货合约作为交易标的，具有较大的杠杆性，即少量资金推动大额交易，所以黄金期货买卖又称“定金交易”。如上海期货交易所一手Au1406只需缴纳7%交易额的定金作为投资成本（见表6—2）。世界上大部分黄金期货市场交易内容基本相似，主要包括保证金、合同单位、交割月份、最低波动限、期货交割、佣金、日交易量、委托指令。

表6—2　　上海交易市场中黄金1406合约内容

交易品种	黄金1406	交易代码	Au1406
起始日期	2013年6月18日	终止日期	2014年6月16日
交易单位	1000克/手	报价单位	元（人民币）/克
最低交易保证金	最低交易保证金为合约价值的4%	交易手续费	不高于成交金额的万分之二（含风险准备金）
上市交易所	上海期货交易所	交割日期	最后交易日后连续五个工作日
品种概况	黄金，又称金，化学符号Au		
影响因素	由于黄金兼具商品、货币和金融属性，又是资产的象征		
交易规则	黄金期货合约的最低交易保证金为合约价值的7%		
相关外盘合约	每日场内交易时间：纽约早上8:20至下午1:30		

黄金期货交易规则有：

（1）保证金，交易人在进入黄金期货交易所之前，必须在经纪人那里开个账户。交易人参与黄金期货交易时，无须支付合同的全部金额，而只需支付其中的一定数量（即保证金）作为经纪人操作交易的保障，一般将保证金比例定在黄金交易总额的10%左右。合约的最终结果要么以实物交割，要么在合约到期前作相反买卖平仓。

（2）合约单位，黄金期货和其他期货合约一样，由标准合同单位乘合同数量来完成。

（3）交割月份，黄金期货合约要求在一定月份提交规定成色的黄金。

（4）最低波幅，是指每次价格变动的最小幅度，如每次价格以10美分的幅度变化。

（5）最高交易限度，如同证券市场上的涨停和跌停。纽约交易所规定黄金期货每天的最高波幅为75美分。

（6）期货交付，购入期货合同的交易商，有权在期货合约变现前，在最早交割日以后的任何时间内获得拥有黄金的保证书、运输单或黄金证书。同样，卖出期货合约的交易商在最后交割日之前未做平仓的，必须承担交付黄金的责任。世界各市场的交割日和最后交割日不同，投资者应加以区分。如有的规定最早交割日为合约到期月份的15日，最迟交割日为该月的25日。一般期货合约买卖都在交割日前平仓。

（7）当日交易，期货交易可按当天的价格变化，进行相反方向的买卖平仓。

【例6—1】　期货交易盈亏计算

以上海期货交易所中的黄金1406品种为例，如果当天金价格为300元/克，计算交易保证金。

一手合约总价值＝1 000×300＝300 000元，但是实际上客户不需要用300 000元资金去交易，只需要在账户中保留300 000×4%＝12 000元的保证金（初次交易需要7%的保证金），期货合约可以双向交易，可以选择买进，也可以选择卖出，之后在到期日之前进行平仓。

如果客户买入金期货，第二天价格变为 299 元/克，则客户亏损 1 000 元：

(299－300) ×1 000×1＝－1 000 (元)

但是如果选择是卖出期货，则盈利 1 000 元：

(300－299) ×1 000×1＝1 000 (元)

（五）黄金期权

期权是买卖双方在未来约定的价位具有买卖一定数量标的的权利，而非义务，如果价格走势对期权买卖者有利，则会行使其权利而获利，如果价格走势对其不利，则放弃买卖的权利，损失只有当时购买期权时的费用。买卖期权的费用（或称期权的价格）由市场供求双方力量决定。

六、黄金交易的投资分析

决定黄金买卖成败的诸因素中，最关键的是对黄金的价位走势能否做出正确的分析和判断。黄金买卖应通过一定的分析进行预测。预测价格走向的主要方法有两种：基本分析和技术分析。两者从两个不同的角度来对市场进行分析，在实际操作中各有各的特色，因此投资者应结合使用。

（一）黄金投资的基本分析

所谓基本分析，就是着重从政治、经济、个别市场的外在和内在因素进行分析。再加上其他的投资工具，以确定市场的目前状况是应该入市还是离市，并采取相应策略。基本分析需要研究金矿公司的行情、政府部门的有关资料以及各个机构的报告，来预测市场的未来走势。基本分析涉及的主要因素包括：政治局势、黄金生产量的增减、外汇需求、美元走势、通货膨胀、利率等。

黄金的基本分析在时间段上分为短期（通常是三个月）因素和长期因素。对于各因素的影响作用要分别对待。

（二）黄金投资的技术分析

技术分析是通过对市场上每日价格的波动，包括每日的开市价、收市价、最高价、最低价、成交量等数字资料，通过图表将这些数据加以表达，从而预测未来价格的走向（见图 6—1）。

1. K 线图

K 线图是通过电脑对每一天数据的处理后画出的。其最大的功能就是反映大势的状况和价格信息。柱状线可以将金市上每天的开盘价、收盘价、最高价、最低价在一根蜡烛线上表现出来。对金市每日市场的价格走势情况进行汇总，就可以绘成日线图。如果需要进行短线买卖，用同样的道理，可以用较短时间的图形（例如 5 分钟走势图）来捕捉短线买卖信号。

2. 交易量直方图

交易量表示在一定时间段内商品或金融工具总的交易行为。通常交易量用直方条来表示（从零点生起的垂直条）。在制作图时，作在曲线图或K线图的下端，因而可以将每一时期的价格和交易量图示联系起来。交易量越大，垂直条的高度越大。

交易量图提供了表示市场中买卖数量情况的方法。当交易量放大时，表示投资工具的这一价格受到了市场的认可；相反，如果在某一个价位上的交易量很小，表示市场交易者缺乏交易兴趣，因此存在市场价格发生逆转的危险。在使用交易量图表确定价格趋势时应注意，在市场放价之前或主要市场统计数据公布之前，市场交易也可能清淡。

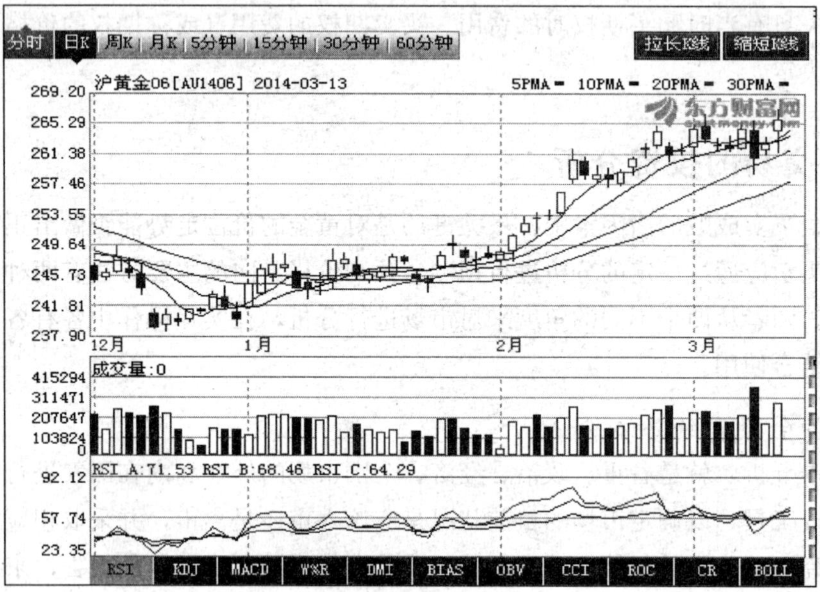

图 6—1　黄金价格波动图示

资料来源：http：//quote.eastmoney.com/qihuo/AU1406.html。

任务二

如何进行外汇投资

任务描述

1. 通过网络搜集主要外汇币种的价格变动数据；

2. 简要说明外汇价格的变化影响因素，并预测其走势。

相关知识

一、外汇

（一）外汇的含义

外汇指的是以外国货币表示的，为各国普遍接受的，可用于国际间债权债务结算的各种支付手段。我国于2008年修正颁布的《外汇管理条例》规定："外汇，是指下列以外币表示的可以用作国际清偿的支付手段和资产：（一）外币现钞，包括纸币、铸币；（二）外币支付凭证或者支付工具，包括票据、银行存款凭证、银行卡等；（三）外币有价证券，包括债券、股票等；（四）特别提款权；（五）其他外汇资产。"

（二）汇率标价及分类

汇率也称"外汇行市"或"汇价"，是一国货币兑换另一国货币的比率，是以一种货币表示另一种货币的价格。

1. 标价方法

（1）直接标价法。是以一定单位（1、100、1 000、10 000）的外国货币为标准来计算应付出多少单位本国货币。在国际外汇市场上，包括中国在内的世界上绝大多数国家目前都采用直接标价法。如日元兑美元汇率为119.05，即1美元兑119.05日元。

（2）间接标价法。是以一定单位（如1个单位）的本国货币为标准，来计算应收若干单位的外汇货币。在国际外汇市场上，欧元、英镑、澳元等均为间接标价法。在间接标价法中，本国货币的数额保持不变，外国货币的数额随着本国货币币值的变化而变化。因此，间接标价法与直接标价法相反。

2. 按银行买卖外汇的角度划分

可分为买入汇率、卖出汇率、中间汇率和现钞汇率。表6—3为2014年3月13日的中国银行现汇买卖价格。

表6—3　　2014年3月13日中国银行现汇买卖价格表

货币名称	交易单位	现汇买入价	现钞买入价	现汇卖出价	现钞卖出价	中行折算价
澳大利亚元	100	553.69	536.6	557.57	557.57	554.36
加拿大元	100	552.43	535.38	556.87	556.87	552.03
瑞士法郎	100	701.68	680.02	707.32	707.32	702.26
丹麦克朗	100	114.24	110.71	115.16	115.16	114.41
欧元	100	852.6	826.27	859.44	859.44	852.32
英镑	100	1 019.56	988.08	1 027.74	1 027.74	1 018.62
港币	100	78.85	78.22	79.15	79.15	78.98
印尼卢比	100	—	0.052	—	0.055 8	0.053 9
日元	100	5.958 5	5.774 6	6.000 3	6.000 3	5.967
韩国元	100	—	0.554 1	—	0.600 9	0.575 5
澳门元	100	76.66	74.08	76.95	79.42	76.83

续前表

货币名称	交易单位	现汇买入价	现钞买入价	现汇卖出价	现钞卖出价	中行折算价
林吉特	100	186.94	—	188.26	—	187.08
挪威克朗	100	103.32	100.13	104.14	104.14	103.23
新西兰元	100	523.04	506.89	527.24	530.39	526
菲律宾比索	100	13.7	13.28	13.82	14.24	13.78
卢布	100	16.76	16.29	16.9	17.45	16.82
瑞典克朗	100	96.27	93.3	97.05	97.05	96.49
新加坡元	100	483.27	468.35	487.15	487.15	484.92
泰国铢	100	18.87	18.29	19.03	19.61	18.97
新台币	100	—	19.55	—	20.95	20.27
美元	100	612.32	607.41	614.78	614.78	613.2

资料来源：http：//quote. eastmoney. com/center/forexlist. html？bank＝boc＃3_6。

3. 按外汇交易交割期限划分

可分为即期汇率和远期汇率，表6—4为中国银行远期外汇买卖价格表。

表6—4　　2014年3月13日中国银行远期外汇买卖价格表

		美元	欧元	日元	港元	英镑	瑞郎	澳元
七天	买入	611.93	849.1	5.944 3	78.7	1 015.93	698.94	552.7
	卖出	615.82	857.72	6.010 7	79.43	1 024.88	705.21	558.92
一个月	买入	612.08	849.38	5.947 8	78.72	1 015.99	699.11	551.87
	卖出	616.17	858.09	6.013 5	79.48	1 025.31	705.85	558.45
三个月	买入	612.63	850.17	5.954 6	78.81	1 016.54	700.11	550.09
	卖出	616.77	858.83	6.021 6	79.57	1 025.78	706.87	556.65
六个月	买入	613.05	851.16	5.965 3	78.92	1 017.01	701.59	547.28
	卖出	617.69	859.7	6.030 9	79.65	1 026.13	708.2	553.73
九个月	买入	613.25	851.77	5.974 1	78.98	1 016.88	702.71	544.18
	卖出	618.39	860.51	6.039 4	79.72	1 026.14	709.54	550.74
十二个月	买入	613.45	852.49	5.984 1	79.03	1 016.5	703.95	541.05
	卖出	618.89	861.08	6.049 1	79.77	1 025.77	710.85	547.53
汇利宝	买入	613.41	852.66	—	79.01	—	—	—
	卖出	614.21	854.34	—	79.11	—	—	—

（三）汇率变化的表示

在外汇买卖中，通常用“点”来表示买卖差价和汇率上升下降的变化幅度。比如，从2014年2月25日，人民币即期汇率较上一交易日大跌266个基点至6.1250，不仅创下三年来单日最大跌幅，也创下2013年8月23日以来的最低水平。

汇率通常由5位或者6位数组成，所谓“点”是指汇率最后一位数的单位，最后一位数的 1 个点为 1 个基本点。

例如，

$EUR/USD=$ 1.	1	0	4	1		第一天
		百	十	个(点位)		
1.	1	0	5	7		第二天

根据汇率变化，可以说欧元兑美元上升了 16 点。

二、外汇交易的特点与方式

（一）外汇交易的特点

（1）全天候不间断的交易。外汇交易市场是真正的 24 小时全天交易市场。每天，新西兰市场率先开市，然后是悉尼，继而再转到东京、伦敦和纽约市场。投资者可于星期一凌晨开始至星期六凌晨随时参与买卖。

（2）市场透明度高。影响外汇市场的因素广泛，参与者广泛分布在全球，市场难以被单一投资者或集团操控。

（3）资金流动性高。外汇市场是世界经济上最大的金融市场之一，市场参与者包括各国银行、商业机构、中央银行、投资银行、对冲基金、政府、货币发行机构、发钞银行、跨国组织以及散户，因此外汇市场资金流动性极高，投资者不用承受因缺乏成交机会而导致的投资风险。

（二）外汇交易的形式

1. 现货外汇交易

自 1993 年 12 月工商银行开始代理个人外汇买卖业务以来，随着我国居民个人外汇存款的大幅增长，新交易方式的引进和投资环境的变化，个人外汇买卖业务迅速发展。工、农、中、建、交、招六家银行都开展了个人外汇买卖业务，现货外汇交易是大银行之间，以及大银行代埋大客户的交易。买卖约定成交后，最迟在两个营业日之内完成资金收付交割。

2. 外汇保证金交易

（1）外汇保证金交易的含义。

投资者和专业从事外汇买卖的金融公司（银行、交易商或经纪商），签订委托买卖外汇的合同，缴付一定比率的交易保证金，便可按一定融资倍数买卖十万、几十万甚至上百万美元的外汇。因此，这种合约形式的买卖只是对某种外汇的某个价格作出书面或口头的承诺，然后等待价格出现上升或下跌时，再作买卖的结算，从变化的价差中获取利润，当然也承担了亏损的风险。

外汇保证金交易以合约形式出现，主要的优点在于节省投资金额。以合约形式买卖外汇，投资额一般不高于合约金额的 5%，而得到的利润或付出的亏损却是按整个合约的金额计算的。外汇合约的金额是根据外币的种类来确定的，具体来说，每一个合约的金额分别是12 500 000日元、62 500英镑、125 000欧元、125 000瑞士法郎，每张合约的价值约为10万美元。每种货币的每个合约的金额是不能根据投资者的要求改变的。投资者可以根据自己定金或保证金的多少，买卖几个或几十个合约。一般情况下，投资者利用1 000美元的保证金就可以买卖一个合约，当外币上升或下降，投资者的盈利与亏损是按合约的金额即10万美元来计算的，例6—2展示了现货外汇交易与外汇保证金交易的过程。

【例6—2】 现货外汇交易与外汇保证金交易的异同

假设客户同时开户外汇宝及外汇保证金交易账户，资金各为17 457美元，客户在2013年10月11日16:30在1.745 7价位做多英镑，17:49在1.755 7价位平仓英镑。（客户用外汇宝交易平台满仓操作，在外汇保证金交易中仅动用1 000美元最低交易金额单位进行操作）

过程对比：

A：当汇价为1.745 7时（北京时间16:30）

外汇宝交易过程	外汇保证金交易过程
17 457美元等价兑换成10 000英镑	1 000美元一手做涨英镑
B：当汇价为1.755 7时（北京时间17:49）	
10 000英镑等价兑换成17 557美元	平仓交易一手做涨英镑
C：交易结算	
盈利100美元	盈利625美元

对比可知两种投资的赢利率大小。

（2）外汇保证金交易的特点。

外汇保证金交易与期货的最大区别在于期货有到期日，而外汇保证金没有规定的到期日，外汇是衍生金融，外汇保证金是实盘外汇操作。

外汇保证金交易的特点有：

全天24小时不间断交易；T+0交易方式，每天可以交易无数次；双向交易；交易手段先进，可以及时下止损单和止赢单在市场到达设定的价格时能及时平仓到账；每天都有行情；交易方式包括柜面交易、电话交易、媒体交易；交易品种包括美元、欧元、英镑、澳元、港币、瑞士法郎、日元、加拿大元、新加坡元。

3. 套汇交易

所谓套汇，就是利用两个或三个不同外汇市场之间某种货币的汇率差异，分别在几个外汇市场一边买进一边卖出这种货币，从中赚取汇率差额利益的外汇交易形式，主要形式有直接套汇与间接套汇两种。

（1）直接套汇。

直接套汇又称两地套汇，是指当两个不同地点外汇市场上某种货币汇率出现差异时，外汇交易者同时在这两个市场买贱卖贵，从中赚取差价利润的交易行为。

例如：在伦敦市场上，汇率为 GBP1＝USD1.948 0

同时在纽约市场上，汇率为 GBP1＝USD1.950 0

可见，英镑在纽约市场上的汇率高于伦敦市场上的汇率，套汇者就可以在伦敦市场上用 194.8 万美元买入 100 万英镑，同时在纽约市场上卖出 100 万英镑，收入 195 万美元，从而获利 2 000 美元。

（2）间接套汇。

三角套汇又称间接套汇，即利用三个不同外汇市场上的汇率差异，同时在三个外汇市场上买卖外汇，以套取汇率差价。

三角套汇计算：三角：$\frac{a}{b}\times\frac{c}{a}\times\frac{b}{c}>1$ 则以 b 买 a 开始，以 c 买 b 结束；

三角：把三个等式换成同一标价法，然后把系数相乘，若结果大于 1 就按乘的方向做；若小于 1，就按除的方向做（详见例 6—3）。

【例 6—3】　外汇套期设计

纽约市场：1 美元＝7.82 港币，这里的标价法是（港币/美元），以下类似：

香港市场：1 港币＝0.97 人民币（人民币/港币）

上海市场：1 美元＝6.75 人民币（人民币/美元）

先换成同一标价法，也就是说换算成（港币/美元）×（人民币/港币）×（美元/人民币）的形式，上面的例子中需要把上海市场的换算一下，换算为：1 人民币＝（1/6.75）美元。

开始计算：（港币/美元）×（人民币/港币）×（美元/人民币）＝7.82×0.97×（1/6.75）＝1.123 8>1，这样就要按乘的方向操作：纽约市场 1 美元买进 7.82 港币，香港市场用 7.82 港币买 7.82×0.97＝7.585 4 人民币，上海市场上用 7.585 4 人民币买 7.585 4×（1/6.75）＝1.124 的美元，这样就赚了 0.124 的美元。

另外：如果用（美元/港币）×（港币/人民币）×（人民币/美元）的标价法，需要把香港市场和纽约市场的换算一下。

纽约市场：1 港币＝（1/7.82）美元（美元/港币）

香港市场：1 人民币＝（1/0.97）港元（港元/人民币）

开始计算：（美元/港币）×（港币/人民币）×（人民币/美元）＝（1/7.82）×（1/0.97）×6.75＝0.889 9<1。所以存在套利机会：在上海市场用 6.75 人民币换取 1 美元，纽约市场 1 美元换取 7.82 港币，最后在香港交易市场用 7.82 港币换取 7.585 4 个人民币，这样就赚得了 0.835 4 个人民币。（需要注意的是进入和退出时一般都会拿回同一种货币，所以纽约交易市场只能作为中转站。两个含有人民币的交易市场分别作为进出市场。）以上提供的汇率的差值比较大，一般情况也不会出现几块钱就能赚到几毛钱的巨大利润。而且以上计算式所用的全部为中间汇率，实际交易时需要用每个市场的买入卖

出价格。

乘的方向和除的方向是没有本质区别的，只是相对于标价的方法而言的，除的方向是反向操作，乘的方向是正向操作。

4. 外汇掉期

外汇掉期（foreign exchange swap）是金融掉期产品的一种。金融掉期又称金融互换，是指交易双方约定以货币 A 交换一定数量的货币 B，并以约定价格在未来的约定日期用货币 B 反向交换同样数量的货币 A。

外汇掉期业务实质上是两种外币即期交易与远期交易的结合。具体而言，银行与客户协商签订掉期协议，分别约定即期外汇买卖汇率和起息日、远期外汇买卖汇率和起息日。客户按约定的即期汇率和交割日与银行进行人民币和外汇的转换，并按约定的远期汇率和交割日与银行进行反方向转换的业务。外汇掉期是国际外汇市场上常用的一种规避汇率风险的手段。最常见的掉期交易是把一笔即期交易与一笔远期交易合在一起，等同于在即期卖出甲货币买进乙货币的同时，反方向地买进远期甲货币、卖出远期乙货币的外汇买卖交易。

5. 外汇期货

外汇期货交易是指在约定的日期，按照已经确定的汇率，用一种货币买卖一定数量的另一种货币的交易行为。外汇期货买卖与合约现货买卖有共同点也有不同点。合约现货外汇的买卖是通过银行或外汇交易公司来进行的，外汇期货的买卖一般是在专门的期货市场进行。

（1）外汇期货交易是一种设计化的期货合约。一是交易币种的设计化。例如，在芝加哥的国际货币市场期货交易所开业时只有美元、英镑、加拿大元、德国马克、日元、瑞士法郎、荷兰盾、墨西哥比索八种货币。二是合同金额的设计化。不同外汇期货合约的交易金额有特殊规定，比如一份期货合同英镑为 25 000、日元为 12 500 000、瑞士法郎为 125 000、加拿大元为 100 000、德国马克为 125 000。三是交割期限和交割日期固定化。交割期一般与日历月份相同，多为每年的 3 月、6 月、9 月和 12 月。一年中其他月份可以购买但不交割。交割日一般是到期月份的第三个星期的星期三。

（2）外汇期货交易实行保证金制度。保证金分为初始保证金和维持保证金。初始保证金是订立合同时必须缴存的，一般为合同价值的 3%～10%，根据交易币种汇率的易变程度来确定。维持保证金指开立合同后，如果发生亏损，致使保证金的数额下降，直到客户必须补进保证金时的最低保证金限额。一旦保证金账户余额降到维持水平线以下，客户必须再缴纳保证金，并将保证金恢复到初始水平。

（3）外汇期货交易实行每日清算制度。当每个营业日结束时，清算所要对每笔交易进行清算，即根据清算价对每笔交易结清，盈利的一方可提取利润，亏损一方则需补足头寸。由于实行每日清算，客户的账面余额每天都会发生变化，每个交易者都十分清楚自己在市场中所处的地位。如果想退出市场，则可做相反方向的交易来对冲。

（4）外汇期货价格与现货价格相关。期货价格与现货价格变动的方向相同，变动幅度也大体一致，而且随着期货交割日的临近，期货合同所代表的汇率与现货市场上的该种货币汇率日益缩小，在交割日两种汇率重合。

6. 远期外汇交易

远期外汇交易是指交易双方约定在将来某一特定日期按约定的汇率和金额进行外汇买卖交割的业务。此种交易方式的交割日有别于即期外汇交易，因此被称为远期外汇交易。外汇市场上的远期外汇交易最长可以做到1年，1～3个月的远期交易是最为常见的。远期交易又可分为有固定交割日的远期交易和择期远期外汇交易。

7. 外汇期权业务

外汇期权业务是指购买者预定协定汇率，同时向期权售出者支付一定金额的期权费。期权到期时，购买者将根据外汇市场走势选择到期时执行购买或者放弃期权。该种交易授予购买者一定的权利，但不承担义务。

三、个人外汇期权产品

（一）“两得宝”

“两得宝”也称卖出期权，是中国银行的一款外汇期权产品，是指客户在外汇市场横盘整理的时候，在存入一笔定期存款的同时，根据自己的判断向银行卖出一份期权，客户除定期存款利息收入之外还可得到一笔可观的期权费。期权到期时，银行有权根据汇率变动对银行是否有利，选择是否将客户的定期存款按原协定汇率折成相对应的挂钩货币。

凡在中国银行开立外币账户、具有完全民事行为能力的自然人均可申请与中国银行叙做个人外汇期权业务，向银行卖出期权。客户须选择：

（1）挂钩货币：即到期日须交割的另一种货币；

（2）期权面值：即在期权到期日行使外汇买卖的金额；

（3）期权到期日：即协议书中指明的期权到期日。

到期时客户将获得定期存款利息和期权费，但也会面临外汇汇率风险。

交易时间为每个营业日，国际金融市场休市期间停办；期权交易不可自动续期，不可提前平盘；交易币种及期限：目前可选的货币为美元、欧元、日元、英镑、澳大利亚元、瑞士法郎和加元，现钞与现汇均可交易；期权面值：根据情况设置一定的起点金额；期限：最长期限为六个月，最短为一天，具体期限由中国银行当日公布的期权报价中的到期日决定。

【例6—4】 当前美元兑日元汇率为1∶118，客户存款货币是美元10万元，客户判断美元兑日元未来1个月将横盘整理或小幅下跌，遂选择“两得宝”投资，向银行卖出一份期权，期限1个月，存款货币是美元，指定挂钩货币是日元，买入日期权费率为1.5%，则客户可得到期权费为1 500美元（10 000×1.5%=1 500）。

期权到期日，汇率变为 1：110，则银行不会行使期权，客户的美元定期存款自行解冻。客户收入为：100 000×0.682 5%×30÷360＋1 500＝1 556.88 美元。

如果到期日汇率高于或等于 118，则银行将行使期权，按协议汇率将客户的 10 万美元存款折成为 11 800 000 日元存入客户账户。

（二）期权宝

期权宝是中国银行个人外汇期权产品之一，是指客户根据自己对外汇汇率未来变动方向的判断，向银行支付一定金额的期权费后买入相应面值、期限和执行价格的期权（看涨期权或看跌期权），期权到期时如果汇率变动对客户有利，则客户通过执行期权可获得较高收益；如果汇率变动对客户不利，则客户可选择不执行期权。

银行会与客户预定协定汇率（即双方在《外汇期权交易协议书》中约定期权买方在期权到期日行使外汇买卖所采用的汇率），同时客户向银行支付一定金额的期权费。

期权到期时如果汇率变动对客户有利，银行将代客户执行期权；如果汇率变动对客户不利，则客户可选择不执行期权，损失仅限为期权费。到期日如为非银行工作日或相关国际市场假期，则根据有关国际市场惯例调整到期日。期权宝期权到期时，客户能否获得投资收益取决于协定汇率同参考汇率的高低。

收益计算（如收益为非美元，按参考汇率折算成美元）：

1. 客户看涨基础货币

期权投资收益＝期权面值金额×（参考汇率－协定汇率）

2. 客户看跌基础货币

期权投资收益＝期权面值金额×（协定汇率－参考汇率）

【例 6—5】 客户甲预期欧元兑美元的汇价在短期内将大幅上扬，于是他在周一的期权宝投资计划如下：

看涨货币：欧元期权面值为欧元 100 000.00

看跌货币：美元协定汇率为 1.065 0

交易期限：两周期权费率为 0.8%

客户应付期权费：100 000×0.8%＝800 欧元

客户到期日收益如以下所示：（注：投资收益均折成美元金额、期权宝年投资收益率为扣除期权费成本前的收益）

客户甲在投资期权宝三天后（周四），欧元兑美元汇率一如其预期大幅上扬至 1.085 0，当天中国银行的报价如下：

看涨货币：欧元期权面值为欧元 100 000.00

看跌货币：美元协定汇率为 1.065 0（当天客户交易时即期汇率为 1.085 0）

交易期限：11 天平盘费率为 1.1%

客户甲为了锁定收益，申请将该笔交易平盘，此时按中国银行期权宝平盘交易期权费报价 1.1%，客户甲可获得期权费：100 000×1.1%=1 100 欧元。客户甲平盘后，该组期权宝投资共获得净收益 1 100－800=300 欧元。

潜在风险收益分析：

（1）到期日参考汇率在协定汇率 1.065 0 或以下时，期权宝收益为零，客户损失 800 欧元期权费；

（2）到期日参考汇率在协定汇率 1.065 0 至盈亏平衡点 1.073 6 之间时，期权宝投资出现收益，但收益不足以抵补期权费支出，总收益出现亏损；

（3）到期日参考汇率高于盈亏平衡点 1.073 6 时，期权宝投资收益大于期权费支出，总收益出现盈利。

四、汇率波动理论

（一）基础分析

1. 购买力平价

购买力平价（PPP）理论规定，汇率由同一组商品的相对价格决定。通货膨胀率的变动会被等量但相反方向的汇率变动所抵消。举一个汉堡包的经典案例，如果一个汉堡包在美国值 2.00 美元，而在英国值 1.00 英镑一个，那么根据购买力平价理论，汇率一定是 2 美元每 1 英镑。如果现行市场汇率是 1.7 美元每英镑，那么英镑就被称为低估通货，而美元则被称为高估通货。此理论假设这两种货币将最终向 2∶1 的关系变化。

2. 利率平价

利率平价（IRP）规定，一种货币对另一种货币的升值（贬值）必将被利率差异的变动所抵消。如果美国利率高于日本利率，那么美元将对日元贬值，贬值幅度根据无风险套汇而定。未来汇率会在当日规定的远期汇率中反映。美元的远期汇率被看作贴水，因为以远期汇率购得的日元少于以即期汇率购得的日元。日元则被视为升水。

3. 国际收支模式

此模式认为外汇汇率必须处于其平衡水平。出现贸易赤字的国家，其外汇储备将会减少，并最终使其本国货币币值降低（贬值）。便宜的货币使该国的商品在国际市场上更具价格优势，同时也使进口产品变得更加昂贵。在一段调整期后，进口量被迫下降，出口量上升，从而使贸易余额和货币向平衡状态稳定。

4. 资产市场模式

资产市场模式认为金钱不仅追逐商品和服务，而且从更广义而言，追逐股票和债券等金融资产。此类资本流进入国际收支的资本账户项目，从而可平衡经常账户中的赤字。资本流动的增加产生了资产市场模式。源于跨国金融资产交易的外汇交易份额，促使资产价格低的国家货币需求增加，外汇升值，资本流出国家外汇贬值。

(二)指标分析

指标分析研究以往价格和交易量数据，进而预测未来的价格走向。此类型分析侧重于图表与公式的构成，以捕获主要和次要的趋势，并通过估测市场周期长短，识别买入/卖出机会。根据投资者选择的时间跨度，可以使用日内（每5分钟、每15分钟、每小时）技术分析，也可使用每周或每月技术分析。

世界上用在外汇市场上的各种名称的技术指标数不胜数。例如，相对强弱指标（RSI）、随机指标（KD）、趋向指标（DMI）、平滑异同平均线（MACD）、能量潮（OBV）、心理线、乖离率等。这些都是很著名的技术指标，在证券及外汇市场中长盛不衰。而且，随着时间的推移，新的技术指标还在不断涌现。

任务三

如何进行房产投资

任务描述

1. 通过网络搜集不同城市的房屋价格信息；
2. 对不同地区的房价进行比较，分析影响房地产价格因素；
3. 结合经济环境因素，判断房价变化趋势。

相关知识

一、房地产投资概述

(一)房地产投资品种

房地产投资，是指资本所有者将其资本投入到房地产业，以期在将来获取预期收益的一种经济活动。我国个人房地产投资主要有以下几种类型：

(1)写字楼。购买写字楼部分或者全部股权，以获取较为稳定的经常性收入。

(2)商铺。随着土地面积供给的日趋紧张，房地产企业在开发房地产的过程中一般采用住宅和商铺相结合的方式进行开发，为了保证商铺投资的有效回收，开发商甚至对商铺的功能进行了初步设计，开发时候的功能性设计保证了商铺之间的竞争不至于过于激烈，让投资者可以长期经营并获利。

（3）产权式酒店。随着旅游地产的兴起，产权式酒店集生活和出租于一体，开发商聘请酒店管理公司统一经营与管理，投资者在投资期获取固定的投资回报和一定期限的居住权。产权式酒店一般位于风景区。这种投资方式具有一次性投资、收益稳定、风险小等特点。

（4）小户型公寓。小户型公寓，所需投入资金较少，流通迅速，为大多数置业投资者所喜欢，尤其是精装的单身公寓。此类房产投资多以租售为目的。

（5）车库。随着城镇居民家庭购房数量的不断增加，小区车库的需求不断增加，而目前住宅区配备的车库比较有限，因此购买车库，进行车库租赁或者出售，也演化为一种有增长潜力的投资品种。

（二）房地产投资的优点与缺点

1. 房地产投资的优点

（1）房地产是一种耐用消费品。一般情况下，房子的寿命都在百年以上，最少也可几十年（产权期限是 70 年）。这种长期耐用性，为投资盈利提供了广阔的时间机会。

（2）房地产的价值相对比较稳定。房地产相对其他消费品具有相对稳定的价值。科技进步、社会发展等对其影响相对比较小。而一般消费品，如汽车、电脑、家用电器等，会随着科技水平的发展，价值不断下降。所以房地产具有较好的保值增值的功能。

（3）房地产具有不断升值的潜力。由于土地资源的稀缺性、不可再生性，以及人口上升、居民生活水平的提高，整个社会对房地产的需求长期处于上升趋势。

2. 房地产投资的缺点

房地产作为不动产，最大缺点是流动性较差。它不像其他金融产品，可随时变现或较容易变现；投资金额比较大，一般动辄数十万，或数百万；房地产投资是一项政策性很强的经济活动，如土地政策、城市规划、房地产税收、租金管制等的变化都可能给房地产投资带来一定的风险；国内房地产市场的不成熟，如房屋的质量不合格、合同的不公正、产权的不完善等，都可能给房地产投资都带来损失。

（三）房地产投资的交易成本

1. 房屋购买的交易成本

（1）购买新建商品房。购买方缴纳的税费有两种：契税和印花税。契税以房款为基础予以征收。根据面积不同，税率有多档：个人首套普通住宅 90 平方米以下的为 1%，90～140 平方米的为 1.5%，140 平方米以上及二套房的为 3%。印花税为房屋合同金额的 0.05%，产权证印花税按各区具体规定，一般为 5 元/本。另外还需按购房款的 2%的比例向房地产管理部门缴纳大修基金。如为抵押购房，还要缴纳抵押登记费用、房屋保险费、律师费、评估费、公证费等。综上，各种费用占购房总额的 5%左右。

（2）购买二手房。与购买新房不同，二手房不需要缴纳大修基金。

案例：假定一个家庭欲购买一处面积65平方米，单价10 000元的住房。按揭20年，其首付款为30%，则房屋购买成本计算如图6—2、6—3所示。

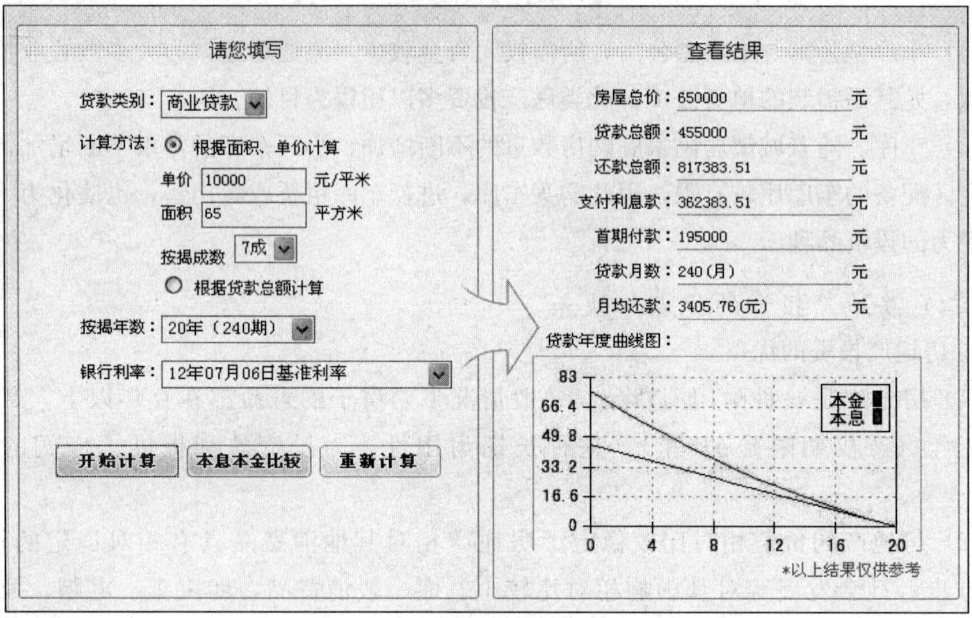

图6—2　房地产按揭贷款计算图示

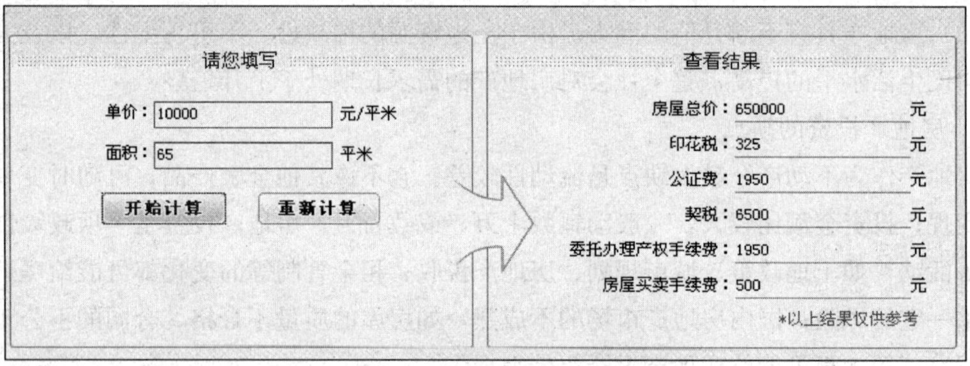

图6—3　房地产投资交易成本计算图示

资料来源：http：//house. focus. cn/common/modules/housemarket/housemarket3 _ debx. php。

2. 房屋卖出的交易成本

（1）现房卖出。需要缴纳印花税、营业税和个人所得税。营业税规定个人购买并居住五年以上的免交营业税，不满五年按销售价减去购入价的差额征收5%的营业税，并按营业税缴纳城建税和教育费附加。个人所得税按销售价减去购入价的差额征收，税率为20%，居住时间超过五年的免征。另外，如委托中介卖出，还需交中介费。

（2）非住宅买卖成本。买方应缴纳交易金额的0.05%的印花税和3%的契税；卖方缴纳交易金额的0.05%的印花税、5%的营业税、个人所得税和土地增值税。

二、房地产投资分析

（一）房地产价值影响因素

1. 城市的发展

一般来说，随着城市的扩张，将新的低价土地区推向城市更远的郊区。与此同时，原先的城市地价被普遍提高到更高的水平。投资于不断扩大的城市的房地产，价值不断地增长。一般来说，应从以下几个方面选择城市：

（1）就业。一个地区如果主导产业不断地成长，吸引就业人口的流入，相应配套设置不断地完善，就会不断促进房地产的不断发展。

（2）城市的基础设施。城市的交通、电力、市政服务等基础设施可以吸引企业入驻，企业不断地入驻，吸引人员流入，进而带动住房需求及地产的不断上升。

（3）气候。自然环境影响到人们的居住、工作和生活的质量，也直接影响到城市的发展潜力。这也是“旅游地产”兴起的由来。

2. 地段

买住宅讲究地段，买商铺就更讲究地段了，有可能相差很短的距离，租金、售价就相差很大。所以选择商铺时，要对地段进行详尽的调查分析，才能达到预期目的。

3. 建筑品质

有投资价值的物业，必须具备以下特点：耐用性、适于人们居住和使用、更改性、可观赏性。

4. 产权状况

拟投资购买的住宅、商铺，其产权一定要合法、有效、手续齐全，无任何法律纠纷和经济纠纷。

5. 价值分析

投资者要对拟购房地产的现时市场价值进行估价，根据房子的各种因素测算出房子在特定时间、地点、环境的市场价格，并依照房子的实际情况得出一个最接近市场行情、最能反映房地产真实价值的价格。房地产买卖投资赚取的是未来的收益，在投资购买某项房地产时，对未来市场价格走势的预测判断尤为重要。

6. 房地产市场供需分析

房地产投资者大多数是在市场供不应求的时候才去投资，如果市场已经供过于求，投资者应当格外小心。这时要考虑两个方面：一是价格很低，将来升值空间大；二是作长线投资，否则很容易被套住，短期内解不了套。

（二）房地产的估价

1. 租售比

房屋售价与租价比是国际上一个衡量房地产业泡沫的标准。按照国际惯例，房价一般是月租金的100～200倍，一旦超出这个标准，两者会相应做出调整。正常情况下，房屋的供求关系在售价和租价上的体现是一致的，当房屋供不应求时，二者都会上涨。然而，如果房屋市场投机成分过多，房屋售价这个经济指标就会被严重扭曲，无法反映正常的房屋供求关系，这时房屋租价一般比较客观。当租金处于不变或下降趋势时，房屋售价却处于上升趋势，说明购房者购房的目的不是自住而是投机，这不是一个好的征兆，更不是一个健康的房地产市场所应该存在的现象。

2. 现金流折现模型

现金流折现估价模型能用于金融资产的估价，也能用于房地产的估价。

现金流折现估价模型为：

$$V=\sum_{i=1}^{n}\frac{CF_i}{(1+r)^i}$$

式中：V 表示现值；CF_i 表示各期的现金收入；r 表示贴现率。

（1）现金流入，来自房地产投资的现金流一般表现为房租。在估计未来年限的租金时需要考虑的因素有：过去的租金变化趋势、房地产供需情况和宏观经济环境、闲置率。

（2）预期增长率，租金和费用的预期增长率决定于预期增长的通货膨胀率。一个稳定的房地产市场中，现金流的增长率为通货膨胀率。低闲置率导致更高的增长率。

（3）期末价值，也就是房地产最后出售的价值，可以以通货膨胀率来预测最终出售价值。

（4）现金流出，房地产持有期间的财产税、修理支出、维护等支出。

3. 市场比较法

市场比较法的估价原理是将评估对象的物业与在近期进行交易的类似案例进行比较对照，通过调整已交易的物业价格来确定被评估的物业价值。

市场比较法的关键在于收集较多的交易案例，选择一定数量的具有较好可比性的成交实例，在此基础上进行交易情况、交易日期、区域因素、个别因素的调整。这要求评估人员具备丰富的相关知识、较强的判断能力及准确把握房地产交易市场行情的实际经验，这样才能保证评估价值的准确可靠。

$$\text{评估价值}V=\text{交易实例房地产价格}\times\frac{\text{交易实例情况修正系数}}{100}\times\frac{\text{日期修正系数}}{100}\times\frac{\text{个别修正系数}}{100}\times\frac{\text{区域修正系数}}{100}$$

三、房地产投资方式及策略

（一）房地产投资方式

（1）直接购房投资。投资者用现款或向银行抵押贷款的方式向户主或者房地产开发商购买住房，适当装修后出售或出租以期获得回报，这是一种普通的投资方式，也是房地产投资者最常用的一种投资方式。如果投资者以贷款的方式购得住房，然后出租，用租金来偿还银行的利息，也就是“以租还贷”。

（2）期房投资，又称预售房。指开发商楼盘尚未完全竣工，通过向政府房管部门申请并取得商品房预售许可证后预先出售的房屋。投资者购买时，可以首付住房约定销售价格的20%以上，然后和开发商一起向银行申请按揭贷款，即银行向开发商支付余款，投资者承诺还银行贷款本息。投资者支付一定的房款获得房产增值的权利，但因房屋未建成，有较大的风险。

（3）以旧翻新。就是将旧楼买来或租来，然后投入一定的资金装修，最后将装修后的房屋出售或者出租，以赚取利润。

（4）以租养租。通过长期租赁房屋，然后根据市场变化调整房租，赚取差价，又称“二房东”，适用于刚开始做房地产投资、资金严重不足的情况。

（二）房地产投资策略

1. 租售规划

购房与租房的决策，涉及拥有自有房产的心理效应和对未来房价的预期，两种房地产消费方式各有优点（见表6—5），不同的主体做出不同的决策，理论上可用年成本法和净现值法分析测算。

表6—5　　租房购房优缺点对比

	租房	购房
优点	每月支付房租，负担较轻，较少投入换取较佳的生活品质；选择对自己较为方便的区域，可以节省时间和交通费用	自有房产有较好的保值增值功能，具有一定城市归属感和安全感
缺点	受到房东的影响，有较大的不稳定性，没有保障与归属感	付出较大的购房资金、负担重，房贷压力导致生活品质降低

（1）年成本法。从成本的角度上说，购房者的成本在于首付款占用产生的机会成本、房贷利息，以及每月支付的物业费。租房者仅仅付出使用成本，也就是房租。年成本法就是通过计算租房和买房每期生活成本的大小做决策依据。

【例6—6】　假定你面临购房的选择，目前的生活状态是租金每月1 500元，现有一栋房产可供选择，面积65平方米，价值65万元，因为占用的资金为65万元，按照贷款利率计算每年的成本，假定2012年7月基准利率为6.55%/年，物业费3元/平方米·年，如何决策？

年租房成本 = 1 500 × 12 = 18 000(元)

年购房生活成本 = 650 000 × 6.55% + 65 × 3 = 42 770(元)

似乎购房成本远高于租房成本，但是实际在决策中要考虑如下因素：

这个决策的前提是房租20年不变，但是实际情况不可能如此。如果20年的房价在不断上涨，那么差价再折合到20年的生活成本中，可以降低租房购房成本的差距。

(2) 净现值法。净现值法考虑在一定的居住时间内，将租房和购房的现金流折算还原到现值，比较两者的现值，选择现值最高的。

比较方法如下：

租房净现值：$NPV=\sum_{i=1}^{n}\frac{NCF_i}{(1+r)^i}$（此处租房 NCF_i 一般为负数，表示现金流出）

购房净现值 $NPV=\sum_{i=1}^{n}\frac{NCF_i}{(1+r)^i}+\frac{FV}{(1+r)^i}$（$FV$ 为房屋最后销售价值）

此方法可以有效决策，在实际中却无法实施，因为近几年的现金租金可以预测，但是10年、20年后的价格预测偏离很大。

2. 个人购房能力规划

(1) 以储蓄能力及缴息能力估算可负担的房屋总价。

可负担的首付款＝目前年收入×负担房贷的比例上限＋目前的净资产

可负担的房贷＝目前年收入×负担房贷的比例上限×

$PVIF_{r,n}$（n 为贷款年限，r 为贷款利率）

可负担的房屋总价＝可负担的首付款＋可负担的房贷

【例6—7】 张先生年收入10万元，可负担房贷的收入比例上限为40%，目前净资产15万元，20年房贷利率为6%，张先生投资收益率为10%，请为张先生计算一下购房预算为多少。

可负担的首付款＝100 000×40%＋150 000＝190 000（元）

可负担的房贷＝100 000×40%× $PVIF_{10\%,20}$ ＝458 800（元）

届时可负担的房屋总价＝648 800（元）

在本案例中，张先生的投资收益率越高，反而愿意负担的房屋总价越低，其原因也就在于投资者更愿意将资金放到收益更高的地方。

(2) 可负担房屋单价。

可负担房屋单价＝可负担房屋总价/房屋需求面积

房屋需求面积取决于家庭成员的多少以及对空间舒适度的需求，在可接受的居住面积之下，还要考虑生活品质、子女教育、上班地点等因素。

项目小结

1. 黄金市场由以下重要市场组成：伦敦黄金市场、苏黎世黄金市场、美国黄金市场、香港黄金市场、东京市场、中国上海黄金交易所等。

2. 黄金价格影响因素：黄金的供求关系、世界主要货币汇率、石油供求关系、世界政局动荡、战争等因素。

3. 汇率直接与间接标价方法，全天候不间断的交易、市场透明度高、资金流动性高的交易特点。

4. 外汇投资的形式：现货外汇、外汇保证金、套汇、外汇掉期、外汇期货、远期外汇、外汇期权业务。

5. 外汇定价理论：购买力平价、利率平价、国际收支模式、资产市场。

6. 房地产投资品种与交易成本。

7. 房地产价值影响因素：城市的发展、地段、建筑品质、产权状况、价值分析、市场供需分析。

8. 房地产的估价方法包括：租售比方法、现金流贴现模型、市场比较法。

9. 房地产投资方式与投资风险。

技能训练

一、单选题

1. 投资者通过分期付款等方式获得住房，然后将他们租赁出去，这种投资方式是（　）。

A. 房地产购买　B. 房地产租赁　C. 房地产信托　D. 房地产经营

2. 世界上最大的外汇交易中心是（　）。

A. 伦敦　B. 纽约　C. 东京　D. 香港

3. 如果急需卖房产，但不容易找到买家。这是房地产的（　）。

A. 流动性风险　B. 市场风险　C. 购买力风险　D. 交易风险

4. 在外汇市场上，汇率是以（　）位数字来显示的。

A. 5　B. 4　C. 6　D. 3

5. 黄金商品市场全面开放是在（　）年。

A. 2001　B. 2002　C. 2003　D. 2004

二、多选题

1. 房地产投资的优点有（　）。

A. 价值稳定　B. 升值潜力大　C. 价值本身较大　D. 耐用性好

2. 黄金投资的优点有（　）。

A. 能保持久远的价值　B. 对抗通货膨胀

C. 没时间限制，随时交易　D. 有可能被人为操纵

3. 房地产特有的风险包括（　）。

A. 市场风险　B. 利率风险　C. 交易风险　D. 购买力风险

4. 下列关于外汇宝的说法，正确的是（　　）。

A. 以合约形式买卖外汇　　B. 全额买卖

C. 现货外汇交易　　D. 保证金交易

5. 汇率决定的基本理论有（　　）。

A. 购买力平价理论　　B. 利率平价理论

C. 国际收支说　　D. 资产市场模式

三、判断题

1. 在利率相同的情况下，人民币相对美元升值后，以美元计价的外汇理财产品的实际价值将会降低。（　　）

2. 二手房投资中的税费都是由买家承担的。（　　）

3. 随着家庭的发展，家庭承受投资风险的能力逐步提高，因此无须刻意控制风险。（　　）

4. 一国的国际收支处于顺差状态，本币供大于求，将贬值；国际收支处于逆差状态，则本币求大于供，将升值。（　　）

5. 个人实盘黄金买卖的投资者在需要时可以向银行申请办理黄金的实物交割。（　　）

四、实训操作题

【实训一】通过自己的电子银行进行贵金属交易品种投资，投资资金在 500 元以内，了解各银行纸黄金的操作方法及盈利模式。

【实训二】在网上找到期货模拟交易软件，并注册。查阅金期货的品种及其交易合约内容，并进行模拟操作。

要求：对操作步骤截图，形成一份 Word 文档。

【实训三】在中国银行开通外汇交易账户，并注册电子银行，进行外汇期权操作，投资金额在 200 元以内，并向自己的朋友和家人介绍期权的操作方法。

要求：对操作步骤截图，形成一份 Word 文档。

项目七

技术分析法

学习目标

1. 了解技术分析的基础知识；
2. 掌握技术分析的理论基础；
3. 掌握技术分析的几个分析方法和使用工具。

项目导言

在证券投资领域，人们都热衷于某一种分析方法，基本分析的人看不上技术分析，技术分析的投资者看不上基本分析。技术分析与基本分析之争永远没有结论。其实各自应用的方式方法都是为了试图揭开证券价格未来运行的方向和空间，那么肯定都有各自的优劣。本项目我们着重从一些基本的技术分析理论和基本方法来学习技术分析。

项目导入——基本分析与技术分析孰优孰劣？

金庸的小说《笑傲江湖》里，华山派分为气宗和剑宗两支，气宗重内力，剑宗却认为武功要点在剑法，为此华山派内争不断。在现代投资领域里，其实也有类似气宗与剑宗之争，也就是我们的基本分析和技术分析的优劣之争，争论近百年，谁都没能说服对方。

在美国华尔街，大多数的分析师都自认为是基本分析派，但是在中国，大多数的分析师偏爱于技术分析，他们张口闭口都是各种技术指标、分析工具。同样是资本市场，不同的国度对待投资分析却方法迥异，技术分析与基本分析孰优孰劣？技术分析是科学还是巫术？我们所说的图表分析是对过去事实的简单陈述，还是可以作为我们未来投资的借鉴？

基本分析主要是依据基本数据作预测。基本分析可以分为微观和宏观两种：微观主要看公司的财务数据，比如盈利、账面价值等；宏观主要看宏观经济数据，比如通货膨胀率、领取失业救济金的人数变化等。基本分析认为公司的运营状况，尤其是对未来盈利的预期，决定股票的价格。他们试图通过分析大宗商品的供求关系来预测商品期货的走势；通过分析国家的经济状况以及货币和财政政策，来预测外汇的走势。基本分析从价格背后的经济活动出发，对价格作出判断。

技术分析是指试图仅从市场数据，即价格和成交量数据，预测价格未来走势的方法。技术分析认为许多的信息都已经在过去的市场数据中体现了，只要对价格和成交量走势中的模式进行精确解读，纵然对基本面经济状况毫无了解，也能赚钱，关键在于对价格走势规律理解得透彻。当然现在随着计算机的智能化，很多计算机交易模型也在慢慢代替部分人工技术分析。

在过去的历史中，18 世纪德川幕府时代，人们就在米市交易中运用蜡烛图（K 线）来计算大米市场价格变动情况，为其积累了大量财富。20 世纪初最显赫的股票与期货投资者杰西·利弗莫尔主要使用的是技术分析法，尤其是盘口解读技术和趋势投资，为其在美国的资本市场积累了巨额财富，成就其传奇一生，为世人留下投资经典《股票作手操盘术》。价值投资圣经的《证券分析》的作者格雷厄姆，是价值投资的推崇者，强调价值投资，重视投资安全，是典型的基本分析者，其学生巴菲特先生用其一生践行着价值投资理念，为其资本王国构建功不可没。

在投资实战的市场，基本分析与技术分析孰优孰劣其实没有那么重要。“剑宗功夫易于速成，见效极快”，技术分析法或许跟“剑宗”的方法有些类似，大量急于学习投资方法的投资者，为了速成一些投资技巧，成为技术分析的拥护者。所有的投资分析方法都是为我们的投资决策做一定参考。敬告读者“投资方法活学活用，切勿对投资方法过于认真，你认真你就输了”。

任务一

认识技术分析基础

任务描述

1. 总结技术分析的假设条件；
2. 谈谈技术分析有哪四大要素，它们的作用分别是什么。

相关知识

一、技术分析概述

（一）技术分析的基本情况

在大多数人的理解中，所谓的技术分析就是图表分析，即试图通过图表分析的方式来推算出市场未来的发展趋势，根据这种分析得出的结果来进行投资决策。随着推崇技术流派的人们不断探索、研究和总结，人们通过应用数学、逻辑方法和对证券价格走势图表以及一些相对应的技术指标的分析，发现一些典型的证券价格变化规律，根据此规律来进行实际的投资买卖活动。

现在技术分析成为股市应用人数最多的分析方法，主要原因是技术分析采用大量的图表、技术指标、技术图形等，相对比较直观简明，易于大多数人们学习和掌握，不需要像基本分析需要大量的金融学知识。

依靠技术分析来参考投资决策的投资者，其实应该是以技术图表为分析手段，以市场行为作为研究对象，以未来趋势为研究目的。很多技术图形的初学者由于学习理解技术分析还不够完善，片面利用技术分析结果，结果导致投资失败。

1. 技术分析的研究手段——图表

图表是推崇市场分析的人士最乐此不疲的一个工具，现在很多的程序交易法，很大程度都是靠图表交易来完成分析的。在计算机还没有被运用于金融市场的时候，人们投资分析很大程度上来自于自己绘制图表，投资界的传奇投资大师李佛·摩尔在其精彩的投资生涯中，对图表分析工具可以说用到了极致。今天的软件自动生成了图表，还可以自动添加一些常用的分析工具，大大地方便了人们对图表的研究，提高了对市场研究和跟踪的效率。

2. 技术分析的研究对象——市场行为

技术分析表面上是分析图表，企图通过图表的分析得出未来证券价格的走势。事实上，图表研究的是一种表象，真实的情况是通过图表来研究证券市场投资品种的市场行为。市场行为的研究相当复杂，一般可以通过成交价格和成交量体现出来。其中价格变动是市场行为的第一要素，成交量是对价格变动的确认。在金融市场里，成交量是技术分析很重要的一个辅助工具，它体现着市场交易的活跃程度，一定程度上可以过滤一些市场价格波动的噪声。

3. 技术分析的研究目的——未来趋势

未来趋势的判断是所有投资分析的一个核心问题。每一个投资者所采用的投资分析方式不一样，但是目的都是通过各自的分析方式找到未来价格的变动趋势。

（二）技术分析的三大理论前提

基本分析的投资者们，大多数根据“价格围绕价值上下波动”和“供给需求定理”来研判目前价格与价值的一个关系情况，进而进行相应的投资决策。技术分析借助图表、成交价格、成交量、基本技术指标等来分析研判投资品种可能的未来价格运行趋势，技术分析同样有它的理论前提。理论前提是不可推翻的原则，如果没有这些前提条件，技术分析无法进行下去。

1. 市场行为涵盖一切信息

这是技术分析的基础。它的核心意思是：所有影响证券市场价格波动的因素，最终都会体现在证券价格波动上。影响证券价格波动的因素很多，比如政策因素、相关资产价格波动、突发事件，甚至投资者心理预期，等等，这些都应该反映在证券市场的行为上。一般技术分析流派的投资者认为，无论信息发生了些什么情况，市场会对信息作出反应，只要目前市场价格、成交量等没有发生转势的情况，那么就应该将投资进行下去。他们主要着眼的是市场价格，而非充斥着市场的这些信息。

2. 证券价格沿着趋势运行

趋势是技术分析最基本的概念，这一前提是技术分析最基本、最核心的条件。对于外行投资者来讲，图表显示的是一种杂乱无序的波动，很难通过这种无序波动找到证券价格未来波动的预期。事实上，证券价格的波动并不是毫无规律的，在一定时间段内是沿着一个方向持续波动，这种持续性的波动前进形成了趋势。趋势就是技术分析的核心内容，也是所有投资分析的核心内容，大家都企图运用各自的方法找到趋势的形成和发展初期，并参与其中。比如2004年国务院颁布《国务院关于推进资本市场改革开放和稳定发展的若干意见》后，2005—2007年股票市场出现牛市，在这波牛市的过程中，国家为了抑制投机几次提高利率，都没有抑制到股票市场的上涨，没有改变牛市的趋势；随后2008年金融危机至今，股票市场经过不少的经济刺激政策的出台，却一直萎靡不振。我们发现在趋势的形成和发展过程中，不会随着期间的不利影响改变运行的方向，涨涨跌跌依旧延续着原来的趋势。

3. 历史会不断上演

证券市场没有新东西，价格运动一直不断运行，虽然不同的证券价格变化情况各异，但是它们的总体情况是相同的。比如从南海泡沫、密西西比计划，到2000年的互联网泡沫、2008年的次贷危机，这些都是一个个经典的投资泡沫的故事。以前发生的事情，现在在发生，未来还会发生，“历史会不断上演”成为投资者的一句座右铭。当然历史的上演不会简单地重复，历史会有许多巧合，但绝不重复，证券价格行情的波动肯定不会一模一样，但是它们的性质和造成的后果会是一样的。

二、技术分析的四大要素

在实际的投资分析活动中，技术分析主要以图表分析为主。图表分析技术根据它的作用，可以分为两类：一类是“确认技术”，另一类是“预测技术”。前者的作用是确认趋势已经发生转变还是在持续发展，后者体现的是预测证券价格未来变动空间和持续时间的长短。

技术分析不仅仅停留在某一个技术指标或者图形情况下，需要结合各种情况，综合考虑，提高对未来证券价格波动方向和区间的准确性。在实际的技术分析过程中，我们采用价、量、时、空的思路对证券价格位置、趋势等进行分析。

在学习技术分析的过程中，技术分析的四要素“价、量、时、空”有机地构成了技术分析的完整系统。因此在学习过程中必须注意：循序渐进，先确认再预测；学会融会贯通，“预测技术”还需要“确认技术”的验证，“确认技术”需要得到“预测技术”支撑，二者相互验证，这样技术分析得出的结果才能够更加贴近证券价格未来的真实波动。

（一）价和量

价、量关系是证券价格在市场上成交的两种表现形式，两者相辅相成，相互验证。在实际的成交过程中，量的显现一般领先于价格的波动，在行情表示上，我们称为成交量异动。无论是在价格上涨还是下跌的过程中，都是通过成交量预先表现出来的，即成交量预测了价格。成交量异动提前提醒投资者可能出现的价格迹象，紧随着价格的变动，验证着成交量的变化，二者相互验证。市场行为通过价、量反映着市场波动，有一定规律特征：价升量增，价跌量减。

（二）时和空

在证券行情的运行过程中，往往伴随着一定的时间周期和价格区间。时间持续的长短直接影响着价格进行的情况，一个已经成形的趋势一般很难在短期内改变，不然就是说明这个趋势根本没有真正形成或者开始发展。时间在证券价格形成和发展过程中起着很重要的作用。比如说，如果短期内价格发生了大幅波动，很可能将未来很长一段时间需要完成的价格区间在短期内已经完成，这个时候，趋势很可能会发生改变或者趋势运行的脚步会停下来。这种情况在实际行情运行情况下经常发生，某些突发事件对某一个证券品种造成影响，短期内发生了大幅波动，紧接着后面就开始停滞的行情。在时空关系里，我们可以理解成，时指的是趋势运行的时间，空指的是趋势运行的价格区间。

价、量、时、空构成了趋势的运行完成过程，包含着成交情况，价格运行时间和运行区间。

三、技术分析的注意事项

（一）技术分析应该与其他分析方法结合起来运用

在投资分析的方法中，有技术分析法、基本分析法以及心理分析法等。表面上看，各自分析方法的理论依据各不相同，有时还相互矛盾，相互之间可能没有多少交集。事实上，在投资分析中需要将它们结合起来。比如说，基本分析法中，投资者对证券价格未来趋势的判断来自于投资者对于他所掌握的信息的分析和解读，但这与投资者的学识水平、分析方法，以及所掌握信息的准确与完整性息息相关。而技术分析更多的是通过图表的现实分析，通过量价关系、数据统计、技术指标等来作出判断，技术分析又受制于投资者的分析能力、判断水平。同时证券价格的波动不可能是一种简单的重复，那么仅仅靠单一的分析方法对证券价格未来趋势作出判断难度较大，而需要结合多重投资分析方法。

（二）投资者心理作用的影响

很多以技术分析为主的投资者根据分析结果投资却导致了失败，于是很多人归结为技术分析无用，甚至埋怨技术分析还不如动物园的大猩猩猜涨跌来得准确。这里面很重要的一方面是投资者在进行技术分析的时候没有合理判断投资分析的可能情况，错误甚至偏执地认为技术分析一定准确。实际上在金融市场投资，很多情况是一种混沌的投资，这个时候投资者心态在投资过程中占据很重要的位置。技术分析无法解决投资者的心态问题，还需要投资者不断地实践操作，不断地加强投资意识的锻炼，培养更多的耐性。

（三）理论与实践相结合

我们经常听到一句话，“理论结合实践”，在真实的投资分析和投资决策的过程中，很少有人能够始终按照“理论结合实践”在操作。不是一切按照“既定方针办事”的理论派，就是“实践是真理”的实践派，盲目地迷信任何一种在投资分析中都是致命伤害。在证券价格的运行过程中，相同的价格、相同的位置、不同的时间，完全可以是截然不同的结果，在不同的环境下、条件下，证券价格的趋势可以完全不同。所以说，在进行技术分析的时候，应该掌握技术分析的核心内容，结合具体情况，认真仔细地研判可能的情况，同时还应结合自身投资情况合理采取投资操作，避免盲目自信。

另外，需要提醒的是，在任何的证券投资分析中，每一种证券投资方法都不可能一直有效，投资方法在适合的环境才能发挥其作用，切忌运用某一种投资分析方法获取丰厚回报后，以为可以凭此一招吃遍天下。

任务二

理解技术分析基本理论

任务描述

1. 辨别不同股票的K线形态；
2. 搜集某只股票的信息，用切线理论画出趋势切线；
3. 结合K线和切线优势，识别典型的上涨或者下跌形态。

相关知识

一、K线理论

在当前全世界范围内的金融市场中，K线的应用成为最为广泛的分析方式。K线又叫日本线、蜡烛图，最早起源于日本的德川幕府时期，被运用于大米市场。K线是由一个名叫本田宗久的米商发明的，用来记载当时米价每日涨跌的图示方法，随后K线方法被运用于股市，效果良好，最后成为股票分析的一种重要方法，一直持续到现在。图7—1就是我国上海证券市场的上证指数K线图。

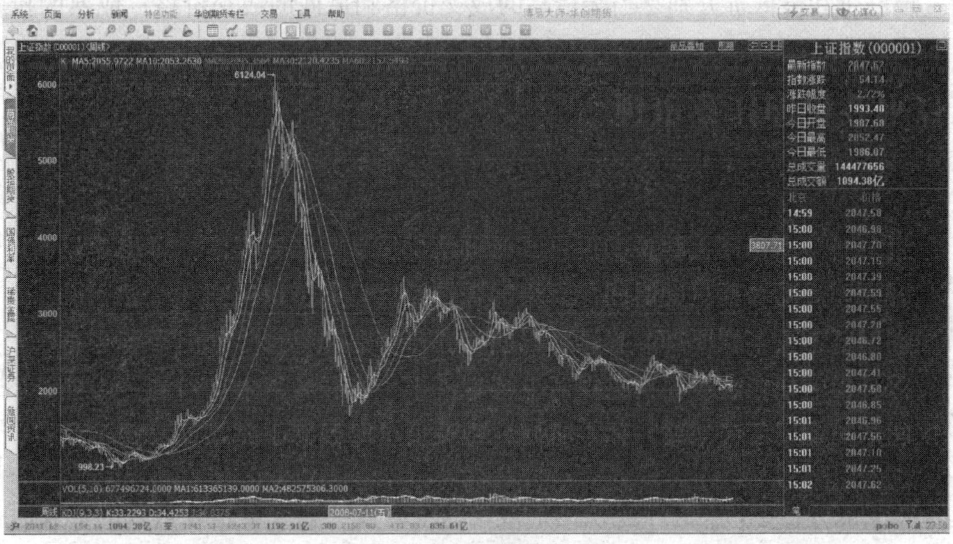

图7—1　上证指数K线图

(一) K线的要素

K线是一条柱状的线条，一般由实体柱和影线构成，记载、分析股票价格波动。K线会根据我们所表示的时间周期分为小时图、日线图、周线图等。在后面的K线介绍过程中，我们习惯将一根K线柱子代表一天的价格波动。在实体上方的影线叫做上影线，下方的叫做下影线。实体表示的是一天的开盘价和收盘价。在最上方的价格叫做最高价，最下方的价格叫做最低价。在证券行情软件中，大多数行情软件将K线柱标记成两种颜色（红色和绿色），分别代表着当日股票价格的涨跌情况。红色K线代表上涨，它的收盘价高于开盘价格，绿色K线代表下跌，它的收盘价格低于开盘价格（见图7—2）。

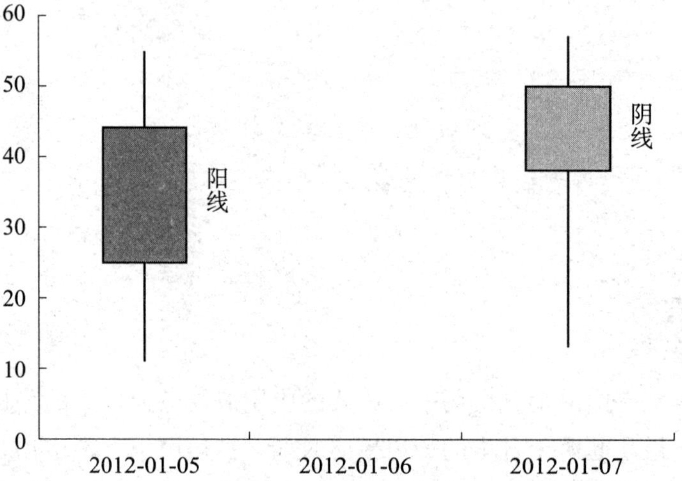

图7—2 阳线和阴线

开盘价指的是每个交易日第一笔成交的成交价格，收盘价是指当日最后一笔成交的成交价格，最高价和最低价分别是当天最高的成交价格和最低的成交价格。成熟的投资者在这四个价格中，最关心的是收盘价，因为股票最终的成交价格才是一天的最终结果。人们经常说的股票价格一般指的也是股票当日的收盘价。

一根K线记录着一天股票的价格变动情况，将每一天的K线连起来就构成我们的所说的K线图形，K线图形体现了过去股票价格走势的一个趋势。

在运用K线进行实战投资的过程中，我们必须学习好K线，这一前提是我们必须掌握K线的分析三要素。

(1) 阴阳K线数量代表总体趋势。

在实际的K线图形分析中，我们可以清晰地发现，在明显的上涨行情中，阳线的数量远远多于阴线的数量，如果我们发现在后面的一段时间内，阴线的数量明显多于阳线的数量，那么很可能总体趋势可能已经发生了改变，这个时候我们必须提高警惕。在实战过程中，如果在上涨过程中，发现了阴线的形成，这个时候一般来讲是非常好的建仓时机，这个时候买进风险相对较低，能得到更高的收益；反之在下跌的过程中，遇到阳线应该采用卖出股票的操作。

（2）实体大小表明内在动力和趋势的强弱。

K线实体的大小直接反映的是当日开盘价和收盘价的距离，说明当日股价波动的剧烈程度。阳线从小阳、中阳到长阳，表示的是股价的多方力量越来越强，股价上涨力度较大；阴线从小阴、中阴到长阴，表示的是股价空方力量越来越强，股价下跌力度越大（见图7—3）。

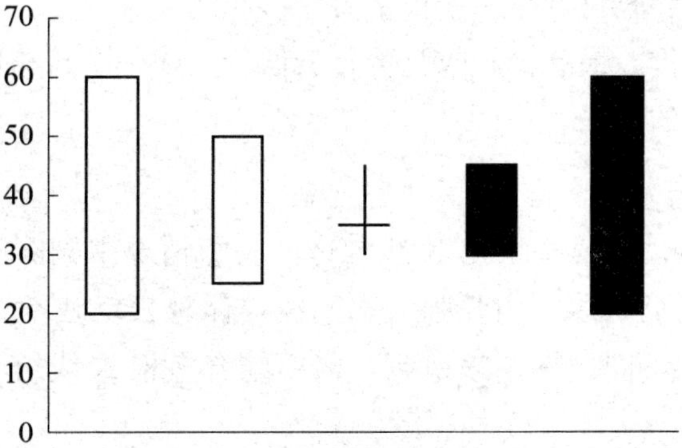

图7—3 K线强弱图

（3）影线长短反映转折意愿强弱。

在K线实体不变的前提下，上影线和下影线的长短表示当日股价震荡幅度，当日多空双方争夺的剧烈程度强。影线越长代表转折信号越强烈，上影线越长，说明多方力量有可能减弱，抛压增强，有可能出现见顶信号；下影线越长，说明空方力量有可能减弱，买方力量增强，有可能出现见底的信号。

在实战的过程中，K线图中影线的长短一般是一个循序渐进的过程，如果发现有影线的出现就应该小心了，如果出现上下影线的特别情况，需要密切关注股价是否会出现转折。

（二）K线的主要形状

K线形状的大小完全取决于当天开盘收盘价格，最高价最低价的高低。四种价格不同的情况，可以形成不同的K线形态（见图7—4）。

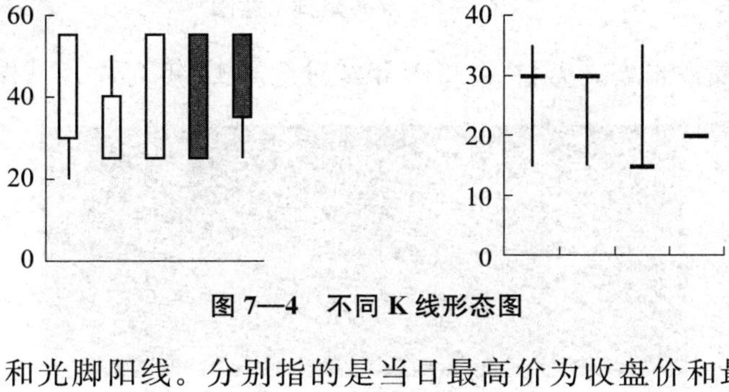

图7—4 不同K线形态图

（1）光头阳线和光脚阳线。分别指的是当日最高价为收盘价和最低价为开盘价的情况。

（2）光头光脚阳线和光头光脚阴线。分别指的是当日最高价为收盘价，最低价为开盘价；当日最高价为开盘价，最低价为收盘价的情况。

（3）光头阴线。指的是当日开盘价为最高价的情况。

（4）十字星。当日开盘价和收盘价都是同一个价格。

（5）T 字形和倒 T 字形。当日开盘价、最高价和收盘价是同一个价格时，形成 T 字形，当开盘价、最低价和收盘价是一个价格时，形成倒 T 字形。

（6）一字形。开盘价、最高价、收盘价、最低价是同一个价格时，形成一字形。这种情况形成于股票涨跌停的情况。

（三）K 线形态的应用

K 线的应用过程中，主要是根据 K 线实体的长短情况来判断买卖双方力量强弱的一个关系，阳线实体越长反映多方力量强大，阴线实体越长反映空方力量强大。在具体的使用中，K 线可以放在不同周期中来研判，需要结合多根 K 线组合来判断买卖双方力量强弱。

在实战过程中，单根 K 线的运用相对较少，单根 K 线尽量放在周期更大一个层次上来理解，比如周 K 线级别。

K 线组合中，主要有看涨和看跌形态两大类。下面我们用集中明显的看涨看跌的形态来表示多空具体情况。

穿头破脚形态（见图 7—5）。这两种图形在股票行情价格出现以后，需要提高警惕，可能在走势上发生改变。在实战中尽量放在大周期框架下准确率更高。

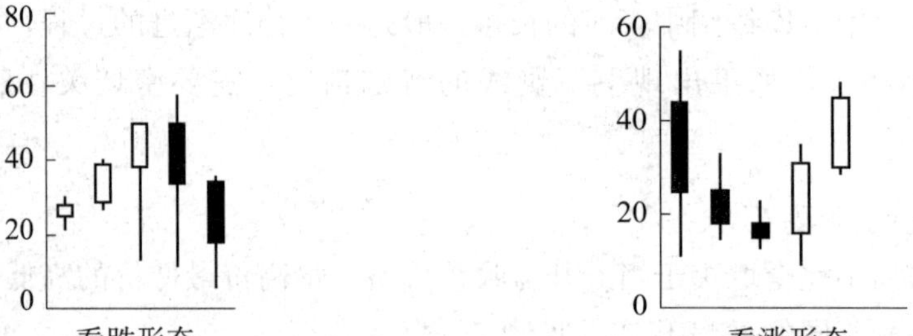

图 7—5　穿头破脚示意图

实战案例一：看跌形态。万科 A 2013 年 2 月至 2014 年 2 月 K 线图（见图 7—6）。

图 7—6　万科 A 的 K 线图

从 2013 年 5 月开始出现穿头破脚看跌形态后，万科 A 股票股价一直处于下跌形态。下跌幅度超过 50%，下跌时间达到 7 个月。图 7—6 显示的图形采用的周线图，在周线图中穿头破脚的形态准确性相对较高。

实战案例二：看涨形态。合众思壮 2013 年 5 月至 2014 年 2 月 K 线图（见图 7—7）。

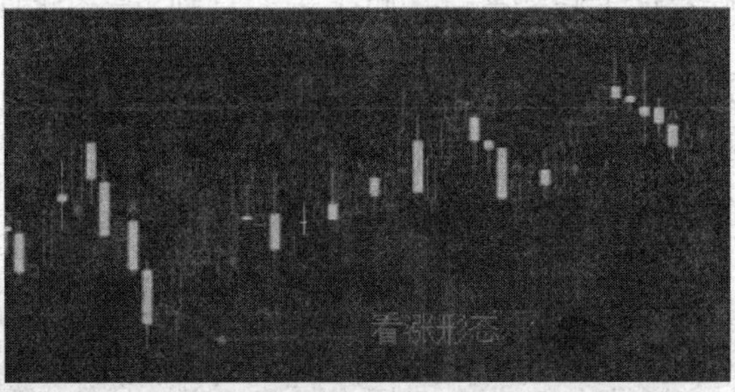

图 7—7 合众思壮的 K 线图

从 2013 年 5 月开始估计出现了一波下跌，在 2013 年 7 月出现了穿头破脚的看涨形态，后面持续了 6 个月的上涨周期。同样该周期为周线 K 线图形。

K 线的组合还有很多种，比如曙光出现、覆盖线、旭日东升、十字星、平底以及平顶等各种形态，它们代表的含义不一样，但是都是通过 K 线的形态来达到判断多空双方力量强弱的一个方法，这些形态具体情况可以在证券行情软件上进行研究。

二、切线理论

金融市场的投资活动中，大家耳熟能详的一句话就是“趋势交易”。技术分析的核心就是趋势交易，那么在技术分析里面，识别趋势就是重中之重。切线理论的运用中包括趋势线、通道线、支撑压力线、百分比线等，它们的理论核心就是试图通过一种方法找到当前证券价格运行的趋势。

（一）识别趋势

简单理解，趋势就是在一定时期内股价运行的方向，包含着上升趋势和下跌趋势。

趋势在实际的投资活动中，可以说是稀缺的，同时也是不可逆的。一般情况下，市场主要以两种情况运行，一种是趋势运行，另一种是震荡运行。大多数行情下，很多投资者容易看不清趋势，原因就是大多数行情处于震荡运行，同时又是朝着某一个方向运行，这种运行的方式给很多投资者带来了困惑。证券的价格在某一段时间内会按照一个方向运行，中间会有波折，在图形上就表现为是一个波峰与波谷的交替进行。

如果我们确定了证券价格的上升或者下跌趋势，此时的价格变动方向一般会朝着这个方向持续下去。在价格上升的过程中，也会有下跌存在，但是不会改变上升这个大方向，它的具体价格表现是：在上升过程中，最高价格不断创出更高的价格，最低价格不断创出更高的价格。在价格下跌的过程中，也会有价格上涨的存在，同样不会改变下跌这个大方向，它的具体价格表现是：在下跌的过程中，最高价格不断创出更低价格，最低价格不断创出更低价格。

技术分析的理论依据中“证券价格沿着趋势运行”是所有技术分析的核心思想。说明趋势一旦形成，价格会按着这个趋势一直运行下去，直到下一个趋势发生了改变。

（二）趋势的方向

有三种不同方向的趋势：上升趋势、下跌趋势和水平趋势。

上升趋势中，价格的表现是证券价格越来越高（见图 7—8）。

图 7—8　上升趋势图

下跌趋势中，价格的表现是证券价格越来越低（见图 7—9）。

水平趋势不是证券价格一字运动，主要指的是证券价格的波动空间相对较小。这种情况主要体现在震荡行情中。

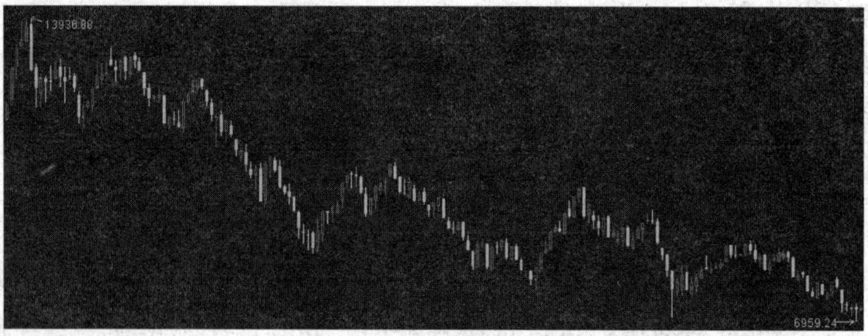

图 7—9　下跌趋势图

（三）趋势的应用

在识别趋势的过程中，我们需要借助一定的工具来识别趋势运动的轨迹，以此来判断趋势的运行方向。一般我们用趋势线、通道线、支撑压力线来识别判断趋势。

1. 趋势线

证券价格运行有两种趋势，即上升和下跌趋势。在上升和下跌趋势中，趋势线的画法不相同。在上升趋势中，我们通过连接证券价格的两个低点价格构成了上升趋势线，在下跌趋势中，我们通过连接证券价格的两个高点价格构成下跌趋势线，由此来判断证券价格运行的一个大致趋势（见图 7—10）。

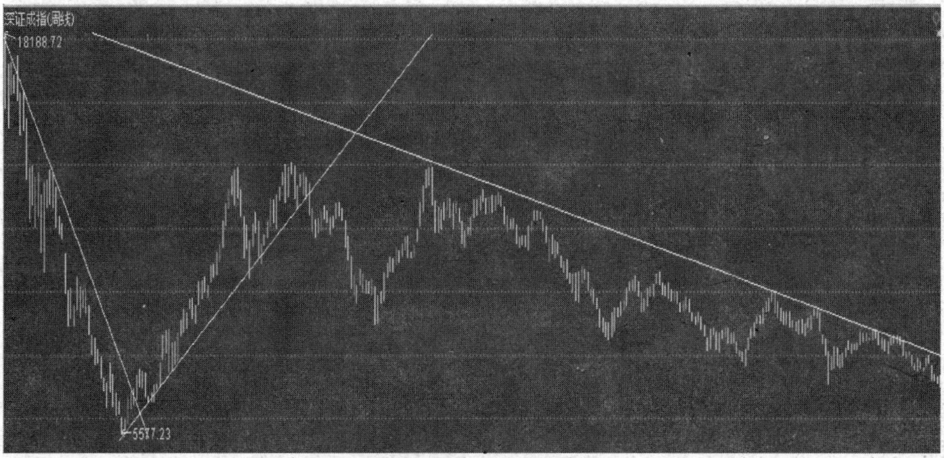

图 7—10　趋势线

从图中我们能够很明显地看出趋势线跟趋势的一致性，但是需要提醒的是，趋势线并不是指未来趋势的确定性，并不是趋势线画好了，未来趋势就一定是这样，趋势线的画法对判断证券价格运行方向有很大影响。

要得到一条有效的趋势线，需要投资者参照不同的信息，得到多方面的验证，验证得越多越有效。首先，我们必须在趋势形成初期就发现它。在实际的投资活动中，只有那些越早发现的趋势性机会，人们才能来得及参与其中，才会带来更高的回报。其次，在上升趋势形成初期，在找到的两个越来越高的低点画上趋势线以后，在这个趋势线附近，如果能找到更多的价格验证，说明我们的趋势线就越有效；同样在下跌趋势形成初期，我们在找到的越来越低的高点上画趋势线，在这个趋势线附近，能够找到更多价格验证，说明趋势线是有效的。

趋势线使用的时候必须注意两点：第一，证券价格会沿着趋势线（上下）波动，对以后价格波动有一定支撑或者压制作用。第二，一旦价格突破了趋势线，需要特别小心，这意味着价格走势很可能发生转向，以前趋势线起的支撑（压制）作用会起反作用。

2. 通道线

通道线也叫轨道线。其实它是基于趋势线的一种变形，上升（下跌）趋势线是将两个越来越高（低）的低点（高点）相连构成的，上升（下跌）通道线则是在上升（下跌）趋势线的基础之上，再增加一条以越来越高（低）的高点（低点）连接的一条趋势线，以此形成的通道线。图 7—11 分别表示下跌趋势线和上升趋势线，当价格突破原来的趋势的时候，趋势线的作用恰恰起到了反作用。

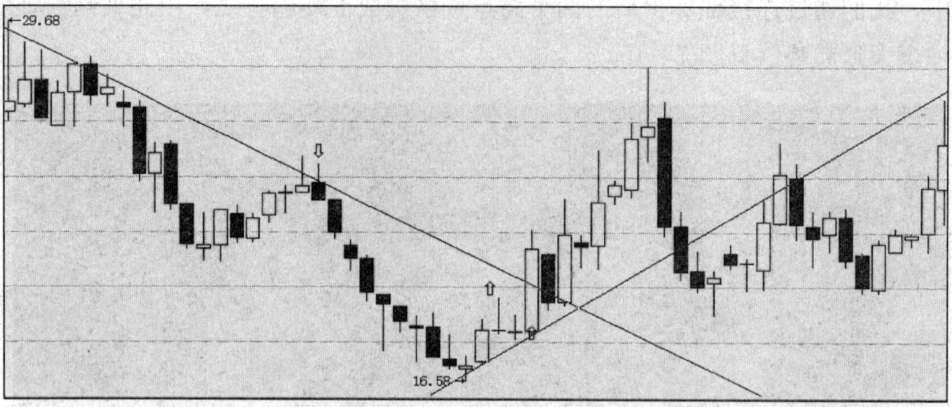

图 7—11 下跌趋势线与上升趋势线的转换

通过轨道线的画法我们得出通道线（见图 7—12）。

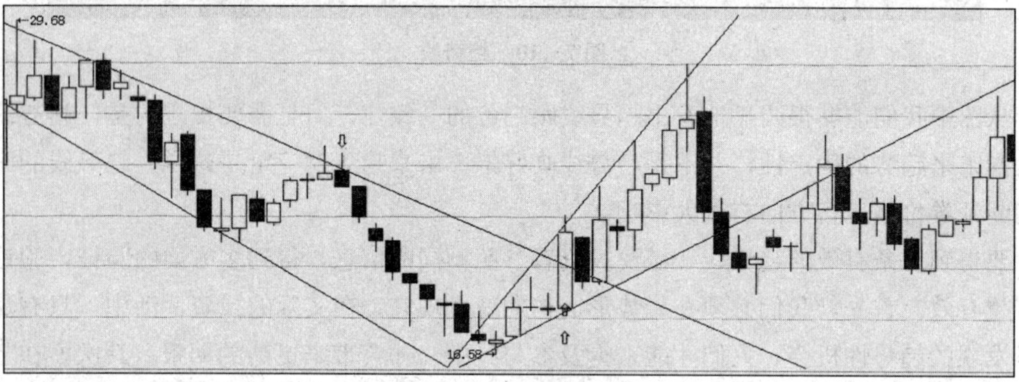

图 7—12 通道线

理论上的通道线是两条相互平行的直线形成的通道，然而在实际的证券价格行情走势上，很少能够找到规则的通道线走势，一般都会有一定的变形，这也给我们投资者在应用通道线进行投资决策的时候造成了误判。

通道线是对趋势线的一个验证的过程，用通道线来判断价格可能运行的一个价格区间。如果在大周期的价格形成的通道里，价格往往会在较长时间沿着趋势波动。

在实际运用的过程中，价格往往会突破通道线，这个时候意味着很可能出现价格加速，而不是趋势线的价格反转，这个是通道线与趋势线最大的差别。这个时候趋势线的表现为通道线的斜率越来越大，趋势线越来越陡峭，这是行情波动最大的阶段。这个时候，在上升的通道里面需要牢牢持股待涨，在下跌的通道里，果断卖出规避风险。

如果发现价格离通道线较远位置就发生转向，这种情况需要提高警惕，如果转向跌破下面支撑通道线，这往往是趋势可能转变的迹象。

通道线和趋势线是一对相互验证的分析方法。通道线是对趋势线的验证，通道线不能独立存在。

3. 支撑压力线

支撑压力线也称为抵抗线或者阻力线，它们会对当前或未来价格起到一定的支撑或者阻碍作用。它们以水平线出现在价格形成的密集区域或者出现在前期的高点或者低点，用来判断前期价格可能对当前价格的影响。

在实际应用过程中，需要注意如果价格有效突破支撑压力线，那么以前的支撑压力线就会变成了压力支撑线，对未来价格起到相反的作用（见图 7—13）。

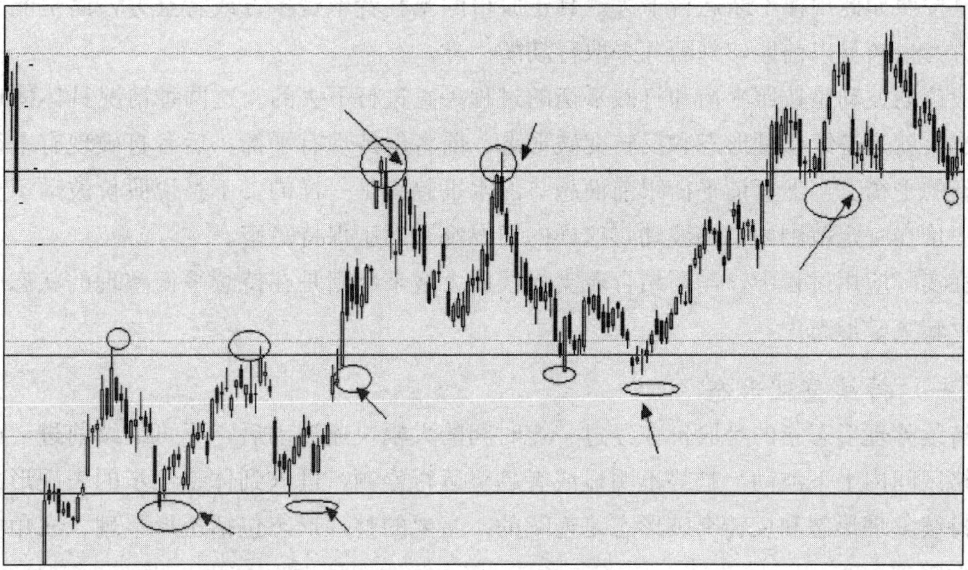

图 7—13　支撑压力线

我们能够很清晰地看出支撑线压力线在不同时间进行着转换，行情价格在运行的过程中需要支撑压力线的确认与修正。另外支撑压力线的使用，同样指的是某一个价格区间而非具体价格，投资者在使用支撑压力线判断支撑压力的时候，切勿用某一个价格来衡量，需要一个价格区间来作为价格突破或者反转的有效确认。

三、形态理论

单独的一根 K 线代表着一个点，多根 K 线构成的 K 线组合构成了一条线，很多条线的组合构成了一个 K 线的画面。在技术分析中 K 线的分析是基础，市场上有部分优秀的投资者单纯运用 K 线的研判也能有不错的投资成绩，这部分投资者大多数是通过学习 K 线，运用趋势线添加其他技术分析辅助指标，最后化繁为简将 K 线应用自如。但是 K 线更多的是一种短期有效的分析方法。为了弥补这种缺陷，我们往往通过增加 K 线的条数，让更多的 K 线组成一条曲线，一条条的 K 线就构成了 K 线图形。我们通过图形研究可以判断市场格局、多空力量、趋势变化，第一时间做出投资决策。类似于这种通过研究图形形态，来判断股票价格运行方向的方法就是形态理论。

股价是多空双方根据双方力量大小最终形成的一个均衡价格，股价就是在这个均衡价格上下来回波动。随着时间的持续，多空双方的力量会发生改变，原来形成的平衡会被打破。比如原来的均衡价格在多空双方控制之下，这时候空方一部分倒戈转向了多方，多方力量增强，股价上涨，多头获胜；如果这时候多头一部分倒戈转向空方，空方力量增强，股价下跌，空头获胜。随着新的多空双方力量重新的分配，又会形成一个新的均衡价格，这种有规律的多空力量拉锯可以如此描述：

股价在一定范围内持续整理，保持平衡—打破平衡—找到新平衡—再打破平衡……股价就是按照如此规律不断运行下去。真正股市的获胜者不是多方或者空方，而是能够在多空双方力量较量以前能够判断并采取行动的一方。

股价的波动是按照平衡和打破平衡的过程一直进行下去的。这两种情况具体体现在K线形态上就是持续整理形态和反转突破形态。前者保持现有平衡，后者打破现有平衡，再形成新的平衡。当然所谓平衡跟前面趋势的水平趋势是一样的，不是说股价波动不变，而是说股价在一定范围内窄幅波动，这样的情况都是属于保持平衡。

在实际应用过程中，需要结合着支撑线压力线来判断是在持续平衡整理的状态中，还是在反转突破形态中。

（一）持续整理形态

持续整理形态指的是股价在经过一定时间的大幅快速波动后，不再继续前进，而在一定价格区间内上下波动，趋势不明显或者趋势运行停顿，进入到休整停步的表现形式。股价的持续整理形态和反转突破形态是连续的。主要的整理形态包括矩形整理、三角整理以及旗形整理。

1. 矩形整理

矩形整理也叫箱体整理，是指股价在一定时期内的走势如果被限制在一个箱子里，这段时间股价在这个箱子的底部和顶部之间展开波动（见图7—14）。

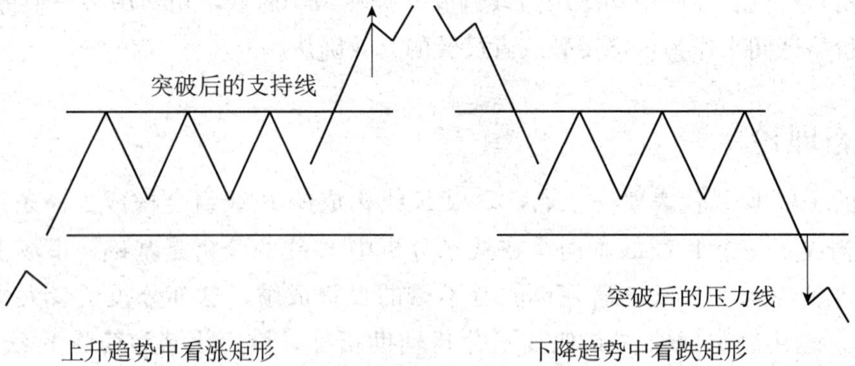

图7—14　矩形整理

收盘价在矩形的上边界或下边界以外时，矩形形态完成突破，并且突破方向应是原有的趋势，不过要警惕矩形有可能演化成反转形态。矩形向上突破后，原有的价格区间的上边界将演化成重要的支持。矩形向下突破后原有的价格区间的下边界将演化成重要的阻力。

2. 三角整理

三角整理也是属于持续整理的一种形态，是一种价格收敛形态，价格运行优势容易演化成趋势逆转信号。三角整理包含着对称三角形、上升三角形和下降三角形三种（见图7—15）。

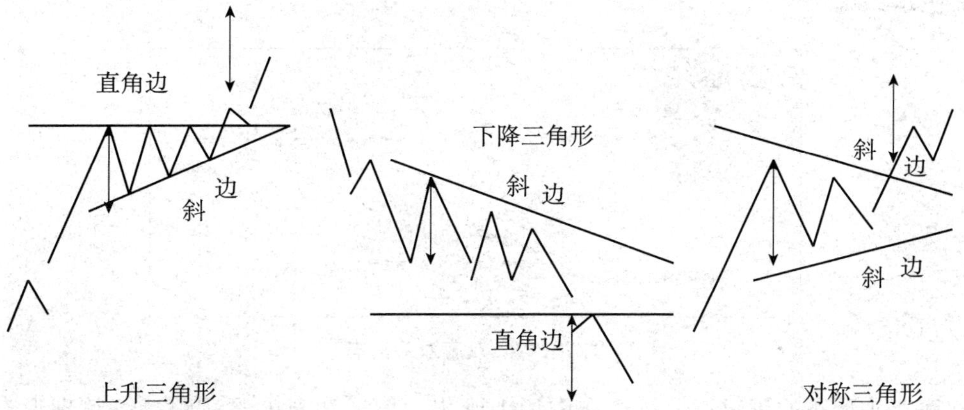

图 7—15　三角整理

三角形形态的买卖原则是：突破三角形上轨买入，突破下轨则卖出；在股价波动幅度越来越窄的同时，成交量也应该逐渐减少，但是在突破的时候需要成交量放大的配合。

3. 旗形整理

旗形整理一般会延续趋势的发展方向突破。一般突破后都有比较大的空间，应把握好突破位买入或卖出。为防止假突破，应严格止损。

上升旗形：在大幅上涨行情后，获利回吐，价格出现剧烈波动，把调整的高点和低点分别用一条直线连接就可以画出一个向下倾斜的长方形的旗面。直到形成新的向上突破，完成上升旗形走势。下降旗形，与之相反。如图 7—16 所示。

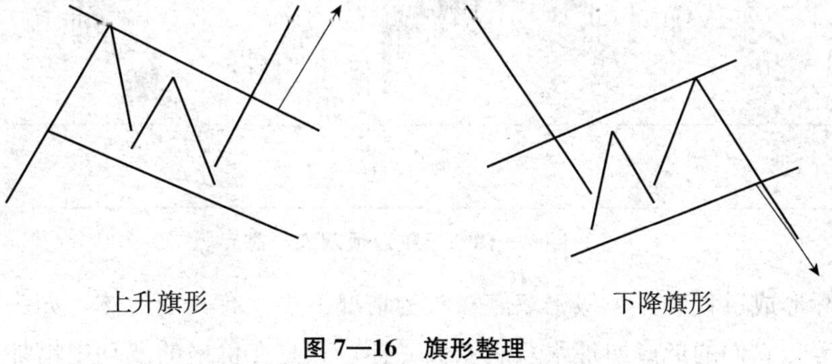

图 7—16　旗形整理

（二）反转突破形态

反转突破形态指的是股价由涨势或跌势转向至跌势或涨势的一种形态。它是用来衡量价格反转的重要标志。常见的形态有：双底双头形态、头肩顶及头肩底、圆弧底等。

双底形态又称“W”底，因为双底的过程类似于“W”字母。一般是市场经历过较长时间的下跌，一部分先知先觉的投资者买进，对价格起到支撑，形成第一个底部，随后价格再次下跌，到前期底部位置，投资者继续买进形成第二个底部，并继续推高股价的一个情况。双顶也叫“M”顶，其形成过程跟“W”底情况相反。如图7—17 所示。

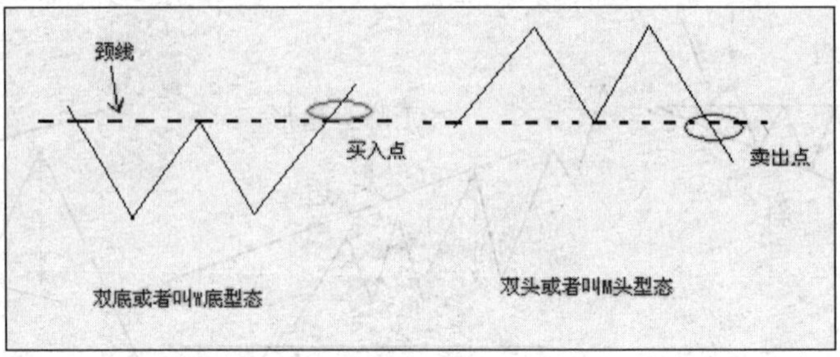

图 7—17　双底双头形态

双底双头形态的买卖点，已经在图形上画出，值得注意的是，跟持续整理形态一样，在反转突破形态中，突破的时候必须伴随着成交量的配合，这样才是比较安全有效的突破，否则容易形成虚假突破。

价格行情运行过程就是在持续整理与反转突破循环发展进行，我们掌握任何一种形态，另外一种便迎刃而解。

图 7—18 为菜粕经典的双顶双底形态。

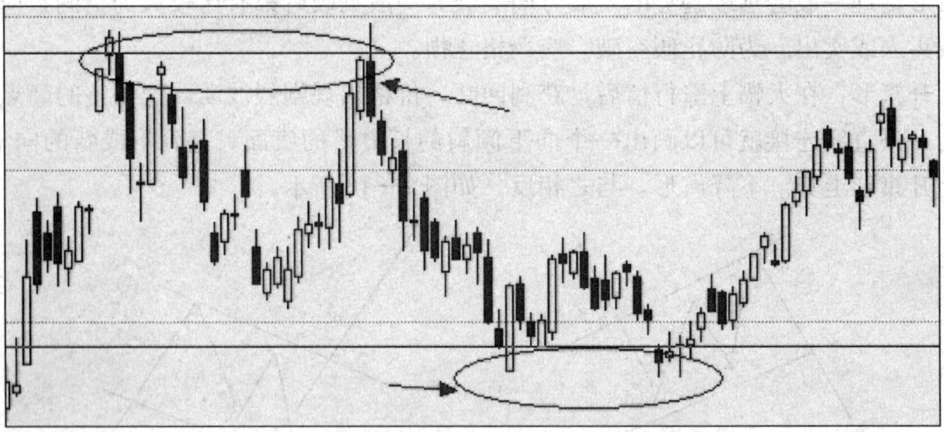

图 7—18　菜粕双顶双底形态

价格实际形成过程中，类似于双底双头的情况不多。有其变形体，如头肩底及头肩顶或者圆弧顶等，它们的形成原理跟双底双头一样，只是在价格的波动中增加了一部分而形成了别的形态。

任务三

掌握技术分析主要指标

任务描述

1. 查找巨量和大幅价格变动的股票，分析股价和成交量变动的关系，总结量价关系规律；

2. 通过股票行情软件，查找各种技术指标取值，选择摆动指标进行股票运行趋势分析。

相关知识

技术分析就是通过图表，借助图表工具来预测判断价格未来走势的可能性，在前面的理论介绍中，我们知道价格行情波动就是按照“保持平衡—打破平衡—找到新平衡—再打破平衡……”的规律进行。价格波动就是在价格突破与价格整理这两种情况进行，因而我们如果能够有效识别价格突破时候的情形和价格整理的情形，对于投资决策就更加容易。随着技术分析的普及，人们通过实践和计算，分别运用趋势指标来对付价格突破运行情况，用摆动指标来对付持续整理的情况。值得注意的是，在实际分析股票价格走势的时候，对成交量和成交价格关系的确认也是很重要的一点。

一、量价关系

成交量指的是在一定时间单位内成交的股票数量。成交价格波动幅度反映着多空双方的分歧，成交量也是对多空双方分歧的一个实际验证。成交量越大，说明市场交易活跃，交易强度越大；成交量同时是对价格的一种验证，如果股价经历过一段时间的整理，突然出现上涨，这个时候伴随着成交量的放大，说明股价突破的可能性是非常大的。一般来讲成交量会领先于价格波动，一些先知先觉的投资者提前介入，此时不会通过股价表现出来，却会通过成交量表现。

研究成交量与价格的关系，需要我们将不同成交量放在股票价格运行的不同区域来研判未来可能的价格运行走势。表 7—1 体现的是成交量在股票运行不同阶段采用的操作策略。

表 7—1　　量价关系与策略

量价关系 / 行情区域	表现形式	基本特征	操作策略
底部形成区	价跌量缩 价跌量增	量价配合 量价背离	低吸
上升初始区	价升量增 价跌量缩	量价配合	追涨、买进
上升整理区	量价无明显变化		低吸、高抛
顶部形成区	天价天量 价平量增、价升量平	量价配合 量价背离	高抛 高抛、持币观望
下跌形成区	价跌量增 价跌量缩	量价背离 量价配合	杀跌、持币观望
下跌整理区	价升量缩，价跌量增	量价背离	高抛低吸
再度底部形成区	地价地量	量价配合	观望、低吸

二、摆动指标

技术分析的核心就是试图通过技术分析找到未来证券价格运行的趋势。我们前面介绍的趋势线、支撑压力线、通道线都是趋势研判的分析方法。随着计算机的普及，从早期的随机指标（KDJ）、威廉指标（WR）到形形色色的各种技术指标，我们可以把技术指标分为三类：趋向类、概率类、能量类。由于指标繁多，我们这里着重介绍均线系统的使用。

所有对趋势有指导意义的指标都可以当做趋势的指标，均线是目前运用人数最多，也是最成熟的趋势指标。

均线就是将某个时间段内，所有股票价格变动的平均值连成线。均线对股价有着巨大的助涨助跌作用。股价在均线以上，均线对股价起着支撑，投资多头坚定信心做多，助长股价上涨；股价在均线以下，均线起着压制作用，投资空头积极做空，股票遭受抛压，股价下跌。在股票市场有句名言，“是底不反弹，反弹不是底”，就是说明均线对股价作用的体现。

（一）均线的应用法则

均线的使用是通过平均价格来完成的，美国著名股票分析技术大师葛兰碧根据 200 日均线与股价的关系提出买卖股票的八条法则，世人称之为“葛兰碧八大法则”。

（1）移动平均线从下降逐渐走平且略向上方抬头，而股价从移动平均线下方向上方突破，为买进信号。

（2）股价位于移动平均线之上运行，回档时未跌破移动平均线后又再度上升时为买进时机。

（3）股价位于移动平均线之上运行，回档时跌破移动平均线，但短期移动平均线继续呈上升趋势，此时为买进时机。

(4) 股价位于移动平均线以下运行，突然暴跌，距离移动平均线太远，极有可能向移动平均线靠近（物极必反，下跌反弹)，此时为买进时机。

(5) 股价位于移动平均线之上运行，连续数日大涨，离移动平均线越来越远，说明近期内购买股票者获利丰厚，随时都会产生获利回吐的卖压，应暂时卖出持股。

(6) 移动平均线从上升逐渐走平，而股价从移动平均线上方向下跌破移动平均线时说明卖压渐重，应卖出所持股票。

(7) 股价位于移动平均线下方运行，反弹时未突破移动平均线，且移动平均线跌势减缓，趋于水平后又出现下跌趋势，此时为卖出时机。

(8) 股价反弹后在移动平均线上方徘徊，而移动平均线却继续下跌，宜卖出所持股票。

（二）均线组合

葛兰碧八大法则注重的是单根均线，随着分析的不断完善，人们利用多根均线来研判价格运行趋势，通过均线组合分析确认多空双方力量强弱。在多根均线的应用过程中，我们必须掌握“中长期均线确认主导趋势方向，确认多空市场”。在均线组合应用过程中，还必须认识“金叉”、“死叉”、“上穿”、“下穿”的不同（见图 7—19)。

图 7—20 中四种图形真正的买进图形是“金叉”图形，很多投资者将“下穿”也当做“金叉”的均线组合导致误判，引起了投资失误。

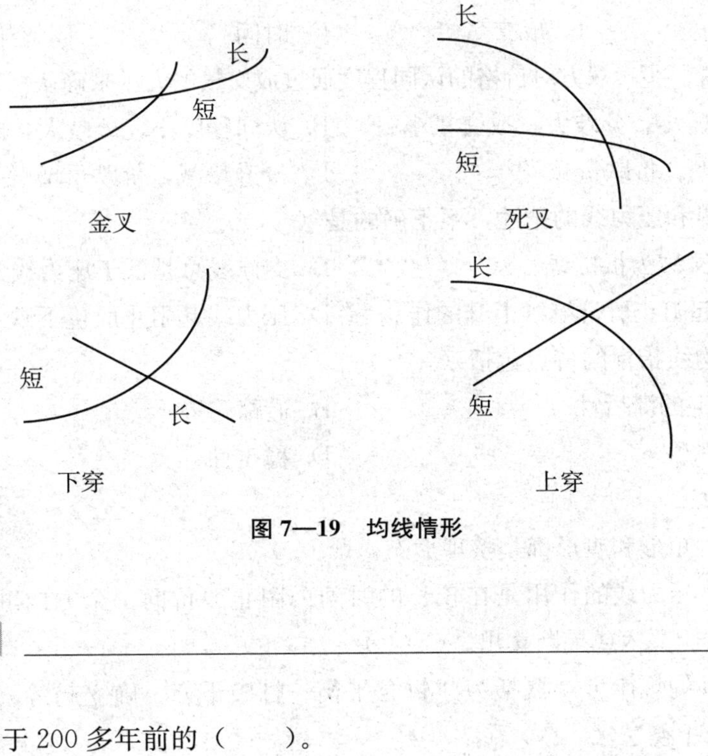

图 7—19 均线情形

技能训练

一、单选题

1. K 线起源于 200 多年前的（ ）。

A. 中国　　B. 美国　　C. 英国　　D. 日本

2. 进行证券投资技术分析的假设中，从人的心理因素方面考虑的假设是（　　）。

A. 市场行为涵盖一切信息　　B. 证券价格沿趋势移动

C. 历史会重演　　D. 投资者都是理性的

3. 在K线理论中的四个价格中，（　　）是最重要的。

A. 开盘价　　B. 收盘价　　C. 最高价　　D. 最低价

4. 在上升趋势中，将（　　）连成一条直线，就得到上升趋势线。

A. 两个低点　　B. 两个高点

C. 一个低点，一个高点　　D. 任意两点

5. 股市中常说的黄金交叉是指（　　）。

A. 短期移动平均线向上突破长期移动平均线

B. 长期移动平均线向上突破短期移动平均线

C. 短期移动平均线向下突破长期移动平均线

D. 长期移动平均线向下突破短期移动平均线

二、多选题

1. 技术分析是以一定的假设条件为前提的，这些假设是（　　）。

A. 市场行为涵盖一切信息　　B. 价格没趋势移动

C. 历史会重演　　D. 投资者都是理性的

2. 技术分析的要素包括（　　）。

A. 价格　　B. 成交量　　C. 时间　　D. 空间

3. 一般来说，买卖双方对价格的认同程度通过成交量的大小来确认，具体为（　　）。

A. 认同程度小，分歧大，成交量小　　B. 认同程度小，分歧大，成交量大

C. 价升量增，价跌量减　　D. 价升量减，价跌量增

4. 关于支撑和压力线的论述，不正确的是（　　）。

A. 支撑线又称为抵抗线　　B. 支撑线总是低于压力线

C. 支撑线起阻止股价继续上升的作用　　D. 压力线起阻止股价下跌或上升的作用

5. 移动平均线指标的特点包括（　　）。

A. 具有一定的滞后性　　B. 追踪趋势

C. 助涨助跌性　　D. 稳定性

三、判断题

1. 三角形、矩形和旗形都是整理形态。（　　）

2. 支撑线和压力线的作用是在较长的时间内阻止股价向一个方向继续运动，所以应当在这根线上大胆买入或果断卖出。（　　）

3. 股价移动的规律可以概括为“暂时平衡—打破平衡—确立趋势—趋势延续—打破趋势—找到新的平衡”。（　　）

4. 趋势线被突破后，说明股价下一步的走势将要反转，越重要越有效的趋势线被突破，其转势的信号就越强烈。(　　)

5. 由于涨跌停板制度限制了股票一天的涨跌幅度，使多空在一个较小的范围内较量，所以不容易形成单边势。(　　)

四、实作题目

1. 搜集某只股票的相关信息，识别K线图形，判断出看涨、看跌形态。

2. 通过行情软件学习，通过量价关系，判断某只股票上升、下跌动力强弱。

项目八

基本分析法

学习目标

1. 掌握基本分析法的概念，了解基本分析法的具体方法；
2. 掌握宏观分析法的要点；
3. 掌握行业分析的方法和生命周期理论；
4. 掌握企业分析法的多种方面特别是财务分析方法。

项目导言

本项目主要介绍基本分析法。基本分析法就是利用丰富的统计资料，运用多种多样的经济指标，采用比例、动态的分析方法，从研究宏观的经济环境开始，逐步开始中观的行业兴衰分析，进而根据微观的企业经营、盈利的现状和前景，对企业所发行的股票作出接近现实的客观评价，并尽可能预测其未来的变化，作为投资者选购的依据。由于它具有比较系统的理论，受到学者们的认可，成为股价分析的主流。

项目导入

2013 年 11 月 15 日，十八届三中全会通过的《中共中央关于全面深化改革若干重大问题的决定》对外发布，其中提到“坚持计划生育的基本国策，启动实施一方是独生子女的夫妇可生育两个孩子的政策”，这标志着“单独二孩”政策将正式实施。

请思考这一政策会影响到哪些行业的股票价格。

任务一 了解基本分析法

任务描述

1. 搜集某只股票数年的价格信息，画出价格信息图；
2. 分析股价变化与对应时间段的宏观经济形势之间的关系。

相关知识

一、基本分析法简介

所谓基本分析方法，也称为基本面分析方法，是指证券投资分析人员根据经济学、金融学、财务管理学及投资学的基本原理，通过对决定证券投资价值及价格的基本要素如宏观经济指标、经济政策走势、行业发展状况、产品市场状况、公司销售和财务状况等的分析，评估证券的投资价值，判断证券的合理价位，从而提出相应投资建议的一种分析方法。

基本分析法在股票方面应用最广泛，本任务重点以股票为例进行阐述。

股票的基本分析法是指把对股票的分析研究重点放在它的内在价值上。股票价值在市场上所表现的价格，往往受到许多因素的影响而频繁变动。因此一种股票的实际价值很难与市场上的价格完全一致。如果某一天受到非常规因素的影响，价格背离了价值，又加上某些投资者的恐慌心理，必然会造成股市混乱，甚至形成危机。如在市场上发现某种股票估价过高，必然竞相出手，如另一种股票估价过低，则肯定引起投资者的抢购。影响股票价值的因素很多，最重要的有三个方面：一是全国的经济环境是繁荣还是萧条。二是各行各业如农业、工业、商业、运输业、公用事业、金融业等的状况如何。三是发行该股票的企业的经营状况如何，如果经营得当，盈利丰厚，则它的股票价值就高，股价相应也高；反之，其价值就低，股价就低。

股票价格是股票在市场上出售的价格。它的具体价格及其波动受制于各种经济、政治等方面的因素，并受到投资心理和交易技术等的影响。概括起来，影响股票价格及其波动的因素，主要可以分为两大类：一个是基本因素，另一个是技术因素。

所谓基本因素，是指来自股票市场以外的经济、政治因素以及其他因素，其波动和变化往往会对股票的市场价格趋势产生决定性影响。一般来说，基本因素主要包括经济性因素、政治性因素、人为操纵因素和其他因素等。

股票在市场上的买卖价格，是每一个投资者最关心的问题，自从有了股票市场，各种股票分析专家和资深的投资者便孜孜不倦地探求分析和预测股价的方法；有些人从市场供需关系入手，演变成股价技术分析方法；有些人从影响股价的因素关系分析入手，形成了股价基本分析方法。对于股价的技术分析理论及方法，我们已在项目七详细说明。这里介绍股价的基本分析方法。

二、投资基本分析的必要性

股票属于风险性资产，其风险由投资者自负，所以每一个投资者应谨慎行事。高收益带来的也是高风险，在从事股票投资时，为了争取尽可能大的收益，并把可能的风险降到最低限度，首先，我们要做的就是认真进行股票投资分析。这样在买卖过程中，我们才能看到可能发生的风险，及时避开隐蔽的陷阱，确保投资安全。

其次，股票投资是一种智慧型投资。长期投资者要注重基本方法，短期投资者则要注重技术分析。而要在股市上进行投资，对时机的把握需要投资者综合运用自己的知识、理论、技术以及方法详尽地周密分析，进行科学的决策，以获得有保障的投资收益。这与盲目的、碰运气的赌博性投资行为有根本的区别。

最后，从事股票投资要量力而行，适可而止。要时刻保持冷静的头脑，坚决杜绝贪念，要想到，哪怕只有一次要赌一把的热血来潮的冲动，也会让你追悔莫及的。

投资者在进行股票投资分析时往往会受到资讯不足、分析工具不全、个人分析能力有限等问题的制约，因此，投资者除自行分析外，还应参考外界力量对股票投资所作的分析，作出正确的判断。由于股票投资分析是一个复杂的过程，考虑问题时我们应采取从宏观到微观，由远及近的步骤进行。

第一步：必须对整个国民经济的运作，包括生产、流通、服务等各个部门作出详细的分析，以便了解国民经济各部门、各地区所处的增长阶段与其发展趋势，从而明确成千上万个具体的企业，了解它们在经济大环境下和所属行业的特色下所从事的具体经济活动。

第二步：对发行股票的企业进行分析。因为股票是由不同的企业发行的，每个企业各有特点，要了解它，就应从股票发行企业的经济状况和财务状况入手，看其资本强弱、技术实力、获益多寡、偿债能力、成长潜力，等等，从而对股票发行企业作出恰如其分的判断与评价。同时，结合分析其股票本身的历史走势，看它在市场价格变动与企业财务状况相关联的特点及变化轨迹，股票交易量和价格变动、市场价格变动的对应关系，并运用各种分析的结果预测股票未来变化的特点及走势。

第三步：对股票市场状况进行分析。股票市场作为一个整体的表现，可能与基本分析的结果相一致，但也并不一定与之完全相同，某一股票的市场行为常常与基本经济所表现的状况相反，整个股市的经济状况和国民经济现状可能都是好的，但某种股票的市场价格可能反而下降；相反的，国民经济的基本状况可能并不好，但整个股票市场可能却很兴旺。总体来说，股票市场作为一个整体，其行为可能与基本投资分析所期望的不一样。股票市场有自己的好恶，投资者和投机者往往偏爱某些行业中的某些股票，不愿意投资到另一些行业中的某些股票，这种情况可能会使市场趋势与整个国民经济背道而驰。但这种行为通常是短期现象，投资者不应忽视其中可能产生的得失。同时，股票市场的趋势可能领先于经济状况。不过市场作为一个整体，对每种股票价格的变动起决定性的影响。所以，有必要把个别股票的预测与整个股市的预测联系起来，互相对照，以提高个别股票价格预测的准确性。

三、影响因素

（一）经济周期

人们常说，股票市场是经济的“晴雨表”。也就是说股价变动不仅随经济周期的变化而变化，同时也能预示经济周期的变化。实证研究显示，股价的波动超前于经济波动。往往在经济还没有走出谷底时，股价已经开始回升，这主要是由于投资者对经济周期的一致判断所引起的。我们通常称股市是虚拟经济，现实经济为实体经济，两者相互照映。

由于受资源约束、人们预期和外部因素影响，经济运行不会是一直处于均衡状态。经常出现的情况是不均衡状态。相应地，股市也具有上下波动运行的特点。

当社会需求随着人口增加、消费增加等因素而不断上升的时候，产品价格、工人工资、资本所有者的投资冲动都会增加，连带出现的情况是投资需求增加，市场资金价格（即利率）上涨。工资的增加又使得个人消费再度增加。企业投资的增加和个人可支配收入增加，使实体经济质量不断提高，企业效益不断上升，经济发展得到进一步刺激。当经济上升到一定程度时，社会消费增长速度开始放缓，产品供过于求，企业开始缩小生产规模，社会上对资金需求减少，资金价格下落，经济进入低迷状态。

当实体经济按照上述周期运行时，以证券市场表示的虚拟经济也处于周期运行之中，只是证券市场运行周期比实体经济周期更为提前。

（二）财政政策

财政是国家为实现其职能的需要对一部分社会产品进行的分配活动，它体现着国家与其有关各方面发生的经济关系。国家财政资金的来源，主要来自于企业的税收。其大小取决于物质生产部门以及其他事业的发展状况、经济结构的优化、经济效益的高低以及财政政策的正确与否，财政支出主要用于经济建设、公共事业、教育、国防以及社会福利，国家合理的预算收支及措施会促使股价上扬。财政规模和采取的财政方针对股市有着直接影响。假如财政规模扩大，表明国家采取积极的财政方针，股价就会上涨；相反，国家财政规模缩小，或者显示将要紧缩财政的预兆，则投资者会预测未来不景气而减少投资，因而股价就会下跌。虽然股价反应的程度会依当时的股价水准而有所不同，但投资者可根据财政规模的增减，作为辨认股价转变的根据之一。

财政投资的重点，对企业业绩的好坏也有很大影响。如果政府采取产业倾斜政策，重点向交通、能源、基础产业投资，则这类产业的股票价格就会上扬。财政支出的增减，直接影响与财政有关的企业，比如与电气通信、房地产有关的产业。因此，每个投资者应了解财政实施的重点。股价发生变化的时点，通常在政府的预算原则和重点施政还未发表前，或者是在预算公布之后的初始阶段。因此，投资者对国家财政政策的变化，也必须给予密切的关注，在财政政策变动的初始阶段，适时做出买入和卖出的决策。

（三）利率变动

为什么利率的升降与股价的变化呈反向运动的关系呢？这主要有三个原因：

（1）利率的上升，不仅会增加公司的借款成本，而且还会使公司难以获得必需的资金，这样，公司就不得不削减生产规模，而生产规模的缩小又势必会减少公司的未来利润。因此，股票价格就会下跌。反之，股票价格就会上涨。

（2）利率上升时，投资者评估股票价格所用的贴现率也会上升，股票值因此会下降，从而也会使股票价格相应下降；反之，利率下降股票价格则会上升。

（3）利率上升时，一部分资金从投向股市转向银行储蓄和购买债券，从而会减少市场上的股票需求，使股票价格出现下跌。反之，利率下降时，储蓄的获利能力降低，一部分资金又可能从银行和债券市场流向股市，从而增大了股票需求，使股票价格上升。

（四）汇率变动

外汇行情与股票价格有密切的联系。一般来说，如果一国的货币是实行升值的基本方针，股价便会上涨，一旦其货币贬值，股价即随之下跌。

在当代国际贸易迅速发展的潮流中，汇率对一国经济的影响越来越大。任何一国的经济都在不同的程度上受汇率变动的影响，汇率变动对一国经济的影响程度取决于该国的对外开放程度，随着各国开放度的不断提高，股市受汇率的影响也日益扩大。但最直接的是对进出口贸易的影响，本国货币升值受益的多半是进口业，也即依赖海外供给原料的企业；相反的，出口业由于竞争力降低，而导致亏损。可是当本国货币贬值时，情形恰恰相反。但不论是升值或是贬值，对公司业绩以及经济局势的影响，都各有利弊，所以，不能单凭汇率的升降而买入或卖出股票。

（五）物价变动

普通商品价格变动对股票市场有重要影响。一般来说，物价上涨，股价上涨；物价下跌，股价也下跌。具体分析商品价格对股票市场价格的影响，主要表现在四个方面：

（1）商品价格出现缓慢上涨，幅度不是太大，且物价上涨率大于借贷利率的上涨率时，这时，公司库存商品的价格上升，由于产品价格上涨的幅度高于借贷成本的上涨幅度，所以公司利润会上升，股票价格也会因此而上升。

（2）商品价格上涨幅度过大，股价没有相应上升，反而可能下降。这是因为，物价上涨引起公司生产成本上升，而上升的成本又无法通过商品销售而完全转嫁出去，从而使公司的利润降低，股价也随之降低。

（3）物价上涨，商品市场的交易呈现繁荣兴旺时，人们热衷于即期消费，使股价下跌；当商品市场上涨回跌时，反而成了投资股票的最好时机，从而引起股价上涨。

（4）物价持续上涨，引起股票投资者保值意识的作用加强，因此使投资者从股市中抽出资金，转而投向动产或不动产等保值强的物品上，带来股票需求量降低，因而使股价下跌。

（六）通货膨胀

通货膨胀是影响股票市场价格的一个重要宏观经济因素。这一因素对股票市场趋势的影响比较复杂，它既有刺激股票市场的作用，又有压抑股票市场的作用。通货膨胀主要是由于过多地增加货币供应量造成的。货币供应量与股票价格一般呈正比关系，即货币供给量增大使股票价格上升；反之，货币供给量缩小则使股票价格下降。但在特殊情况下又有相反的趋势。

货币供给量对股票价格的正比关系，有三种情况：

（1）货币供给量增加，一方面可以支持生产扶持物价，阻止利润下降；另一方面对股票的需求增加，又成为股价止跌回升的重要因素。

（2）货币供给量增加引起社会商品的价格上涨，股份公司的销售相应增加，从而使得以货币数量表现的股利（即股票的名义收益）有一定幅度的上升，使股票需求增加，股票价格也相应增加。

（3）货币供给量的递增引起通货膨胀，通货膨胀带来的往往是虚假的市场繁荣，最终出现企业利润上升的假象，保值意识使人们倾向于将货币投向贵重金属、不动产和短期证券，股票需求量也会增加，从而使股票价格相应增加。

由上述可见，货币供给量的增减，是影响股价的重要原因之一，货币供给量增加，扩大的社会购买力就会部分投资于股票上，从而把股价抬高。反之，如果货币供给量减少，社会购买力降低，投资就会减少，失业率就会增加，因而股价也必定会受影响。这是问题的主要方面。

但是，通货膨胀到一定程度，甚至超过了两位数，将会推动利率上涨，从而使股价下跌，这又是其对股价作用的另一方面。

总之，当刺激作用大时，股票市场的趋势与通货膨胀的趋势一致；当压抑作用大时，股票市场的趋势与通货膨胀趋势相反。

（七）政治因素

政治因素泛指那些对股票价格具有一定影响力的国际政治活动、重大经济政策的发展计划以及政府的法令、政治措施等。政治形势的变化，对股票价格也产生了越来越敏感的影响。其主要表现在：

（1）国际形势的变化。如外交关系的改善会使有关跨国公司的股价上升。投资者应在外交关系改善时，不失时机地购进相关跨国公司的股票。

（2）战争的影响。战争使各国政治经济不稳定，人心动荡，股价下跌，这是战争造成的广泛影响。但是战争对不同行业的股票价格影响又不同，比如，战争使军需工业兴盛，那么凡是与军需工业有关的公司的股票价格必然上涨。因此，投资者应适时购进军需及其相关工业的股票，售出容易在战争中受损的行业的股票。

（3）国内重大政治事件，如政治风波等也会对股票产生影响。政治事件先对股票投资者的心理产生影响，从而间接地影响股价。

（4）国家的重大经济政策，如产业政策、税收政策、货币政策对股票价格有重大影响。国家重点扶持、发展的产业，其股票价格会被推高；而国家限制发展的产业，股票价格会受到不利影响，例如，国家对社会公用事业的产品和劳务实行限价，包括交通运输、煤气、水电等，这样就会直接影响公用事业的盈利水准，导致公用事业公司股价下跌。货币政策的改变，会引起市场利率发生变化，从而引起股价变化。税收政策方面，能够享受国家减税、免税优惠的股份公司，其股票价格会出现上升趋势，而调高个人所得税，则会使社会消费水准下跌，引起商品的滞销，从而对公司生产规模造成影响，导致盈利下降，股价下跌。这些政策因素对股票市场本身产生的影响，是通过公司盈利和市场利率产生的，进而引起股票价格的变动。

（八）人为操纵

一般来说，在正常的股票市场上，能操纵股价的往往不是个人，而是一个大集团，如某些金融巨头运用手头的财势，在市场上兴风作浪，推波助澜，促使某些股票在市场上时而狂涨，时而暴跌，从而使他们在股票价格的剧烈波动中大发横财，而使一些中小股东在这场恶战中倾家荡产。

在股票市场中，操纵股价的方法是多种多样的，其中最常见最普遍的方法，就是一些金融集团在股市疲软之时，低价大量买进，然后设法哄抬价格，以便低进高出。一般在哄抬股价的过程中，仍在不断买进，并散发各种似是而非的谣言，以引诱散户跟进，从而使股市形成一种“利多”气氛效应，待股价达到相当高位时，再不声不响地将低价购进的股票卖出，这样大进大出就赚取了巨额暴利。相反的，某机构也可以在股价高峰，不断卖出，并设法压低行情，造成一种股价下跌的气氛，等股价低到某一价位时，再把高价卖出的股票全部买回，以达到高出低进的目的，这一出一进就可使操纵者获取暴利。

人为操纵的方法，主要是通过哄抬股价或压低股价来达到目的的。但不论哄抬或压低行情，都必须造成有利于诱惑散户盲目跟进的市场环境才行，最终获利的是操纵者，而吃亏的是盲目跟进的中小股东。所以，每个投资者要善于观风向，提高识别多头、空头陷阱的能力，在股市交易场所中保持清醒头脑和警惕性。

投资者对待人为操纵行情的最好方法是不要盲目跟进，认真研判股市大势，做到“任凭风浪起，稳坐钓鱼船”。

任务二 了解宏观经济分析法

任务描述

1. 搜集GDP、利率、物价、汇率等宏观经济指标；
2. 分析货币政策与宏观经济指标之间的关系；
3. 分析财政政策与宏观经济指标之间的关系。

相关知识

宏观经济分析方法以整个国民经济活动作为考察对象，研究各个有关的总量及其变动，特别是研究国民生产总值和国民收入的变动及其与社会就业、经济周期波动、通货膨胀、经济增长等之间的关系，因此宏观经济分析又称总量分析或整体分析。

一、宏观经济运行分析

宏观经济运行分析常用的指标主要是总产出、物价水平、经济周期、失业率等方面的相关指标。

用于衡量整个社会总产出的经济指标是国内生产总值（GDP），GDP是指一国或一地区在一定时间段（通常为一年）内所生产的最终产品和服务的市场价值的总和。理解GDP这一概念时应注意：

（1）这是一个流量指标，限定于某时间段，在计算时不应包括以前所生产的产品的价值；

（2）该指标是指最终产品的总值，不包含中间环节产品；

（3）最终产品不仅包括有形的产品，而且包括无形产品——劳务和服务；

（4）这是一个价值指标，要按这些产品的当期价格来计算；

（5）GDP 是一个生产概念，是一定时期内所生产的而不是售出的最终产品价值，而产出与销售的差定义为库存，即当年所生产的产品即使为库存，也应计入当年的 GDP。

整个社会的物价水平即通货膨胀问题，衡量指标主要是价格指数，常见的价格指数有：消费者价格指数、生产者价格指数与 GDP 平减指数。按照通货膨胀的严重程度，可将其分为爬行的通货膨胀、温和的通货膨胀、严重的通货膨胀、飞奔的通货膨胀、恶性的通货膨胀等多种；根据通货膨胀的原因，可以分为需求拉动型通货膨胀、成本推进型通货膨胀、混合型通货膨胀。

失业者是指在一定年龄范围内愿意工作而没有工作，并正在寻找工作的人。衡量一个经济中失业状况的最基本指标是失业率。失业率是失业人数与劳动力总人数的比例。一般而言，失业率高低与社会总产出反向相关。

经济周期（也叫商业周期、商业循环或经济循环）就是国民收入及经济活动的周期性波动。持续时间通常为 2～10 年，它以大多数经济部门的扩展或收缩为标志。经济周期可分为两个大的阶段：扩展阶段和收缩阶段。再具体点，又可分为四个阶段：繁荣、衰退、萧条、复苏。其中繁荣与萧条是两个主要阶段，衰退与复苏是两个过渡阶段。

二、货币政策分析

货币政策是指政府或中央银行为影响经济活动所采取的控制货币供给以及调控利率的各项措施，货币政策工具主要是通过银行为主的金融体系产生作用的。主要的货币政策工具有以下几个：

（1）公开市场业务：是指中央银行在金融市场上买进或卖出有价证券。买进有价证券实际上就是发行货币，从而增加货币供应量。卖出有价证券实际上就是回笼货币，从而减少货币供应量。

（2）贴现率政策：贴现是指商业银行向中央银行贷款的方式。商业银行向中央银行进行贴现所付的利息率称为贴现率。贴现政策包括变动贴现率与贴现条件，其中最重要的是调整贴现率。中央银行降低贴现率或放松贴现条件，使商业银行得到更多的资金，这样就可以增加对客户的放款，放款的增加又可以通过银行创造货币的机制增加流通中的货币供应量，降低利息率；反之，则减少整个社会的货币数量，提升资金成本。

（3）法定准备金制度：商业银行吸收的存款中用作准备金的比率称为准备率。中央银行变动准备率可以通过对准备金的影响来调节货币供应量。

从种类上看，主要有紧缩性和扩张性两种货币政策。前者适用于经济繁荣阶段，为了抑制总需求过旺，可以通过在公开市场卖出有价证券、提高贴现率并使贴现条件更严格、提高准备金率等措施减少社会的货币数量，提升资金成本，降低有效需求。在萧条时期，有效需求不足，为了刺激需求，可以通过在公开市场买进有价证券、降低贴现率并放松贴现条件、降低准备率等措施来增加消费、促进投资。

三、财政政策分析

财政政策是指政府变动财政收入和财政支出以影响社会总需求，进而调节就业和国民收入的政策，包含财政收入和财政支出两个方面。根据其作用和目的，一般可以分为赤字财政政策、紧缩财政政策、平衡性财政政策等种类。在萧条时期，总需求不足，所以政府应该增加政府支出、减少税收以便刺激总需求的扩大，减少失业。在膨胀时期，存在过度需求，会引起通货膨胀，所以政府应该减少政府支出、增加税收以便抑制总需求，控制通货膨胀。

任务三

了解行业分析法

任务描述

1. 选定某个行业，搜集该行业的厂商数量、产品数量、市场交易金额、地域分布等各种信息；

2. 对所选定的行业进行市场结构状态的判断；

3. 分析所选定的行业的发展情况与宏观经济周期之间的关系。

相关知识

一、行业分析的意义

宏观分析主要分析社会经济的总体状况，但没有对社会经济的各组成部分进行具体分析。社会经济的发展水平和增长速度反映了各组成部分的平均水平和速度，但各部门的发展并非都和总体水平保持一致。在宏观经济运行态势良好、速度增长、效益提高的情况下，有些部门的增长与国民生产总值、国内生产总值增长同步，有些部门高于或是低于国民生产总值、国内生产总值的增长。因此，宏观分析为证券投资提供了背景条件，但没有为投资者解决如何投资的问题，要对具体投资对象加以选择，还需要进行行业分析和公司分析。

二、我国证券市场的行业划分

（1）上证指数分类法。上海证券市场为编制新的沪市成分指数，将全部上市公司分为五类，即工业、商业、地产业、公用事业和综合类，并分别计算和公布各分类股价指数。

（2）深证指数分类法。深圳证券市场将在深市上市的全部公司分成六类，即工业、商业、金融业、地产业、公用事业和综合类，同时计算和公布各分类股价指数。

需要注意的是，我国的两个证券交易所为编制股价指数而对产业进行的分类显然是不完全的，这与我国证券市场发展状况有关。我国上市公司数量少，不能涵盖所有行业，例如，农业方面的上市公司就较为少见。但为了编制股价指数，从目前的情况来看，这些分类是适当的。

行业划分的方法多样。除上述的划分方法外，还有其他划分方法。例如，按资源集约度来划分，可把行业分成资本集约型行业、劳动集约型行业和技术集约型行业等。

三、行业的经济结构分析

行业的经济结构随该行业中企业的数量、产品的性质、价格的制定和其他因素的变化而变化。由于经济结构的不同，行业基本上可分为四种市场类型：完全竞争、不完全竞争和垄断竞争、寡头垄断、完全垄断。这部分知识可在经济学中获得，故不展开说明。

四、经济周期与行业分析

行业的经济周期一般都会对投资产生一定影响。我国将行业划分为以下几个类型：

（一）增长型行业

增长型行业的运动状态与经济活动总水平的周期及其振幅无关。这些行业收入增长的速率相对于经济周期的变动来说，并未出现同步影响，因为它们的增长主要依靠技术的进步、新产品的推出及更优质的服务。

在过去的几十年内，计算机和复印机行业表现了这种形态。投资者对高增长的行业十分感兴趣，主要是因为这些行业对经济周期性波动来说，提供了一种财富“套期保值”的手段。然而，这种行业增长的形态却使得投资者难以把握精确的购买时机，因为这些行业的股票价格不会随着经济周期的变化而变化。

（二）周期型行业

周期型行业的运动状态直接与经济周期相关。当经济处于上升时期，这些行业会紧随其扩张；当经济衰退时，这些行业也相应衰落。产生这种现象的原因是，当经济上升时，对这些行业相关产品的购买相应增加。例如消费品业、耐用品制造业及其他需求收入弹性较高的行业，就属于典型的周期性行业。

（三）防御型行业

这些行业运动形态的存在是因为其产业的产品需求相对稳定，并不受经济周期处于衰退阶段的影响。当经济衰退时，防御型行业或许会有实际增长。例如，食品业和公用事业属于防御型行业，因为需求的收入弹性较小，所以这些公司的收入相对稳定。

任务四

了解公司分析方法

任务描述

1. 选定自己熟悉或感兴趣的某家公司，谈谈影响其市场竞争力的因素有哪些；

2. 搜集该公司近几年的财务数据；

3. 运用盈利能力、偿债能力、发展能力、营运能力等相关财务指标计算判断该公司在财务方面的健康状况。

相关知识

一、公司竞争地位分析

欲投资的公司在本行业中的竞争地位是公司基本素质分析的首要内容。市场经济的规律就是优胜劣汰，在本行业中无竞争优势的企业，注定要随着时间的推移逐渐萎缩乃至消亡。只有确立了竞争优势，并且不断地通过技术更新和管理提高来保持这种竞争优势的企业才有长期存在并发展壮大的机会，也只有这样的企业才有长期投资价值。

（一）技术水平

决定公司竞争地位的首要因素在于公司的技术水平。对公司技术水平高低的评价可以从硬件部分和软件部分两类进行。

硬件部分如：机械设备，单机或成套设备；软件部分如：生产工艺技术、工业产权、专利设备制造技术和经营管理技术，具备了何等生产能力和达到什么样的生产规模，企业扩大再生产的能力如何，给企业创造多少经济效益等。另外，企业如拥有较多的掌握技术的高级工程师、专业技术人员等，那么就能生产质优价廉、适销对路的产品，企业就会有很强的竞争能力。

（二）市场开拓能力和市场占有率

公司的市场占有率是利润之源。效益好并能长期存在的公司市场占有率必然是长期稳定并呈增长趋势的。不断地挖掘现有市场潜力并不断进军新的市场，是提高市场占有率的主要手段。

（三）资本与规模效益

有些行业，比如汽车、钢铁、造船是资本密集型行业。这些行业往往是以“高投入，大产出”为行业基本特征的。由资本的集中程度而决定的规模效益是决定公司收益和前景的基本因素。以中国的汽车工业为例，中国汽车工业三巨头——一汽、二汽、上海大众迄今仍未达到国际上公认的规模经济产量，而在深、沪两地交易所挂牌的其他汽车生产企业在规模上又逊一筹。另外，全国还有许多年产量不到千辆的汽车厂，其前景更是不容乐观。因而在进行长期投资时，这些身处资本密集型行业，但又无法形成规模效益的厂家，一般是不在考虑范围之内的。

（四）项目储备及新产品开发

在科学技术发展日新月异的今天，只有不断进行产品更新、技术改造的企业才能长期立于不败之地。商海弄潮如逆水行舟，不进则退。一个企业在新产品开发上的停滞，相对于其他前进的企业，就是后退，很多“百年老字号”的倒闭都告诉人们这个道理。

二、公司的盈利能力及增长性分析

衡量公司现实的盈利能力，以及通过分析各种资料而对公司将来的盈利能力作出预测是投资者要掌握的一项重要方法。衡量公司盈利能力的指标有资产利润率、销售利润率及每股收益率。

三、公司经营管理能力分析

（一）各层人员素质及能力分析

1. 决策层

决策层是企业最高的权力机构，他们应有明确的生产经营战略和良好的经济素养，具备较高的企业管理能力和丰富的工作经验，有清晰的思维能力和综合判断能力。他们必须具备较强的法制观念，严格按照我国的法律、法规、政策行事，制定合规的生产经营策略和方向，有严明的组织纪律性，知人善用，坚持正确的经营方向。

2. 高级管理层

高级管理层人员应具有与该企业相关的技术知识，通晓现代化管理理论知识，有实际的管理经验，有较强的组织指挥能力，有扎实的廉政工作作风。

3. 执行层

执行层，即企业的最基层。各部门的任务要由执行层人员动脑动手操作实施，加以完成。对本层人员的基本要求是：了解本岗位工作范围，严格执行操作程序，操作技术娴熟，热爱本职工作，能保质保量完成和超额完成生产经营指标，能提出合理化建议，遵守企业规章制度，团结同志，品行端正。

（二）企业经营效率分析

企业产品的销售、生产原材料的供给、利润的获得都靠精干的经济活动部门去实现。他们必须按时、按量、廉价采购原材料或零部件，并把企业生产的产品及时地推销出去，打开国内外的市场，争取广大的消费者，得到尽可能高的利润。这些需要经营人员及时地进行产品宣传，利用各种信息媒介，分析市场行情，了解消费者的需求和消费心理，将综合信息以最快的速度、最敏捷的方式反馈到决策层，使企业适时地调整经营方向，生产适销对路的产品，从消费指导生产到生产引导消费，创造最佳业绩。

（三）内部调控机构效率分析

企业内部应当建立严格的管理制度，共同遵守办事程序和行为准则。人们对生产经营活动经验的总结，是对客观规律和自然规律的主观反映。人们在实践中逐渐认识了客观规律，把它条例化、文字化，通过一定的组织程序制定了各项办事规则和行为规范，这就形成了管理制度。对那些努力工作、忠于职守、表现突出、作出贡献的人，可按企业内部奖励条件予以表彰和提拔；对那些行为不轨、表现较差、没有业绩的，特别是不遵守规章制度、损害集体利益、破坏企业形象的人就应予以除名或调离工作岗位、降职降薪等，以调动广大员工的积极奉献精神，创造更多更好的经济效益，从而使企业内部各部门之间、上下级之间、员工之间和睦相处、精诚合作、尽职尽责。

我们可根据企业的具体经济目标，看企业内部各项规章制度是否订立，是否切实可行，各员工是否遵守，各部门是否都有自己的办事程序，是否分工明确、职责清楚，权利是否享受，义务是否履行，是否都熟悉自己的业务，技术水平、文化素质是否高，操作是否娴熟，是否善于处理复杂问题，是否能适应多变的环境等。据此，可对该企业内部调控机构作出总体评价。

（四）人事管理效率评估

人事管理是一门科学，它需要我们合理使用人才，挖掘人的智慧和发挥人的创造精神，做到用其所长，避其所短，同时还要积极教育培养各种专业技术人才，提高职工个人和整个职工队伍的技术和文化素质。另外，还要合理地安排生产劳动力，最大限度地减少浪费人力的现象。要根据企业生产经营需要增减机构，根据增减机构的实际情况做到因事设人。要合理地进行企业内部人才流动。要任人唯贤，稳定企业内部的有用人才和职工队伍。

（五）生产调度效率分析

生产调度要根据目标要求制定各项生产计划，合理地安排生产任务，适时地调整规模、产品品种、质量、规格、数量和产出时间。要严格按生产计划进度表办事，提高生产设备的利用率，充分发挥对各类生产设备的协调作用，及时保养、维修，保证生产的顺利进行。同时还要在保证质量的前提下增加产品的品种和产量，节约能源，降低单件成本，加强技术改造和技术更新，减少或杜绝残次产品，积极开发新产品，提高产品市场竞争力。还可以充分利用闲散或多余的设备，生产市场上需要的零星产品，增加企业的边际收益等。另外，要加强产品质量检测，防止不合格产品出厂，以保证企业的信誉，减少经营纠纷，确保企业最大效益。生产计划调度部门要有权威性，以确保对生产线和车间的指挥权与调度权，确保职工安全生产，实现企业总体计划目标。

四、公司财务分析

（一）公司财务分析的重要性

在股票市场中，股票发行企业的经营状况是决定其股价的长期的、重要的因素。而上市公司的经营状况，则通过财务报表反映出来，因此，分析和研究财务报表，也就是通常所说的基本分析的部分，就显得尤为重要了。

进行股票投资的投资者在研究如何衡量股价以前，应先了解发行公司的财务报表。不论买卖股票的动机是从事投资或进行投机，不论从事交易的方式为长线或短线交易，至少应懂得资产负债表及损益表上面各项数字所代表的含义，如果能进一步进行简单的财务比率分析，那就更能了解发行公司的营运情况、财务情况及盈利情况了。

从传统股票投资学的定义看，股价即为发行公司“实质”的反映，而发行公司的实质，就是它的营运情况、财务情况及盈利情况，最直接最方便的办法，便是从发行公司的财务分析着手。了解发行公司的财务状况和经营成效及其股票价格涨落的影响，是投资者进行决策的重要依据。

股票投资的财务分析，就是投资者通过对股份公司的财务报表进行分析和解释，来了解该公司的财务情况、经营效果，进而了解财务报告中各项的变动对股票价格的有利和不利影响，最终作出投资某一股票是否有利和安全的准确判断。因此，一般认为，财务分析是基本分析的一项重要组成部分。

（二）公司的获利能力

公司利润的高低、利润额的增长速度是其是否活力、管理效能优劣的标志。投资者购买股票时，当然首先是考虑选择利润丰厚的公司进行投资。所以，分析财务报表，先要着重分析公司当期投入资本的收益性。

（三）公司的偿还能力

这项分析从两个方面进行：一是分析其短期偿债能力，看其有无能力偿还到期债务，这一点需从分析、检查公司资金流动状况来判断。二是分析其长期偿债能力的强弱，这一点是通过分析财务报表中不同权益项目之间的关系、权益与收益之间的关系，以及权益与资产之间的关系来进行检测的。

（四）公司的经营能力

公司的经营能力即进行成长性分析，这是投资者选购股票进行长期投资最为关注的重要问题。经营能力是指通过企业生产经营资金周转速度的有关指标所反映出来的企业资金利用的效率，它表明企业管理人员经营管理、运用资金的能力。企业生产经营资金周转的速度越快，表明企业资金利用的效果越好，效率越高，企业管理人员的经营能力越强。营运能力分析包括流动资产周转情况分析、固定资产周转情况分析和总资产周转情况分析。

项目小结

基本分析又称基本面分析，是指证券投资分析人员根据经济学、金融学、财务管理学及投资学的基本原理，通过对决定证券投资价值及价格的基本要素如宏观经济指标、经济政策走势、行业发展状况、产品市场状况、公司销售和财务状况等的分析，评估证券的投资价值，判断证券的合理价位，从而提出相应投资建议的一种分析方法。

基本分析的理论基础是：任何金融资产的“真实”或“内在”价值等于这项资产的所有预期收益流量的现值。

基本分析主要包括三个方面的内容：(1) 宏观经济分析；(2) 行业分析与区域分析；(3) 公司分析。其中宏观经济分析主要探讨各经济指标和经济政策对证券价格的影响。行业分析和区域分析是介于宏观经济分析与公司分析之间的中观层次的分析，行业分析主要分析产业所属的不同市场类型、所处的不同生命周期以及产业的业绩对于证券价格的影响；区域分析主要分析区域经济因素对证券价格的影响。公司分析是基本分析的重点，公司分析主要包括四个方面的内容：一是公司竞争地位分析，二是公司的盈利能力及增长性分析，三是公司经营管理能力分析，四是公司财务分析。

基本分析的优点主要有两个：(1) 能够比较全面地把握证券价格的基本走势；(2) 应用起来相对简单。基本分析的缺点主要有两个：(1) 预测的时间跨度相对较长，对短线投资者的指导作用比较弱；(2) 预测的精确度相对较低。基本分析主要适用于以下几个方面：(1) 周期相对比较长的证券价格预测；(2) 相对成熟的证券市场；(3) 对于预测精确度要求不高的领域。

技能训练

一、单选题

1. 基本分析的理论基础建立在下列哪个前提条件之上？（　　）

A. 市场的行为包含一切信息、价格沿趋势移动、历史会重复

B. 博弈论

C. 经济学、金融学、财务管理学及投资学等

D. 金融资产的真实价值等于预期现金流的现值

2. 不以“战胜市场”为目的的证券投资分析流派是（　　）。

A. 基本分析流派　　　　B. 技术分析流派

C. 心理分析流派　　D. 学术分析流派

3. 下列哪项说法是正确的？（　　）

A. 投资者投资证券以盈利为目的，因此，在制定投资目标时，应以收益最大化为目标

B. 基本分析是用来解决“何时买卖证券”的问题

C. 投资组合的修正实际上是前面几步投资过程的重复，可以忽略不做

D. 组建证券投资组合时，投资者要注意个别证券选择、投资时机选择和多元化三个问题

4. 在宏观经济分析中，总量分析法是（　　）。

A. 动态分析

B. 静态分析

C. 主要是动态分析，也包括静态分析

D. 主要是静态分析，也包括动态分析

5. 反映资产总额周转速度的指标是（　　）。

A. 固定资产周转率　　B. 存货周转率

C. 总资产周转率　　D. 股东权益周转率

6. 长期负债与营运资金比率可以用来衡量公司的（　　）。

A. 资本结构　　B. 经营效率

C. 财务结构　　D. 偿债能力

7. 下列哪一项不是财政政策的手段？（　　）

A. 国家预算　　B. 税收　　C. 发行国债　　D. 利率

8. 当政府采取强有力的宏观调控政策，紧缩银根，则（　　）。

A. 公司通常受惠于政府调控，盈利上升

B. 投资者对上市公司盈利预期上升，股价上扬

C. 居民收入由于升息而提高，将促使股价上涨

D. 公司的资金使用成本增加，业绩下降

9. 在通货膨胀条件下，固定收益证券的风险要比变动收益证券（　　）。

A. 大得多　　B. 小得多　　C. 差不多　　D. 小

10. 下列属于选择性货币政策工具的是（　　）。

A. 法定存款准备金率　　B. 再贴现政策

C. 公开市场业务　　D. 直接信用控制

11. 下列哪项不属于上海证券交易所行业分类？（　　）

A. 工业　　B. 金融地产　　C. 农业　　D. 能源

12. 分析某行业是否属于增长型行业，可运用下列哪种方法？（　　）

A. 用该行业的历年统计资料来分析

B. 用该行业的历年统计资料与一个增长型行业进行比较

C. 用该行业的历年统计资料与一个成熟型行业进行比较

D. 用该行业的历年统计资料与国民经济综合指标进行比较

13. 反映公司合理运用资金的能力以及日常资金来源是否充分的报表是（　　）。

A. 资产负债表　　B. 损益表

C. 利润分配表　　D. 现金流量表

二、多选题

1. 下列关于各主要投资分析流派基本区别的描述中，正确的是（　　）。

A. 基本分析流派认为市场永远是对的

B. 技术分析流派只使用市场内的数据

C. 心理分析流派认为市场有时是对的，有时是错的

D. 学术分析流派以获得超过市场平均的收益率为投资目的，即“战胜市场”

2. 反映公司偿债能力的指标有（　　）。

A. 流动比率　　B. 速动比率

C. 已获利息倍数　　D. 应收账款周转率和周转天数

E. 产权比率

3. 下列关于基本分析流派和技术分析流派优缺点比较的描述中，正确的是（　　）。

A. 基本分析能够比较全面地把握证券价格的基本走势，技术分析考虑问题的范围相对较窄，对市场长远的趋势不能进行有益的判断

B. 基本分析应用较复杂，技术分析应用较简单

C. 基本分析预测的时间跨度较长，技术分析预测的时间跨度较短，只能给出相对短期的结论

D. 基本分析离市场比较远，技术分析同市场比较接近

E. 基本分析和技术分析是相互独立的两个流派，不能混淆使用

4. 影响股票投资价值的内部因素有（　　）。

A. 投资者对股票价格走势的预期　　B. 公司盈利水平

C. 行业因素　　D. 公司股份分割

E. 公司资产重组

5. 宏观经济政策有哪些？（　　）

A. 法律手段　　B. 行政手段　　C. 财政政策　　D. 货币政策

E. 收入政策

6. 经济周期通常分为（　　）。

A. 增长期　　B. 繁荣期　　C. 衰退期　　D. 萧条期

E. 复苏期

7. 影响股票市场需求的政策因素包括（　　）。

A. 市场准入条件　　　　　　　　　　B. 利率政策

C. 证券公司融资渠道　　　　　　　　D. 银证合作的状况

三、**判断题**

1. 基本分析流派以“战胜市场”为投资目标。(　　)

2. 对于发展中国家，由于其发展潜力大，所以经济发展速度越快越好。(　　)

3. 证券投资咨询机构的从业人员不可以接受他人委托从事证券投资。(　　)

4. 总的来说，固定资产投资规模越大，对经济拉动越有效，上市公司的业绩也随之增加。(　　)

5. 衡量公司行业竞争地位的主要指标是产品的市场占有率和行业综合排序。(　　)

6. 公司分析分为基本分析和财务分析两大部分。(　　)

7. 反映公司在一定时期内经营成果的报表是利润表。(　　)

8. 已获利息倍数是税息前利润与财务利息费用的比。(　　)

9. 总资产周转率是销售收入与平均资产总额的比值。(　　)

项目九

证券组合管理

学习目标

1. 理解证券组合的含义及作用；
2. 了解证券组合的类型；
3. 熟悉证券组合的方法和基本步骤；
4. 理解金融资产的收益和风险特征；
5. 掌握证券组合的期望和均值计算；
6. 理解证券组合的期望和方差的几何图示；
7. 理解证券组合的可行域；
8. 理解证券组合的有效边界；
9. 掌握投资者偏好共性；
10. 理解投资者的风险偏好差异性；
11. 理解无差异曲线的含义及特征；
12. 理解最优证券组合的均衡含义；
13. 了解 CAPM 的假设条件；
14. 理解资本市场线；
15. 理解证券市场线；
16. 掌握 β 系数的含义及作用；
17. 理解系统性风险和非系统性风险的分类；
18. 了解 CAPM 模型的应用价值。

项目导言

在本书前面的项目里，我们已经学习了不同投资对象的收益和风险特征，以及分析这些风险和收益特征的多种方法。现在需要明白的问题是人们在进行投资时，是否应该同时购买多种不同的资产？投资上的分散组合会有怎样的好处？人们常说的“鸡蛋不要放到一个篮子里”在投资领域是否正确？

项目导入

——外储“外转内”或有蹊径

近4万亿外汇储备投向何方？2014年4月16日，刘明康在美国首都华盛顿发表演讲时透露，中国持有的外汇储备的几乎一半目前正被用于投资美国国债。但刘明康并未透露美国国债以外的资产构成。关于外汇储备，刘明康认为投资基本安全，同时表示美元资产具备流动性和可靠性等优势，从长期来看（中国政府）应该会继续投资。

其实，市场分析人士普遍认为，中国投资于美国国债的外汇储备远不止50%，如果加上美国国债以外的其他美元资产，投资于美元资产的比例应该近70%。而大规模的外汇储备源源不断地流向美国国债等市场，长期以来也自然成为国人的一大忧虑，甚至有不少人认为中国的外汇储备已然完全被美国“绑架”。尤其在近些年由于美元的贬值而给我们的外汇储备带来巨额损失之时，国人的这条敏感神经更会被刺痛。

实现外汇储备多元化也早就成为外汇管理局的一大职责，然而总是说易行难。根据美国财政部最新公布的数据显示，2月中国减持27亿美元的美国国债，但目前仍为美国最大“债主”。2013年以来，中国增持美债多、减持美债少，持有总额一直稳超1.2万亿美元；2013年10月，中国持有美债总额突破1.3万亿美元大关，11月更升至1.316 7万亿美元，创下历史新高。2013年12月，中国转而大幅减持467亿美元美债，持有美债总额回落至1.3万亿美元以内，但全年仍增持496亿美元美债；进入2014年后，中国1月增持56亿美元美债，2月减持27亿美元美债，增减幅度较为平稳。

“只要中国的外汇储备还是处于增长的状态，那么增持美国国债等美元资产就是无法避免的，这是当前的整个国际环境所决定的，中国无法以一己之力来改变这样的环境。”谭雅玲指出，“无论是从资产规模、稳定性、流动性等各种角度来看，美国国债都是最好的。即使在去年美国政府出现关门一事，美国国债依旧表现良好。如果放弃美国国债，那么还能选择什么？英镑、欧元等其他国家的货币只会比美元更不靠谱。”

不少专家表示，从国家宏观的经济状况说，我们有过高的外汇储备，接近4万亿美元，不能够总去买欧债和美债，不能放在那里让它贬值，也没有理由购买更多的外国产品，对外投资是一个可预估的好的渠道。同时，整体上说我们要改变经济结构、改善生产效率、节省能源、保护环境，这也需要和外国经济建立更密切的联系，从企业层面来看，大的企业可能要开辟更多的国际市场，要在兼并中获取外国高科技成果，吸收他们的技术人员、技术力量和专利。

然而，摆在中国企业面前的一个现实的问题是，并不是你拿着钱去投资，对方就乐意接受的。“外汇储备多元化不仅是储备货币币种的多样化，而是像英国那样更多储备一些石油、黄金等资源类的资产，这也是美国、日本等国正在做的事情，但是国际环境以及市场结构掣肘了中国储备资源，中国很难实现大规模储备黄金和石油。”不过，谭雅玲进而表示，“中国的外汇储备并不是只有国际市场这一条路，如此大规模的外储完全可以拿一部分用于国内的各种基本建设。”当然，“外储入内”须以避免国内通胀作为重要前提。

美国耶鲁大学教授、摩根士丹利亚洲区前主席史蒂芬·罗奇此前曾表示，中国外汇储备增速可能很快就会出现下降，而且中国的外汇储备盈余应用于社保。“当初，四大银行改制上市的资金大部分就是来源于外汇储备的注资，中国如此大规模的外储完全可以拿出一部分来投资国内的各种基础设施以及民生建设。”然而，谭雅玲尤其强调，“外储投资国内必须有一个前提，那就是要有完善的法律、法制环境来保护这样的投资。投资什么领域、投资方式以及投资结果等都必须透明、明确，不能让任何一笔投资出现‘石沉大海’的现象。”

请思考：我国外汇储备资产的投资是否应该多元化？

资料来源：《国际金融报》，2014-04-28。

任务一

理解证券组合

任务描述

1. 选定某只基金，分析其投资对象；
2. 判断不同基金投资对象的差异；
3. 谈谈资产组合管理的基本步骤。

相关知识

一、证券组合的含义

证券组合管理理论最早由美国著名经济学家哈理·马柯威茨于1952年提出。之后，在经济学家们的不断努力下，证券组合管理的理论与方法不断丰富和完善，已经成为投资学中的主流理论之一。

投资学中的“组合”一词通常是指投资者所拥有的各种资产的总称。证券组合是指投资者所持有的各种有价证券的总称，通常包括各种类型的债券、股票及存款单等。

二、证券组合管理的作用

证券组合管理旨在采用适当的方法选择多种证券作为投资对象，以达到在一定预期收益的前提下投资风险最小或在控制风险的前提下投资收益最大化的目标，避免投资过程的随意性。它的作用主要表现在两个方面：

（1）投资的分散性。证券组合的风险随着组合所包含证券种类的增加而降低，尤其是证券间关联性极低的多元化证券组合可以有效地降低非系统风险，使证券组合的投资风险趋向于市场平均风险水平。因此，组合管理强调构成组合的证券应多元化。

（2）风险与收益的匹配性。投资收益是对承担风险的补偿。承担风险越大，收益越高；承担风险越小，收益越低。因此，组合管理强调投资的收益目标应与风险的承受能力相适应。

三、证券组合的类型

按不同的投资目标可以把证券组合分为避税型、收入型、增长型、收入和增长混合型、货币市场型、国际型及指数化型等。

（1）避税型证券组合通常投资于国债或市政债券，这种债券免交所得税。

（2）收入型证券组合追求基本收益（即利息、股息收益）的最大化。能够带来基本收益的证券有附息债券、优先股及一些避税债券。

（3）增长型证券组合以资本升值（即未来价格上升带来的价差收益）为目标。投资于此类证券组合的投资者往往愿意通过延迟获得基本收益来求得未来收益的增长。这类投资者很少会购买分红的普通股，投资风险较大。

（4）收入和增长混合型证券组合试图在基本收入与资本增长之间达到某种均衡，因此也称为均衡组合。两者的均衡可以通过两种组合方式获得：一种是使组合中的收入型证券和增长型证券达到均衡；另一种是选择那些既能带来收益，又具有增长潜力的证券进行组合。

（5）货币市场型证券组合是由各种货币市场工具构成的，如国库券、高信用等级的商业票据等，安全性很强。

（6）国际型证券组合投资于海外不同国家，是组合管理的时代潮流。实证研究结果表明，这种证券组合的业绩总体上强于只在本土投资的组合。

（7）指数化型证券组合模拟某种市场指数。根据模拟指数的不同，指数化型证券组合可以分为两类：一类是模拟内涵广大的市场指数；另一类是模拟某种专业化的指数，如道琼斯公用事业指数、上证指数等。

四、证券组合管理的方法

根据组合管理者对市场效率的不同看法，其采用的管理方法可大致分为被动管理和主动管理两种类型。

所谓被动管理方法，指长期稳定持有模拟市场指数的证券组合以获得市场平均收益的管理方法。采用此种方法的管理者认为，证券市场是有效市场，凡是能够影响证券价格的信息均已在当前证券价格中得到反映。于是，他们坚持“买入并长期持有”的投资策略。他们承认存在投资风险并认为组合投资能够有效降低公司的特定风险，所以通常购买分散化程度较高的投资组合，如市场指数基金或类似的证券组合。

所谓主动管理方法，指经常预测市场行情或寻找定价错误的证券，并借此频繁调整证券组合以获得尽可能高的收益的管理方法。采用此种方法的管理者认为，市场不总是有效的，加工和分析某些信息可以预测市场行情趋势和发现定价过高或过低的证券，进而对买卖证券的时机和种类作出选择，以实现尽可能高的收益。

五、证券组合管理的基本步骤

组合管理目标的实现有赖于有效和科学的组合管理内部控制。这个过程通常包括以下几个基本步骤：

（一）确定证券投资政策

证券投资政策是投资者为实现投资目标应遵循的基本方针和基本准则，包括确定投资目标、投资规模和投资对象以及应采取的投资策略和措施等。投资目标是指投资者在承担一定风险的前提下，期望获得的投资收益率，而且风险和收益之间呈现出正相关关系。客观和合适的投资目标应该是在盈利的同时也承认可能发生的亏损。因此，投资目标的确定应包括风险和收益两项内容。投资规模是指用于证券投资的资金数量。投资对象是指证券组合管理者准备投资的证券品种，它是根据投资目标确定的。确定证券投资政策是证券组合管理的第一步，它反映了证券组合管理者的投资风格，并最终反映在投资组合中所包含的金融资产类型特征上。

（二）进行证券投资分析

证券投资分析是指对证券组合管理第一步所确定的金融资产类型中个别证券或证券组

合的具体特征进行考察分析。这种分析的目的是明确这些证券的价格形成机制和影响证券价格波动的诸因素及其作用机制，同时要努力发现那些价格偏离其价值的证券。

（三）构建证券投资组合

构建证券投资组合主要是确定具体的证券投资品种和在各证券上的投资比例。在构建证券投资组合时，投资者需要注意个别证券选择、投资时机选择和多元化三个问题。个别证券选择主要是预测个别证券的价格走势及其波动情况；投资时机选择涉及预测和比较各种不同类型证券的价格走势和波动情况；多元化则是指在一定的现实条件下，组建一个在一定收益条件下风险最小的投资组合。

（四）投资组合的修正

投资组合的修正实际上是定期重温前三步的过程。随着时间的推移，过去构建的证券组合对投资者来说，可能已经不再是最优组合了，这可能是因为投资者改变了对风险和回报的态度，或者是其预测发生了变化。作为对这种变化的一种反映，投资者可能会对现有的组合进行必要的调整，以确定一个新的最佳组合。然而，进行任何调整都将支付交易成本，因此，投资者应该对证券组合在某种范围内进行个别调整，使得在剔除交易成本后，在总体上能够最大限度地改善现有证券组合的风险回报特性。

（五）投资组合业绩评估

这一步是通过定期对投资组合进行业绩评估，来评价投资的表现。作为证券组合管理过程的最后阶段，同时也可以看成是一个连续操作过程的组成部分。说得更具体一点，可以把它看成证券组合管理过程中的一种反馈与控制机制。由于投资者在投资过程中获得收益的同时，还将承担相应的风险，获得较高收益可能是建立在承担较高风险的基础之上，因此，在对证券投资组合业绩进行评估时，不能仅仅比较投资活动所获得的收益，而应该综合衡量投资收益和所承担的风险情况。

任务二

构建最优证券组合

任务描述

1. 收集某资产价格变化的历史信息，计算其收益和方差；
2. 选定某几种资产进行组合，计算该组合的收益和方差；
3. 画出一个典型投资者无差异曲线，并分析该曲线的特征；

4. 画出资产组合的可行域，并分析该组合的可行边界；
5. 谈谈最优证券组合的构建过程。

相关知识

一、单个证券的收益和风险

（一）收益及其度量

任何投资的结果都可用收益率来衡量，通常收益率的公式为：

$$收益率=\frac{收入-支出}{支出}\times 100\%$$

在股票投资中，投资收益等于期内股票红利收益和价差收益之和，其收益率（r）的计算公式为：

$$r=\frac{期末市价-期初市价+红利}{期初市价}\times 100\%$$

通常情况下，收益率受许多不确定因素的影响，因而是一个随机变量。我们可假定收益率服从某种概率分布，即已知每一收益率出现的概率，如表9—1所示。

表9—1　　不同收益率对应的概率

收益率（%）	r_1	r_2	r_3	r_4	…	r_n
概率	p_1	p_2	p_3	p_4	…	p_n

数学中求期望收益率或收益率平均数$E(r)$的公式如下：

$$E(r)=\sum_{i=1}^{n} r_i p_i$$

【例9—1】　假定证券甲的收益率的概率分布如表9—2所示：

表9—2　　证券甲的收益率的概率分布

收益率（%）	−20	−5	0	7.5	15	20
概率	0.13	0.17	0.30	0.15	0.05	0.20

那么，该证券的期望收益率为：

$$\begin{aligned}E(r)&=[(-0.20)\times 0.13+(-0.05)\times 0.17+0\times 0.30+\\&\quad 0.075\times 0.15+0.15\times 0.05+0.2\times 0.20]\times 100\%\\&=2.425\%\end{aligned}$$

在实际中，我们经常使用历史数据来估计期望收益率，参见项目十。

（二）风险及其度量

如果投资者以期望收益率为依据进行决策，那么他必须意识到实际收益率与期望收益率会有偏差，期望收益率是使可能的实际值与预测值的平均偏差达到最小（最优）的点估计值。可能的收益率越分散，它们与期望收益率的偏离程度就越大，投资者承担的风险也就越大。因而，风险的大小由未来可能收益率与期望收益率的偏离程度来反映。在数学上，这种偏离程度由收益率的方差来度量。如果偏离程度用 $[r_i-E(r)]^2$ 来度量，则平均偏离程度被称为方差，记为 σ^2 。

$$\sigma^2(r)=\sum_{i=1}^{\infty}[r_i-E(r)]^2p_i$$

式中：p_i 表示可能收益率发生的概率；σ 表示标准差。

【例 9—2】 假定证券 A 的收益率（r_i）的概率分布如表 9—3 所示：

表 9—3　　证券 A 的收益率的概率分布

收益率 r_i（%）	−12	−11	10	23
概率	0.20	0.30	0.10	0.40

请计算该证券的期望收益率和方差。

该证券的期望收益率 $E(r)$ 为：

$$\begin{aligned}E(r)&=[(-0.12)\times0.20+(-0.11)\times0.30+0.1\times0.10+0.23\times0.40]\times100\%\\&=4.5\%\end{aligned}$$

该证券的方差为：

$$\begin{aligned}\sigma^2(r)&=(-0.12-0.045)^2\times0.20+(-0.11-0.045)^2\times0.30+\\&\quad(0.1-0.045)^2\times0.10+(0.23-0.045)^2\times0.40\\&=0.026\,645\end{aligned}$$

同样，在实际中，我们也可使用历史数据来估计方差。

二、证券组合的收益和风险

对单一证券，我们用期望收益率和方差来度量收益率和风险。一个证券组合由一定数量的单一证券构成，每一种证券占有一定的比例，也可将证券组合视为一只特殊证券，那么，证券组合的收益率和风险也可用期望收益率和方差来度量。不过，证券组合的期望收益率和方差可以通过由其构成的单一证券的期望收益率和方差来表达。

（一）两种证券组合的收益和风险

设有两种证券 A 和 B，某投资者将一笔资金以 x_A 的比例投资于证券 A，以 x_B 的比例投资于证券 B，且 $x_A+x_B=1$，称该投资者拥有一个证券组合 P。如果到期时，证券 A 的收益率为 r_A，证券 B 的收益率为 r_B，则证券组合 P 的收益率 r_P 为：

$$r_P=x_Ar_A+x_Br_B$$

证券组合中的权数可以为负，比如 $x_A<0$，则表示该组合卖空了证券 A，并将所得的资金连同自有资金买入证券 B，因为 $x_A+x_B=1$，故有 $x_B=1-x_A>1$。

投资者在进行投资决策时并不知道 r_A 和 r_B 的确切值，因而 r_A、r_B 应为随机变量，对其分布的简化描述是它们的期望值和方差。投资组合 P 的期望收益率 $E(r_P)$ 和收益率的方差 σ_P^2 为：

$$E(r_P) = x_A E(r_A) + x_B E(r_B)$$

$$\sigma_P{}^2 = x_A{}^2 \sigma_A{}^2 + x_B{}^2 \sigma_B{}^2 + 2x_A x_B \sigma_A \sigma_B l_{AB}$$

式中：l_{AB} 表示相关系数；$\sigma_A \sigma_B l_{AB}$ 表示协方差，记为 COV（A，B）。

【例 9—3】 已知证券组合 P 是由证券 A 和 B 构成，证券 A 和 B 的期望收益、标准差以及相关系数如表 9—4 所示。

表 9—4　　证券 A 和 B 的相关数据

证券名称	期望收益率	标准差	相关系数	投资比重
A	15%	8%	0.25	40%
B	8%	5%		60%

那么，组合 P 的期望收益为：

$$E(r_P) = (0.15 \times 0.40 + 0.08 \times 0.60) \times 100\% = 10.8\%$$

组合 P 的方差为：

$$\sigma_P{}^2 = 0.40^2 \times 0.08^2 + 0.60^2 \times 0.05^2 + 2 \times 0.40 \times 0.60 \times 0.08 \times 0.05 \times 0.25 = 0.002\,404$$

选择不同的组合权数，可以得到包含证券 A 和证券 B 的不同的证券组合，从而得到不同的期望收益率和方差。投资者可以根据自己对收益率和方差（风险）的偏好，选择最满意的组合。

（二）多种证券组合的收益和风险

这里将把两个证券的组合讨论拓展到任意多个证券的情形。设有 N 种证券，记作 A_1，A_2，A_3，…，A_N，证券组合 $P=(x_1, x_2, x_3, \cdots, x_N)$ 表示将资金分别以权数 x_1，x_2，x_3，…，x_N 投资于证券 A_1，A_2，A_3，…，A_N。如果允许卖空，则权数可以为负。正如两种证券的投资组合情形一样，证券组合的收益率等于各单个证券的收益率的加权平均。即：设 A_i 的收益率为 r_i（i=1，2，…，N），则证券组合 $P=(x_1, x_2, x_3, \cdots, x_N)$ 的收益率为：

$$r_P = x_1 r_1 + x_2 r_2 + \cdots + x_N r_N = \sum_{i=1}^{N} x_i r_i$$

推导可得证券组合 P 的期望收益率和方差为：

$$E(r_P) = \sum_{i=1}^{N} x_i E(r_i)$$

$$\sigma_P{}^2 = \sum_{i=1}^{N}\sum_{j=1}^{N} x_i x_j \mathrm{cov}(x_i, x_j) = \sum_{i=1}^{N}\sum_{j=1}^{N} x_i x_j \sigma_i \sigma_j \rho_{ij}$$

式中：$\sigma_p{}^2$ 表示证券组合 P 的方差；ρ_{ij} 表示 r_i 与 r_j 的相关系数（$i,j=1$，2，…，N）。

从以上公式可知，要估计 $E(r_P)$ 和 $\sigma_P{}^2$，当 N 非常大时，计算量十分巨大。该方法问世之初，由于计算机技术尚不发达，因此难以运用于大规模资本市场。

三、证券组合的可行域和有效边界

（一）证券组合的可行域

1. 两种证券组合的可行域

任何证券都可以用风险和收益这两个特征进行描述，因此在以期望收益率为纵坐标和标准差为横坐标的坐标系中可以表示出证券 A 和 B 的位置。相应的，任何一个证券组合也可以用该组合的期望收益率和标准差对应到坐标系中的一点来进行描述。这一点将随着组合中不同证券的占比变化而变化，其轨迹是经过 A 和 B 的一条连续曲线，这条曲线称为证券 A 和证券 B 的组合线。所以，组合线实际上描述了证券 A 和证券 B 所有可能的组合，即证券组合的可行域。

根据前文的分析，A、B 的证券组合 P 的组合线由下述方程所确定：

$$E(r_P) = x_A E(r_A) + (1 - x_A) E(r_B)$$

$$\sigma_P{}^2 = x_A^2 \sigma_A^2 + (1 - x_A)^2 \sigma_B{}^2 + 2x_A(1 - x_A)\sigma_A\sigma_B\rho_{AB}$$

给定证券 A、B 的期望收益率和方差，证券 A 与证券 B 的不同的关联性将决定 A、B 的不同形状的组合线。

（1）完全正相关下的组合线。在完全正相关下，$\rho_{AB} = 1$，组合的收益和方差为：

$$E(r_P) = x_A E(r_A) + (1 - x_A) E(r_B)$$

$$\sigma_P = |x_A\sigma_A + (1 - x_A)\sigma_B|$$

如果不允许卖空，即 $x_A \geqslant 0, x_B \leqslant 1$，则

$$E(r_P) = x_A E(r_A) + (1 - x_A) E(r_B)$$

$$\sigma_P = x_A\sigma_A + (1 - x_A)\sigma_B$$

因为，$E(r_P)$ 与 x_A 是线性关系，而 σ_P 与 x_A 是线性关系，所以，σ_P 与 $E(r_P)$ 之间也是线性关系。

因此，证券 A、B 构成的组合线是连接这两点的直线（见图 9—1）。

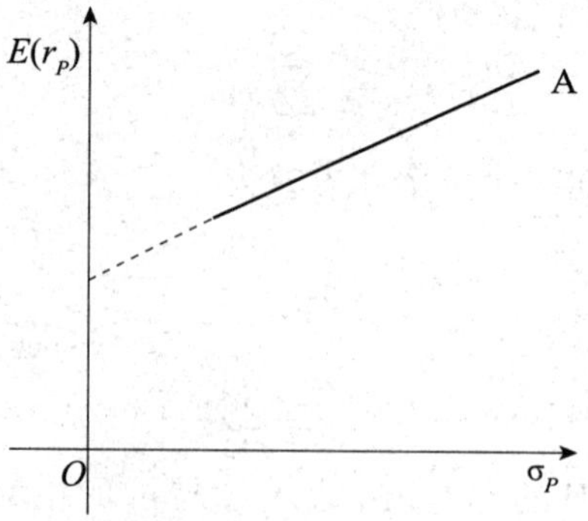

图 9—1　$\rho_{AB}=1$ 时的组合线

（2）完全负相关下的组合线。在完全负相关情况下，$\rho_{AB} = -1$，组合的收益和方差可

表示为：

$$E(r_P)=x_AE(r_A)+(1-x_A)E(r_B)$$

$$\sigma_P{}^2=x_A^2\sigma_A^2+(1-x_A)^2\sigma_B{}^2+2x_A(1-x_A)\sigma_A\sigma_B\rho_{AB}$$

$$\sigma_P=|x_A\sigma_A+(1-x_A)\sigma_B|$$

这时，σ_P 与 $E(r_P)$ 是分段线性关系，其组合线如图 9—2 所示。

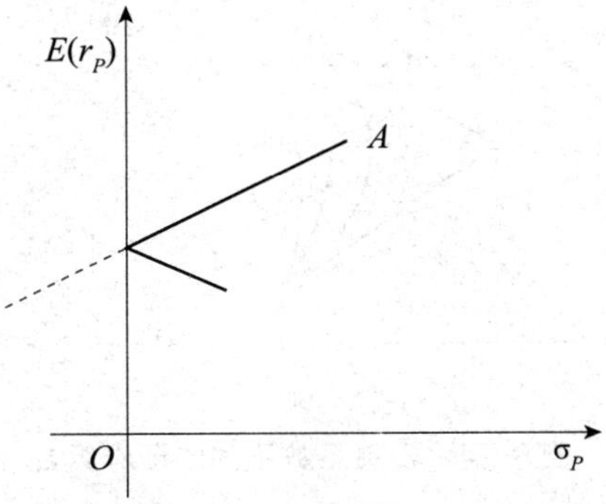

图 9—2 $\rho_{AB}=-1$ 时的组合线

从图 9—2 可以看出，在完全负相关的情况下，按适当比例买入证券 A 和证券 B 可以形成一个无风险组合，得到一个稳定的收益率。这个适当比例通过令 $\sigma_p=0$ 可得：

$$x_A=\frac{\sigma_B}{\sigma_A+\sigma_B}, x_A=\frac{\sigma_A}{\sigma_A+\sigma_B}$$

因为 x_A 和 x_B 均大于 0，所以必须同时买入证券 A 和 B。这一点很容易理解，因为证券 A 和 B 完全负相关，二者完全反向变化，因而同时买入两种证券可抵消风险。所能得到的无风险收益率为：

$$E(r_P)=\frac{\sigma_BE(r_A)+\sigma_AE(r_B)}{\sigma_B+\sigma_A}$$

（3）同理，可以画出不相关情形（即 $\rho_{AB}=0$）下的组合线，如图 9—3 所示。

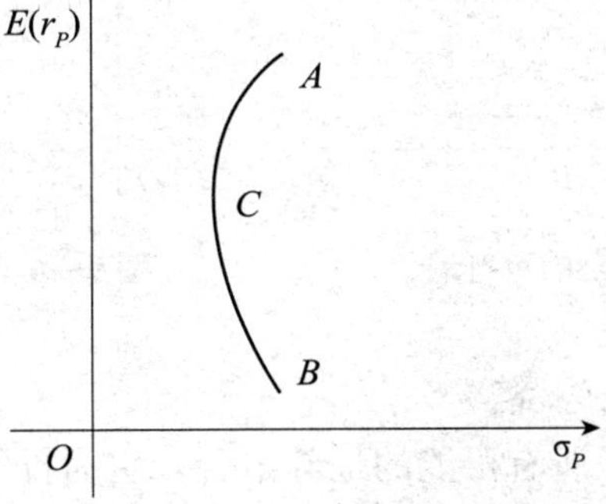

图 9—3 $\rho_{AB}=0$ 时的组合线

（4）组合线的一般情形。根据同样的方法讨论一般的情况。如图 9—4 所示，在不完全相关的情形下，由于 $0<\rho_{AB}<1$，证券组合的收益和方差形式不会有任何简化，但在一

般情形下所确定的曲线是一条双曲线。相关系数决定结合线在 A 与 B 之间的弯曲程度。随着 ρ_{AB} 的增大，弯曲程度将降低。当 $\rho_{AB}=1$ 时，弯曲程度最小，呈直线；当 $\rho_{AB}=-1$ 时，弯曲程度最大，呈折线；不相关是一种中间状态，比正完全相关弯曲程度大，比负完全相关弯曲程度小。

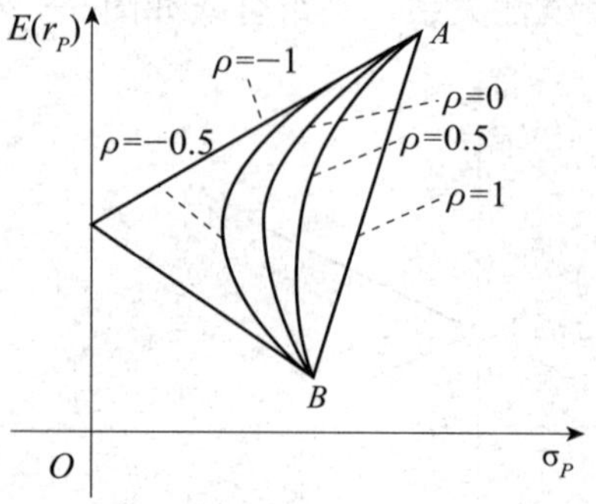

图 9—4　相关系数不同的证券组合

2. 多种证券组合的可行域

在允许卖空的情况下，如果只考虑投资于两种证券 A 和 B，投资者可以在组合线上找到自己满意的任意位置，即组合线上的组合均是可行的（合法的）。如果不允许卖空，则投资者只能在组合线上介于 A、B 之间（包括 A 和 B）获得一个组合，因而投资组合的可行域就是组合线上的 AB 曲线段。

根据同样的方法，可以得到如果有三种及以上的证券供选择时的可行组合不再是一条曲线，而是一个区域，如图 9—5、图 9—6 所示。

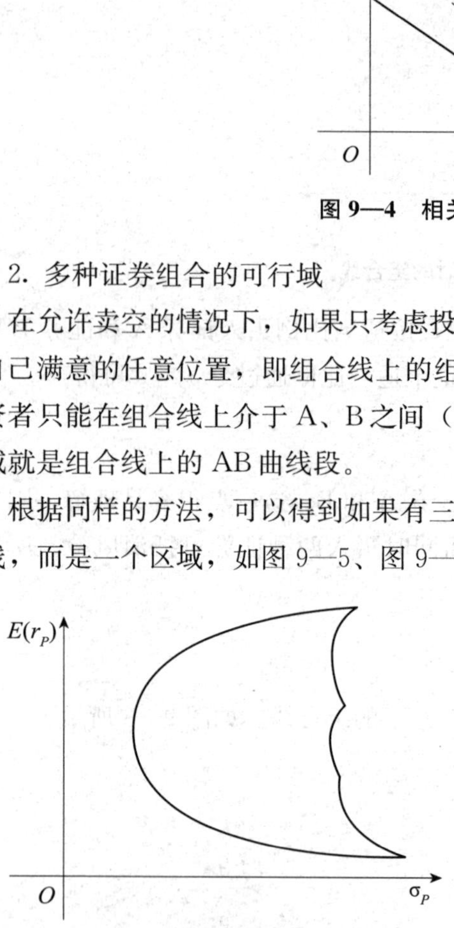

图 9—5　不允许卖空时组合的可行域

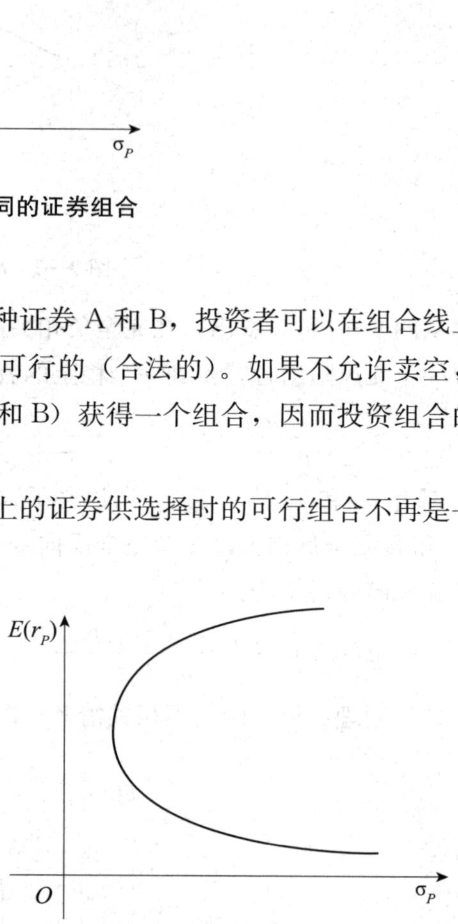

图 9—6　允许卖空时组合的可行域

（二）证券组合的有效边界

证券组合的可行域表示了所有可能的证券组合，它为投资者提供了所有可能的投资组合机会，投资者需要做的是在其中选择自己最满意的组合。虽然不同的投资者对期望收益率和风险的偏好有所区别，但是他们的偏好具有如下共性：既定风险下寻求收益最大化，或既定收益下追求风险最小化。在这个共性下，某些证券组合将被所有投资者视为差的而被剔除，因为按照偏好的共性，总存在比它更好的证券组合。

证券组合的特征由期望收益率和收益率标准差来表示，投资者进行证券组合选择就是在“收益率—标准差”坐标系的可行域中寻找最好的点，但他们绝不会在可行域中找到同样的一点作为最好的组合。按照投资者的共同偏好规则，可以将那些被所有投资者都认为差的组合予以排除，剩下来的这些组合称为有效证券组合。根据这个定义，有效组合不止 1 个，描绘在可行域的图形中，如图 9—7 粗实线部分，它是可行域的上边界部分，我们称它为有效边界。对于可行域内部及下边界上的任意可行组合，均可以在有效边界上找到一个有效组合比它好。但有效边界上的不同组合，比如 B 和 C，按共同偏好规则不能区分优劣。因而有效组合相当于有可能被某位投资者选作最佳组合的候选组合，不同投资者可以在有效边界上获得任一位置。一个厌恶风险理性投资者，不会选择有效边界以外的点。此外，A 点是一个特殊的位置，它是上边界和下边界的交汇点，这一点所代表的组合在所有可行组合中方差最小，因而被称作最小方差组合。

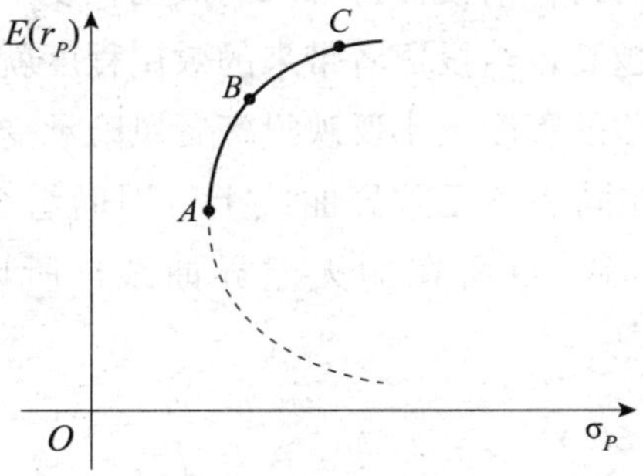

图 9—7　有效边界

四、最优证券组合

（一）投资者的个人偏好与无差异曲线

虽然投资者存在共同偏好规则，但是共同规则不能区分的是这样的两种证券组合 A 和 B 的优劣：$\sigma_A{}^2<\sigma_B{}^2$ 且 $E(r_A)<E(r_B)$。

一个特定的投资者，任意给定一个证券组合，根据他对风险的态度，可以得到一系列满意程度相同（无差异）的证券组合，这些组合恰好在“收益率—标准差”坐标系上形成一条曲线，这条曲线为该投资者的一条无差异曲线。比如某个投资者认为，尽管图 9—8 中的证券组合 A、B、C、D、E、F 的收益风险各异，但是给他带来的满足程度相同，因此这 6 个证券组合是无差异的，选择哪一个投资都可以。于是，用一条平滑曲线将证券组合 A、B、C、D、E、F 连接起来，就可近似看作为一条无差异曲线。当这样的组合很多时，它们在平面上便形成一条连续的无差异曲线。

无差异曲线描述了投资者偏好。而不同的投资者偏好不同，因而他们的无差异曲线的形状也不同。对于追求收益又厌恶风险的典型投资者而言，他们的无差异曲线都具有如下六个特点：

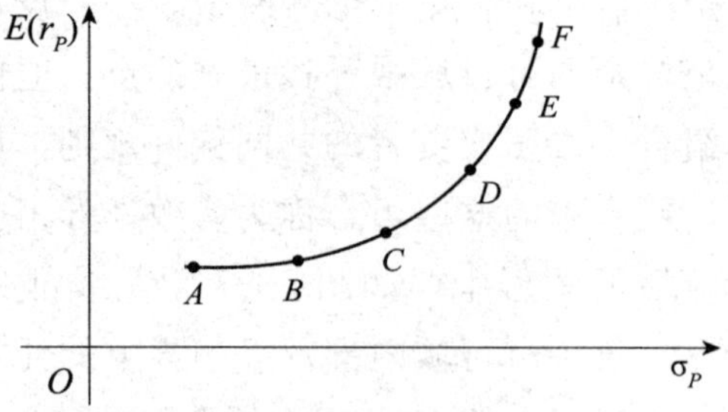

图 9—8　满意程度相同的证券或组合

(1) 无差异曲线是由左下方至右上方弯曲的曲线。

(2) 无差异曲线有无数条，它们形成密布整个平面又互不相交的曲线簇。

(3) 同一条无差异曲线上的不同投资组合给投资者带来的效用程度相同。

(4) 不同无差异曲线上的组合给投资者带来的效用程度不同。

(5) 无差异曲线的位置越高，给投资者带来的效用程度就越高。

(6) 无差异曲线向上弯曲的程度大小反映投资者风险承受能力的强弱。

在图 9—9 中，B 与 A 在同一条无差异曲线上，因而组合 B 与 A 无差异；C 所在的无差异曲线的位置高于 A、B、D 所在的无差异曲线，所以组合 C 比 A、B、D 组合都好。

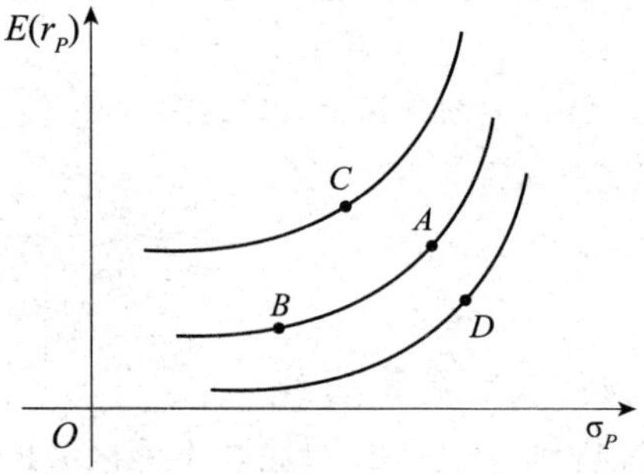

图 9—9　投资者的无差异曲线

图 9—10 是几个不同偏好的投资者的无差异曲线。其中：图（a）描述的是只关心期望收益率，毫不在意风险的投资者；图（b）描述的是只关心风险，毫不在乎期望收益率的投资者；图（c）比图（d）的无差异曲线更陡峭，表明图（c）的投资者相比图（d）的投资者来说，在承受相同的风险状态时，前者要求更多的风险补偿。

（二）最优证券组合的选择

投资者共同偏好规则可以确定不同组合的投资价值高低。投资者的偏好通过他的无差异曲线来反映。无差异曲线位置越靠上，其满意程度越高，因而投资者需要在有效边界上找到位于最高无差异曲线的有效组合，这个组合恰恰是无差异曲线簇与有效边界的切点所表示的组合。

如图 9—11 所示，投资者按照他的无差异曲线簇将选择有效边界上 *B* 点所代表的证券

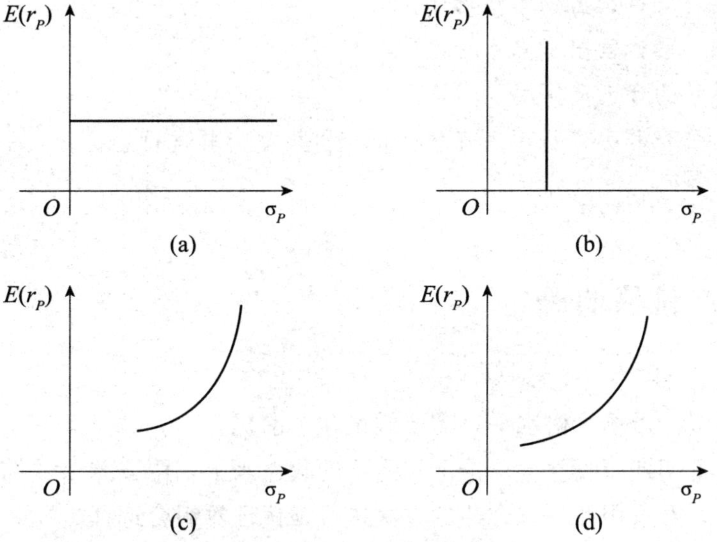

图 9—10　不同投资者的风险偏好

组合作为他的最佳组合，因为 B 点使其在所有有效组合中获得的满意程度最大，其他有效边界上的点都落在 B 下方的无差异曲线上。

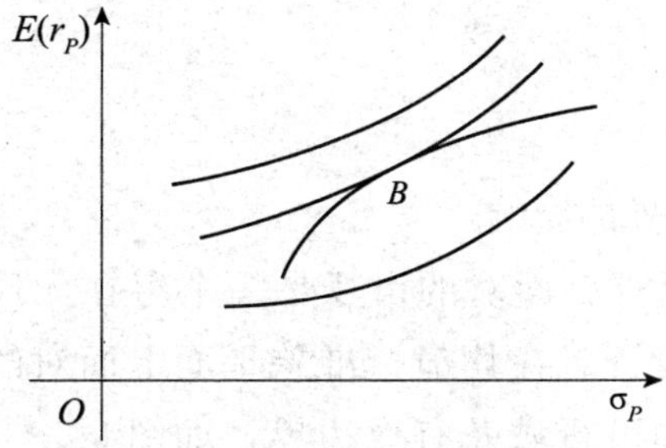

图 9—11　投资者的最优证券组合

任务三

如何为资产定价

任务描述

1. 简述资本资产定价模型（CAPM 模型）的基本假设条件；

2. 搜集资料，尝试画出资本市场线；

3. 搜集资料，尝试画出证券市场线；

4. 简述 β 系数的含义及作用；

5. 搜集某种资产相关资料，用资本资产定价模型对其进行定价。

相关知识

一、资本资产价格的确定

（一）假设条件

要分析某一资产市场价格水平，需要假设几个前提：

（1）投资者都用期望收益率评价证券组合的收益水平，用方差（或标准差）评价证券组合的风险水平，并采用任务二介绍的方法进行最优证券组合选择。

（2）投资者对证券的收益、风险及不同证券间的关联性具有完全相同的判断。

（3）资本市场没有摩擦。所谓“摩擦”，是指市场对资本和信息自由流动的阻碍。因此，不考虑交易成本和对红利、股息及资本利得的征税，信息在市场中自由流动，任何证券的交易单位都是无限可分的，市场只有一个无风险借贷利率，在借贷和卖空上没有限制。

（二）资本市场线

1. 无风险证券对有效边界的影响

在上述假设条件下，投资者面对的市场是一个存在无风险证券的市场，并依此构建最优证券组合。因此，投资者在均值标准差平面上面对的证券组合可行域及有效边界包含了无风险证券在内的可行域及有效边界，如图 9—12、图 9—13 所示。

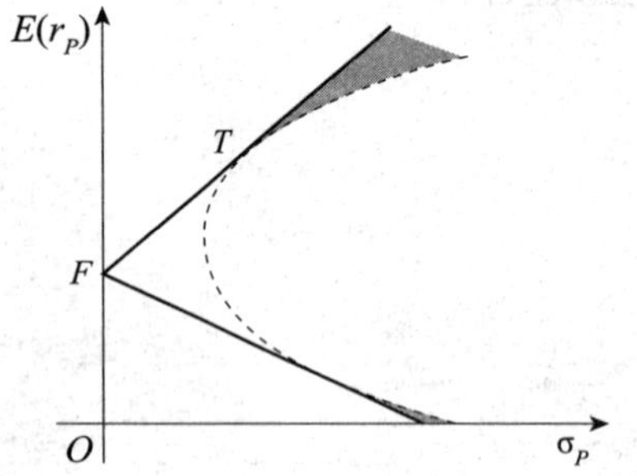

图 9—12　存在无风险资产时的组合可行域

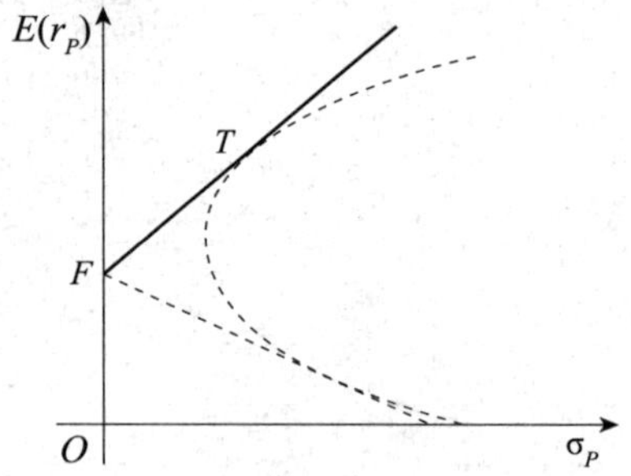

图 9—13　存在无风险资产时的有效边界

在图 9—12 中，由无风险证券 F 出发并与原有风险证券组合可行域的上下边界相切的两条射线所夹角形成的无限区域（含阴影部分），便是现有的可行域。

在图 9—13 中，由无风险证券 F 出发并与原有风险证券组合可行域的有效边界相切的射线 FT，便是新的有效边界。

有了无风险资产后，证券组合可行域及有效边界扩大了，主要基于如下两方面的原因：

一方面，无风险证券 F 的引入增加了证券组合的种类，扩大了可行域。新的可行域不仅含有原有风险证券组合，还有无风险证券，以及无风险证券与原有风险证券组合再组合而产生的新型证券组合。

另一方面，因为无风险证券 F 与任意风险证券或组合 P 进行组合时，其组合线恰好是一条由无风险证券 F 出发并经过风险证券或组合 P 的射线 FP（见图 9—14），从而无风险证券 F 与切点证券组合 T 进行组合的组合线便是射线 FT，并成为新可行域的上部边界——有效边界。

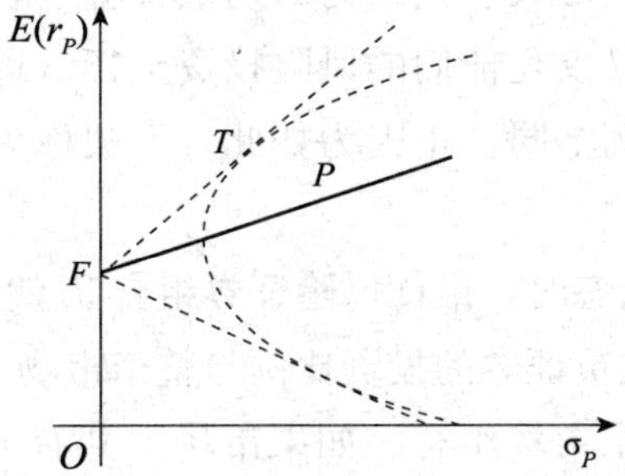

图 9—14　无风险资产与风险资产的组合线

2. 切点证券组合 T 的经济意义

有效边界 FT 上的切点证券组合 T 具有三个重要的特征：(1) T 是有效组合中唯一一个不含无风险证券而仅由风险证券构成的组合；(2) 有效边界 FT 上的任意证券组合，均可视为无风险证券 F 与 T 的再组合；(3) 切点证券组合 T 完全由市场确定，与投资者的偏好无关。为此，下面内容将重点分析切点证券组合 T 的经济意义。

首先，所有投资者拥有完全相同的有效边界。由于一种证券或组合在坐标系中的位置完全由其期望收益率和标准差确定，因为已经假定所有投资者对证券的收益、风险及证券间的关联性具有完全相同的预期，同一种证券或组合在坐标系中的位置对不同的投资者来说是完全相同的。由此可见，所有投资者会面对完全相同的证券组合可行域和有效边界，如图 9—15 所示。

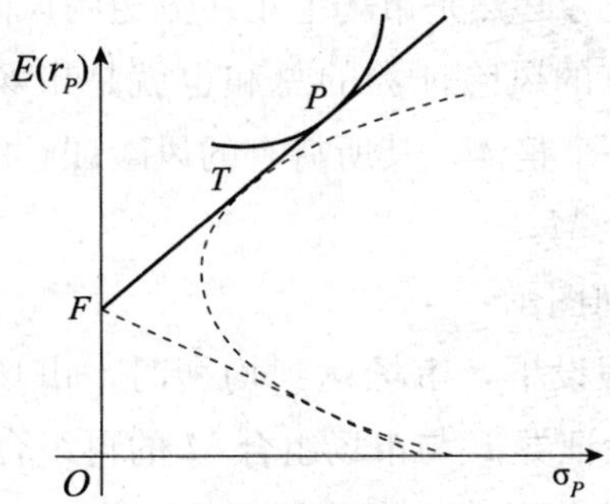

图 9—15　最优证券组合 P

其次，投资者对依据自己风险偏好所选择的最优证券组合 P 进行投资，其风险投资部分均可视为对 T 的投资（如图 9—15 所示），即每个投资者按照自己的偏好购买各种证券，最终结果是每个投资者手中的风险证券组合在结构上恰好与切点证券组合 T 相同。这是因为，最优证券组合 P 可视为无风险证券 F 与切点证券组合 T 的再组合。如果所选择的最优组合位于 F 与 T 之间，表明他同时买入无风险证券 F 和切点证券组合 T；如果所选择的最优组合位于 T 的右侧，表明他将卖空无风险证券 F，并将获得的资金与原有资金一起全部投资于风险证券组合 T 上。无论如何，每一个投资者的最优证券组合中的风险证券部分都可在形式上归结为对切点证券组合 T 的投资。不同投资者之间源于偏好的不同带来的影响仅仅是他们的风险投资金额（即对切点证券组合的投资资金规模）占全部投资金额的比例不同。正因为如此，T 被称为最优风险证券组合或最优风险组合。

最后，当市场处于均衡状态时，最优风险证券组合 T 就等于市场组合。市场组合，是指由风险证券构成，并且其成员证券的投资比例与整个市场上风险证券的相对市值比例一致的证券组合。一般用 M 表示市场组合。如果市场上共有 n 种风险证券正在流通，分别记为证券 1、证券 2……证券 n，那么市场组合 M 中包含了这 n 种风险证券，则风险证券 i 在市场组合 M 中的投资比例 x_i 为：

$$x_i = \frac{P_i Q_i}{\sum_{k=1}^{M} P_k Q_k}$$

式中：p_i 表示证券 i 的市场价格；Q_i 表示证券 i 的流通股数。

由此可见，市场组合 M 是对整个市场的定量描述，代表整个市场。而在均衡状态下，最优风险组合 T 之所以等于市场组合 M，完全是依据下述两个事实：一方面，每个投资者手中持有的风险证券均以最优风险证券组合 T 的形式存在，所不同的仅是各自在 T 上投放的资金比例不同而已。把全体投资者视为一个整体时，每个投资者手中持有的最优风险证券组合 T 在形式上合并成为一个整体组合。这个整体组合在结构上与最优风险证券组合 T 相同，但在规模上等于全体投资者所持有的风险证券的总和。另一方面，在均衡状态下，投资者手中持有的风险证券必然是市场上正在流通的风险证券。此时，从资金规模和结构上看，全体投资者所持有的风险证券的总和也就是市场上流通的全部风险证券的总和。因此，全体投资者作为一个整体，其所持有的风险证券的总和所形成的整体组合在规模和结构上恰好等于市场组合 M。

3. 资本市场线方程和几何图示

通过上述分析，在给定假设下，市场达到均衡时，市场组合 M 成为一个有效组合；所有有效组合都可视为无风险证券 F 与市场组合 M 的再组合。

在坐标系中，所有有效组合刚好构成连接无风险资产 F 与市场组合 M 的射线 FM，这条射线被称为资本市场线（见图 9—16）。

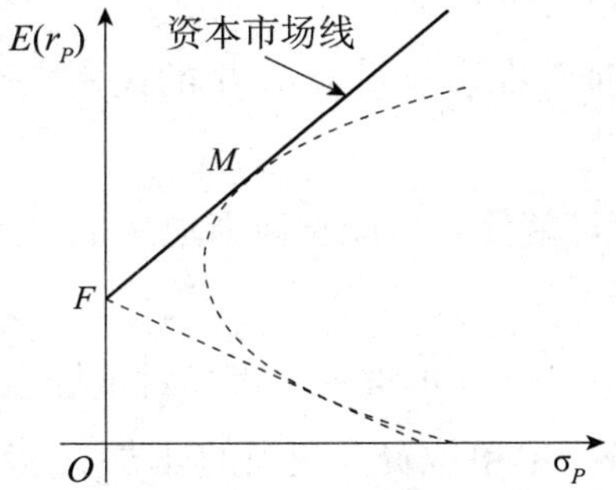

图 9—16　资本市场线

资本市场线就是资本资产定价模型（CAPM），它揭示了有效组合的收益和风险之间的均衡关系，这种均衡关系可以用资本市场线的方程来描述：

$$E(r_P)=r_F+\left[\frac{E(r_M)-r_F}{\sigma_M}\right]\sigma_P$$

式中：$E(r_P)$、σ_P 表示有效组合 P 的期望收益率和标准差；$E(r_m)$、σ_M 表示市场组合 M 的期望收益率和标准差；r_F 表示无风险证券收益率。

4. 资本市场线的经济意义

资本市场线方程完整阐述了有效组合的期望收益率和风险之间的关系。有效组合的期望收益率由两部分构成：一部分是无风险利率 r_F，它是由时间创造的，是对放弃即期消费的补偿，也被称为纯利率；另一部分则是 $\left[\frac{E(r_M)-r_F}{\sigma_M}\right]\sigma_P$，是对承担风险 $\dot{\sigma_p}$ 的补偿，通常称为风险溢价或风险报酬，与承担的风险大小成正比。其中系数 $\left[\frac{E(r_M)-r_F}{\sigma_M}\right]$ 代表了对单位风险的补偿，通常称之为风险的价格。

（三）证券市场线

1. 证券市场线方程

我们首先建立任意单个证券的收益风险关系，之后将其推广到任意证券组合。

由资本市场线所反映的关系可以看出，在均衡状态下，市场对有效组合的风险（标准差）提供补偿。而有效组合的风险（标准差）由构成该有效组合的各个成员证券的风险共同合成，可以说市场对有效组合的风险补偿是按一定比例分配给各个成员证券的。当然，这种分配应按各个成员证券对有效组合风险贡献的大小来分配。进行这种分配就意味着在各个证券的收益风险之间建立了某种关系。

为实现这种分配，首先要确定各个成员证券对有效组合风险的贡献大小。以市场组合 M 作为研究对象，首先明确各个成员证券对市场组合风险的贡献大小，之后再按照贡献大小把市场组合的风险补偿分配到各个成员证券。

为能够分辨各个成员证券对市场组合风险贡献的大小，首先对衡量市场组合风险水平的指数——方差 $\sigma_M{}^2$ 进行考察。数学上容易证明，市场组合 M 的方差 $\sigma_M{}^2$ 可分解为：

$$\sigma_M{}^2 = x_1\sigma_{1M} + x_2\sigma_{2M} + \cdots + x_n\sigma_{nM}$$

式中：x_i 表示第 i 种成员证券在市场组合 M 中的投资比例；σ_{iM} 表示第 i 种成员证券与市场组合 M 之间的协方差。

把市场组合的方差分解后，就使我们能够清晰地从中分离出单个成员证券对市场组合风险的贡献大小。

其次，期望收益率 $[E(r_M) - r_F]$ 可被视为市场对市场组合 M 的风险补偿，也即相当于对方差 $\sigma_M{}^2$ 的补偿，于是分配给单位资金规模的证券 i 的补偿按其对 $\sigma_M{}^2$ 作出的相对贡献应为：

$$\frac{x_i\sigma_{iM}}{\sigma_M{}^2}[E(r_M) - r_F]$$

最后，单位资金规模的证券 i 的补偿又等于 $[E(r_i) - r_F]$，其中 $E(r_i)$ 表示证券 i 的期望收益率。于是有：

$$E(r_i) - r_F = [E(r_M - r_F)]\frac{\sigma_{iM}}{\sigma_M{}^2}$$

令 $\beta_i = \frac{\sigma_{iM}}{\sigma_M{}^2}$，则上述方程可以改写为：

$$E(r_i) - r_F = [E(r_M - r_F)]\beta_i$$

该方程表明，单个证券 i 的期望收益率 $E(r_i)$ 与其对市场组合方差的贡献率 β_i 之间存在线性关系，而不像有效组合那样与标准差（总风险）有线性关系。因而从定价角度考虑，单个证券的风险用 β_i 来测定更为合理。β_i 有一个特殊的名称——证券 i 的 β 系数（贝塔系数）。

对任何一个证券组合 P，设其投资于各种证券的比例分别为 x_1，x_2，x_3，…，x_N，则有：

$$\begin{aligned}E(r_P) &= x_1E(r_1) + x_2E(r_2) + \cdots + x_nE(r_n)\\ &= x_1\{r_F + [E(r_M) - r_F]\beta_1\} + x_2\{r_F + [E(r_M) - r_F]\beta_2\} + \cdots +\\ &\quad x_n\{r_F + [E(r_M) - r_F]\beta_n\}\end{aligned}$$

令 $\beta_P = x_1\beta_1 + x_2\beta_2 + \cdots + x_n\beta_n$，称为证券组合 P 的 β 系数，于是上述方程被写为：

$$E(r_P) = r_F + [E(r_M) - r_F]\beta_P$$

由此可见，无论单个证券还是证券组合，均可将其 β 系数作为风险的合理测定，其期望收益与由 β 系数测定的系统风险之间存在线性关系。这个关系在坐标系中代表一条直线，这条直线被称为证券市场线，如图 9—17 所示。

当 P 为市场组合 M 时，$\beta_P = 1$，因此，证券市场线经过点 $[1, E(r_M)]$；当 P 为无风险证券时，β 系数为 0，期望收益率为无风险利率 r_F，因此证券市场线也经过点 $[0, E(r_F)]$。

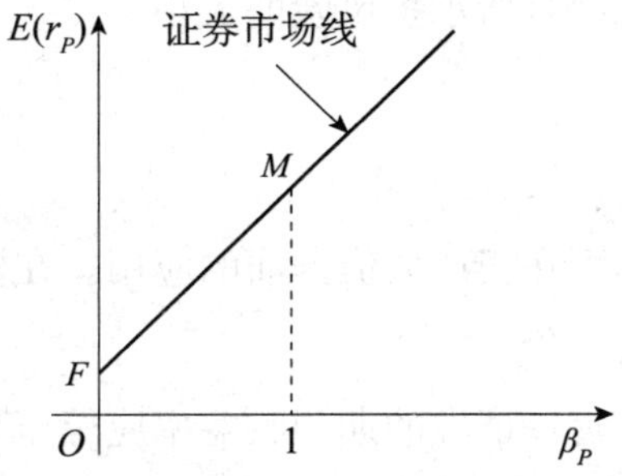

图 9—17　证券市场线

2. 证券市场线的经济意义

证券市场线方程完整阐述了任意证券或组合的期望收益率和风险之间的关系。任意证券或组合的期望收益率由两部分构成：一部分是无风险利率 r_F；另一部分则是 $[E(r_M)-r_F]\beta_P$，是对承担风险的补偿，即风险溢价。它与承担的风险 β_P 的大小成正比。其中的 $[E(r_M)-r_F]$ 代表了对单位风险的补偿，通常称之为风险的价格。

（四）β 系数的含义及应用

1. β 系数的含义

(1) β 系数反映证券或证券组合对市场总体风险的贡献率。

(2) β 系数反映了证券或组合的收益水平对市场期望收益率变化的敏感性。

(3) β 系数是衡量证券承担系统风险水平的指数。按照特征线方程，证券或组合的风险为：

$$\sigma_P = {\beta_P}^2 {\sigma_M}^2 + {\varepsilon_P}^2$$

显然，证券或组合的风险分为两部分，其中 ${\beta_P}^2{\sigma_M}^2$ 为系统性风险，${\varepsilon_P}^2$ 为非系统风险。因此，β 系数可以用来衡量证券承担系统风险的大小。

2. β 系数的应用

β 系数被广泛应用于证券的分析、投资决策和风险控制中，主要有以下几个方面的应用：

(1) 证券的选择。证券选择需要进行证券估值。资本资产定价理论的应用需要利用 β 系数进行估值。另外，当市场状态不同，投资者的选择会随之调整。一般而言，当市场处于牛市时，在估值优势相差不大的情况下，投资者会选择 β 系数较大的股票，以期获得高收益；反之，当市场处于熊市时，投资者会选择 β 系数较小的股票，以减少股票下跌的损失。

(2) 风险控制。由于 β 系数是证券或组合系统风险的量度，因此，风险控制部门或投资者通常会利用 β 系数对证券投资进行风险控制，控制 β 系数过高的证券投资比例。另外，针对衍生证券的对冲交易，通常会利用 β 系数控制对冲的衍生证券头寸。

(3) 投资组合绩效评价。评价组合业绩是基于风险调整后的收益进行考量，即既要考虑组合收益的高低，也要考虑组合所承担风险的大小。

二、资产估值

这里介绍资本资产定价模型在资产估值方面的应用。在资产估值方面，该理论主要被用来判断证券是否被市场错误定价。

根据资本资产定价理论，每一证券的期望收益率应等于无风险利率加上该证券由β系数测定的风险溢价：

$$E(r_i)=r_F+[E(r_M-r_F)]\beta_i$$

一方面，当我们获得市场组合的期望收益率的估计和该证券的风险β_i的估计时，我们就能计算市场均衡状态下证券i的期望收益率$E(r_i)$；另一方面，市场对证券在未来所产生的收入流（股息加期末价格）有一个预期值，这个预期值与证券i的期初市场价格及其预期收益率$E(r_i)$之间有如下关系：

$$E(r_i)=\frac{E(\text{股息}+\text{期末价格})}{\text{期初价格}}-1$$

在均衡状态下，上述两个$E(r_i)$应有相同的值。因此，均衡期初价格应定为：

$$\text{均衡的期初价格}=\frac{E(\text{股息}+\text{期末价格})}{1+E(r_i)}$$

于是，可以将现行的实际市场价格与均衡的期初价格进行比较。如果两者不等，说明市场价格被误定，于是被误定的价格应该有回归的要求。当实际价格低于均衡价格时，说明该证券是廉价证券，应该购入该证券；相反，应卖出该证券，而将资金转向购买其他廉价证券。

【例 9—4】 A公司今年每股股息为0.60元，预期今后每股股息将以每年15%的速度稳定增长。当前的无风险利率为0.02，市场组合的风险溢价为0.09，A公司股票的β值为1.60。那么，A公司股票当前的合理价格P_0是多少？

首先，根据股票现金流估价模型中的不变增长模型，得出A公司股票当前的合理价格P_0为：

$$P_0=\frac{0.6}{k-0.15}$$

式中：k表示必要收益率（或风险调整贴现率）。

其次，根据证券市场线有：

$$k=r_F+[E(r_M)-r_F]\beta_P=0.02+0.09\times1.60=0.164$$

最后，得出A公司股票当前的合理价格：

$$P_0=\frac{0.6}{k-0.15}=\frac{0.6}{0.164-0.15}=42.86(\text{元})$$

项目小结

本项目在理论上回答了投资领域中为什么“所有的鸡蛋不能放到一个篮子里”。首先，讲述了资产组合的含义、特点、方法和基本步骤；然后，介绍了如何对单一证券或多种证券（资产）组合的风险和收益特征的衡量，并在“收益率—标准差”的二维坐标系中刻画出证券（资产）组合的可行域和有效边界，然后结合描述投资者偏好的共性和差异的无差异曲线，构建最优证券组合；最后，在给定一组约束条件后，推导出资本资产定价模型，对风险和收益的关系有更加深入和准确的衡量和理解。

技能训练

一、单选题

1. 证券组合的被动管理方法与主动管理方法的出发点是不同的，被动管理方法的使用者认为（　　）。

A. 证券市场并非总是有效率的　　B. 证券市场是有效率的市场

C. 证券市场是帕累托最优的市场　　D. 证券市场并非总是帕累托最优的市场

2. 不存在卖空且两种证券完全正相关的情况下，这两种证券所形成的组合的预期收益率与标准差之间的关系为（　　）。

A. 线性关系　　B. 分段的线性关系

C. 非线性关系　　D. 无明确的线性关系

3. 根据现代组合理论，使投资者最满意的证券组合是（　　）。

A. 无差异曲线与有效边界的切点　　B. 处于位置最高的无差异曲线上

C. 处于有效边界的最高点　　D. 无差异曲线与有效边界的交点

4. 当考虑投资无风险证券时，证券组合的有效边界变为（　　）。

A. 射线　　B. 曲线

C. 与只投资风险证券的一样　　D. 没有特定的形状

5. 资本资产定价模型表明，β系数作为衡量系统风险的指标，与预期收益水平之间是（　　）。

A. 正相关的　　B. 负相关的　　C. 不相关的　　D. 非线性相关的

6. 如果某证券的β值为1.5，若市场投资组合的风险溢价水平为10%，则该证券的风险溢价水平为（　　）。

A. 5%　　B. 15%　　C. 50%　　D. 85%

二、多选题

1. 一般而言，资本资产定价模型的应用领域包括（　　）。

A. 资产估值　　B. 资金成本估算

C. 资源配置　　D. 预测股票市场的变动趋势

2. 两种证券构成组合的组合线与这两种证券之间的相关性是有联系的，下列关于这种联系的说法正确的是（　　）。

A. 组合线的弯曲程度随着相关系数的增大而降低

B. 组合线当相关系数等于 1 时呈直线

C. 组合线当相关系数等于－1 时呈折线

D. 组合线当相关系数等于 0 时比正相关弯曲程度大，比负完全相关弯曲程度小

3. 根据马柯威茨均值方差模型，投资者在选择自己最满意的投资组合的过程中，最关键的工作环节有（　　）。

A. 确定有效边界　　　　　　　　B. 确定自己的偏好无差异曲线

C. 确定单个证券的期望收益率　　D. 确定单个证券的风险

4. 甲、乙、丙三种股票组成投资组合，它们的 β 系数分别为 1.5、1.0 和 0.5，该投资组合甲、乙、丙三种股票的投资比重分别为 50%、20%、30%。下列说法中，正确的是（　　）。

A. 甲股票所含系统风险大于甲、乙、丙三种股票投资组合风险

B. 乙股票所含系统风险大于甲、乙、丙三种股票投资组合风险

C. 丙股票所含系统风险大于甲、乙、丙三种股票投资组合风险

D. 甲、乙、丙三种股票投资组合风险大于全市场组合的投资风险

5. 关于证券市场线和资本市场线的说法，正确的是（　　）。

A. 资本市场线只是揭示了有效组合的收益风险均衡关系，而没有给出任意证券或组合的收益风险关系

B. 证券市场线揭示了任意证券或组合的收益风险均衡关系

C. 证券市场线表示单个证券的期望收益率与其对市场组合方差的贡献率之间存在线性关系，而不像有效组合那样与标准差有线性关系

D. 资本市场线表示有效组合期望收益率与其标准差（总风险）有线性关系

三、判断题

1. 投资者承担的风险越大，收益一定越大。（　　）

2. β 值是对非系统性风险的衡量。（　　）

3. β 值取值为 0～1。（　　）

4. 证券组合的风险一定比单个证券的风险要小。（　　）

5. CAPM 模型就是对系统性风险进行定价。（　　）

6. 证券资产的风险大小衡量中，标准差是比 β 值更好的方法。（　　）

四、计算分析题

1. 假定证券甲的收益率分布见下表：

收益率（%）	－40	－10	0	15	30	40
概率	0.13	0.17	0.30	0.15	0.05	0.20

请计算该证券的期望收益率。

2. 假定证券 A 的收益率（r_i）的概率分布如下：

收益率 r_i（%）	−2	−1	1	3
概率	0.20	0.30	0.10	0.40

请计算该证券的期望收益率和方差。

3. 已知证券组合 P 是由证券 A 和 B 构成，证券 A 和 B 的期望收益、标准差以及相关系数见下表。

证券名称	期望收益率	标准差	相关系数	投资比重
A	10%	6%	0.12	30%
B	5%	2%		70%

请计算证券组合 P 的期望收益率和方差。

4. A 公司 2013 年每股股息为 0.50 元，预期今后每股股息将以每年 10%的速度稳定增长。当前的无风险利率为 0.03，市场组合的风险溢价为 0.08，A 公司股票的 β 值为 1.50。那么，A 公司股票当前的合理价格 P_0 是多少？

项目十

资产组合管理

学习目标

1. 理解资产配置的含义和作用；
2. 了解资产配置的历史数据法和情景综合分析法；
3. 熟悉资产配置需要考虑因素；
4. 掌握资产配置的基本步骤；
5. 理解股票投资组合的作用；
6. 熟悉积极的股票风格管理与积极型股票投资策略；
7. 理解消极的股票风格管理与消极型股票投资策略；
8. 掌握债券的麦考莱久期计算；
9. 掌握债券互换策略并熟悉其他的积极债券组合管理方法；
10. 掌握利率消毒策略的相关分析和计算，并熟悉其他的消极债券组合管理方法；
11. 理解投资组合绩效衡量的重要性；
12. 理解并掌握三个经典的绩效衡量指标。

项目导言

本书前面的项目里，我们已经学习了不同投资对象的收益和风险特征，以及分析这些风险和收益特征的多种方法，并且在理论上获得了这样的认识：分散投资可以降低风险。分散投资就是将多种投资品种进行组合。在构建投资组合的过程中，有哪些基本的资产配置类型、常见的投资策略以及分析方法呢？

项目导入

改革开放以来，我国居民、家庭的资产结构不断发展变化。他们的主要投资对象包括现金、储蓄存款、债券和股票、保险、外币资产等。在1996年之前，比重最高的是储蓄存款；其次是手持现金和有价证券，这时的有价证券主要是国债，最后是保险准备金、外币资产及其他。我国利率自由化改革启动之后，比重最高的仍然是储蓄存款，其次是保险准备金和手持现金，最后是股票、有价证券、外币资产。与西方发达国家相比，呈现如下几个特征：储蓄存款的占比过高、债券类资产比重偏低、股票的占比仍然很低、现金的比重仍然较高。如何理解我国居民的资产结构变化？这种资产结构对个人或家庭而言，是否是最优的安排？我们应该如何调整？对于具体的债券类资产或股票类资产配置时，又如何进一步进行资产组合构建？如何衡量投资组合的效果？

任务一 管理资产配置

任务描述

1. 谈谈资产配置在投资过程中的位置和作用；
2. 分析影响人们进行资产配置的因素；
3. 总结资产配置的基本步骤；
4. 搜集某基金公司或资产管理公司在资产配置方面的做法，分析其配置策略。

相关知识

一、资产配置概述

（一）资产配置的含义

完整的投资过程可以简单地划分为规划、实施和优化管理三个阶段。规划阶段需要完成的就是资产配置任务。资产配置是指根据投资需求将投资资金在收益和风险等性质不同的资产类别之间进行分配。

（二）资产配置的作用

资产配置是投资过程中最重要的环节之一，对投资组合业绩的贡献率达到90%以上。资产配置对投资绩效的影响主要表现在降低风险、提高收益：比如在半强势有效市场环境下，因为投资目标的信息、盈利状况、规模，投资品种的特征以及特殊的时间变动等因素对投资收益都有影响，不同的资产配置会产生不同的收益；资产配置对象从单一资产扩展到多资产类型、从国内市场扩展到国际市场，资产配置的重要意义与作用不断凸显出来，可以帮助投资者降低单一资产的非系统性风险。

（三）资产配置的主要考虑因素

资产配置过程是在投资者的风险承受能力与效用函数的基础上，根据各项资产在持有期间或计划范围内的预期风险收益及相关关系，在可承受的风险水平上构造能够提供最优回报率的资金配置方案的过程。一般而言，进行资产配置主要考虑的因素有：

1. 投资者自身的因素

包括投资者的年龄或投资周期、资产负债状况、财务变动状况与趋势、财富净值和风险偏好等，这些因素决定了投资者的风险承受能力、收益率大小、流动性高低、投资期限等要求。一般而言，个人的生命周期是影响个人投资者资产配置的最主要因素。在最初的工作累积期，考虑到流动性需求和为个人长远发展目标进行积累的需要，投资应偏向风险高、收益高的产品；进入工作稳固期以后，收入相对而言高于需求，可适当选择风险适中的产品以降低长期投资的风险；进入退休期以后，支出高于收入，对长远资金来源的需求也开始降低，可选择风险较低但收益稳定的产品，以确保个人累积的资产免受通货膨胀的负面影响。随着投资者年龄的日益增加，投资应该逐渐向节税产品倾斜。在整个投资过程中，机构投资者则更着重机构本身的资产负债状况以及股东、投资者的特殊需求。

2. 投资环境因素

这些因素包括国际经济形势、国内经济状况与发展动向、通货膨胀、利率变化、经济周期波动和监管等。一般只有专业投资者和机构投资者会受到监管的约束。监管的各种法规、条例会随着时间的推移而变化，在进行资产配置时必须充分考虑各种市场和监管因素的变化和影响。

3. 资产的流动性特征

资产的流动性是指资产以公平价格售出的难易程度，体现投资资产时间尺度和价格尺度之间的关系。现金和货币市场工具如国库券、商业票据等是流动性最强的资产，而房地产、办公楼等则是流动性较差的资产。

4. 税收考虑

税收结果对投资决策意义重大，因为任何一个投资策略的业绩都是由其税后利润的多少来进行评价的。对面临高税率的个人投资者和机构投资者而言，他们更重视在整个资产配置中合理选择避税或缓税的投资产品。

（四）资产配置的基本步骤

一般情况下，资产配置的过程包括以下几个步骤：

1. 明确投资目标和限制因素

根据投资者的具体情况，分析确定投资者的投资风险偏好、流动性需求、时间跨度要求，并考虑市场上实际的投资限制、操作规则、税收等问题，确定投资需求。

2. 明确资本市场的期望值

这一步骤主要是利用历史数据与经济分析来决定投资者所考虑资产在相关持有期间内的预期收益率，确定投资的指导性目标。

3. 明确资产组合中包括哪几类资产

确定具体的资产配置通常考虑的主要资产类型有现金、固定收益证券、股票、不动产、贵金属等。资产配置过程如图 10—1 所示。

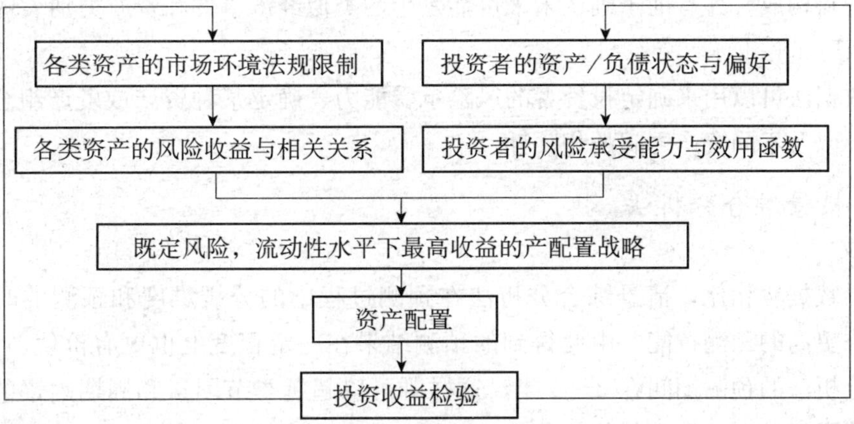

图 10—1　资产配置过程

在这一资产配置过程中，由于市场条件的变化和投资者的影响，其内容会随情况的变化而变化，但其中所涉及的决策原则和方法相对较为稳定。完整的资产配置过程不仅需要综合各方面的情况，还需要根据情况的变化进行动态的调整。

4. 确定有效资产组合的边界

这一步骤是指找出在既定风险水平下可获得最大预期收益的资产组合，确定风险修正条件下投资的指导性目标。

5. 寻找最佳的资产组合

这是指在满足投资者面对的限制因素的条件下，选择最能满足其风险收益目标的资产组合，确定实际的资产配置战略。

二、资产配置的基本分析方法

针对上述影响资产配置五个环节的主要因素，投资者需要采用的主要分析方法有历史数据法和情景综合分析法。

（一）历史数据法

1. 含义

历史数据法假定未来与过去相似，以长期历史数据为基础，根据过去的经历推测未来的资产类别收益。有关的历史数据包括各类型资产的收益率、以标准差衡量的风险水平以及不同类型资产之间的相关性等数据，并假设上述历史数据在未来仍然能够继续保持。在进行预测时一般需要按照通货膨胀预期进行调整，使调整后的实际收益率与过去保持一致。

历史数据法还可以将不同历史时期的不同经济周期状况下各类型资产的风险收益状况及相关性数据纳入分析，结合对目前和未来一定时期内的经济趋势来预测各类型资产的风险收益状况及相关性。不同类型的资产的收益和风险性质在不同的经济环境中具有不同的绝对表现和相对表现。因此，对历史资料进行细分，可以使分析者正确地确认与未来最相关的历史资料构成，并有助于确认未来可能发生的类似经济事件和资产类别表现。

2. 应用

历史数据法可以用来确定投资者的风险承受能力、确定某种资产或资产组合的方差和预期收益，以及不同资产之间的相关性。

（二）情景综合分析法

1. 含义

与历史数据法相比，情景综合分析法在预测过程中的分析难度和预测的时间范围不同，也要求更高的预测技能，由此得到的预测结果在一定程度上也更有价值。一般来说，情景综合分析法的预测期间在 3～5 年，这样既可以超越季节因素和周期因素的影响，能更有效地着眼于社会政治变化趋势及其对股票价格和利率的影响，也为短期投资组合决策提供了适当的视角，为战术性资产配置提供了运行空间。

2. 预测的基本步骤

（1）分析目前与未来的经济环境，确认经济环境可能存在的状态范围，即情景。例如，经济可能会出现的高速增长和低通货膨胀、反通货膨胀、通货紧缩、通货再膨胀、滞胀等状态。

（2）预测在各种情景下，各类资产可能的收益与风险，各类资产之间的相关性。例如利息率、股票价格、持有期回报率等。

（3）确定各情景发生的概率。

（4）以情景的发生概率为权重，通过加权平均的方法估计各类资产的收益与风险。

3. 应用

情景综合分析法能用于确定某资产或资产组合的方差、预期收益以及不同资产之间的相关程度。

三、资产配置的主要类型

资产配置在不同层面有不同含义。从范围上看，可分为全球资产配置，股票、债券资产配置和行业风格资产配置等；从时间跨度和风格类别上看，可分为战略性资产配置、战术性资产配置和资产混合配置等；从配置策略上可分为买入并持有策略、恒定混合策略、投资组合保险策略和动态资产配置策略等。

买入并持有策略属于消极型的长期再平衡策略，恒定混合策略、投资组合保险策略和动态资产配置策略则相对较为积极。下面主要对这四种资产配置策略进行介绍。

（一）买入并持有策略

买入并持有策略是指按确定的恰当的资产配置比例构造了某个投资组合后，在诸如3～5年的适当持有期间内不改变资产配置状态，保持这种组合。买入并持有策略是消极型的长期再平衡方式，适用于有长期计划水平并满足于战略性资产配置的投资者。

在该策略下，投资组合完全暴露于市场风险之下，它具有交易成本和管理费用较小的优势，但也放弃了从市场环境变动中获利的可能，同时还放弃了因投资者的效用函数或风险承受能力的变化而改变资产配置状态，从而提高投资者效用的可能。因此，买入并持有策略适用于资本市场环境和投资者的偏好变化不大，或者改变资产配置状态的成本大于收益时的状态。

（二）恒定混合策略

恒定混合策略是指保持投资组合中各类资产的比例固定。也就是说，在各类资产的市场表现出现变化时，资产配置应当进行相应的调整，以保持各类资产的投资比例不变。

与战术性资产配置相比，恒定混合策略假定资产的收益情况和投资者偏好没有大的改变，因而最优投资组合的配置比例不变。恒定混合策略适用于风险承受能力较稳定的投资者，在风险资产市场价格下跌时，他们的风险承受能力不像一般投资者那样下降，而是保持不变，因而其风险资产的比例反而上升，风险收益补偿也随之上升了；反之，当风险资产市场价格上升时，投资者的风险承受能力仍然保持不变，其风险资产的比例将下降，风险收益补偿也下降。

（三）投资组合保险策略

投资组合保险策略是在将一部分资金投资于无风险资产从而保证资产组合最低价值的前提下，将其余资金投资于风险资产，并随着市场的变动调整风险资产和无风险资产的比例，同时不放弃资产升值潜力的一种动态调整策略。当投资组合价值因风险资产收益率的提高而上升时，风险资产的投资比例也随之提高；反之则下降。

（四）动态资产配置策略

动态资产配置是根据资本市场环境及经济条件对资产配置状态进行动态调整，从而增加投资组合价值的积极战略。大多数动态资产配置具有以下共同特征：

(1) 一般是建立在一些分析工具基础之上的客观、量化的过程。这些分析工具包括回归分析或优化决策等。

(2) 资产配置主要受某种资产类别预期收益率客观测度的驱使，因此属于以价值为导向调整的过程。可能的驱动因素包括以现金收益、长期债券的到期收益率为基础计算的股票预期收益，或按照股票市场股息贴现模型评估的股票股息收益变化情况等。

(3) 资产配置规则能够客观地测度出哪一种资产类别已经失去市场的注意力，并引导投资者进入不受人关注的资产类别。

(4) 资产配置一般遵循“回归均衡”的原则，这是动态资产配置中的主要利润机制。假设股票盈余收益与债券收益相比，比正常水平高2%，我们可能期望再获得2%的额外收益（高于债券收益），超过历史上正常水平。反之，如果市场回归正常关系状态，股票盈余收益下降1%或债券收益上升1%时都可能出现这一现象，在这两种情况下产生的额外股票收益都远远超过债券1%的额外风险溢价。

任务二

管理股票投资组合

任务描述

1. 谈谈构建股票投资组合的作用；
2. 运用技术分析为基础的投资策略构建股票投资组合；
3. 应用市盈率法分析某只股票的投资价值；
4. 收集指数型股票基金的资料，分析其投资策略。

相关知识

一、股票投资组合的作用

组合管理是一种区别于个别资产管理的投资管理理念。股票投资管理作为资产配置的重要组成部分之一，有两个作用，即分散风险、实现收益最大化。

（一）分散风险

股票与其他任何金融产品一样，都是有风险的。我们常常会用篮子装鸡蛋的例子来说明分散风险的重要性。如果我们把鸡蛋放在一个篮子里，万一这个篮子不小心掉在地上，那么所有的鸡蛋都可能被摔碎；而如果我们把鸡蛋分散在不同的篮子里，那么一个篮子掉了不会影响其他篮子里的鸡蛋。资产组合理论表明，证券组合的风险随着组合所包含的证券数量的增加而降低，资产间关联性低的多元化证券组合可以有效地降低个别风险。

（二）实现收益最大化

从市场经验来看，单只股票受行业政策和基本面的影响较大，相应的收益波动往往也很大。在公司业绩快速增长时期可能给投资者带来可观的收益，但是如果因投资者未观察到的信息而导致股票价格大幅下跌，则可能给投资者造成很大的损失。因此，在给定的风险水平下，通过多样化的股票选择，可以在一定程度上减轻股票价格的过度波动，从而在一个较长的时期内获得最大收益。

二、积极的股票风格管理与积极型股票投资策略

根据对市场有效性的不同判断，可以将股票投资组合策略分为两大类：一类是以战胜市场为目的的积极型股票投资组合策略；另一类是以获得市场组合收益为目的的消极型股票投资组合策略。两类投资策略在构建投资组合、运作监测等方面都有各自不同的特点。

所谓积极的股票风格管理，是通过对不同类型股票的收益状况作出预测和判断，主动改变投资组合中增长类、周期类、稳定类和能源类股票权重的股票风格管理方式。例如，预测某一类股票前景良好，那么就增加它在投资组合中的权重，且一般高于它在标准普尔500种股票指数中的权重；反之，就降低它在投资组合中的权重。

积极型管理的目标是超越市场。如果股票市场不是有效的市场，股票的价格不能完全反映影响价格的信息，投资组合的管理人有可能通过对股票的分析和其良好的判断力以及信息方面的优势，识别出错误定价的股票，通过买入“价值低估”的股票、卖出“价值高估”的股票，获取超出市场平均水平的收益率。

积极型股票投资策略归纳起来大致包括以下几种：在否定弱势有效市场前提下的以技术分析为基础的投资策略，如道氏理论、移动平均法、价格与交易量的关系等理论；在否定半强势有效市场前提下的以基本分析为基础的投资策略，如低市盈率法和股利贴现模型等；结合对弱势有效市场和半强势有效市场的挑战，人们提出的市场异常策略，如小公司效应、日历效应等。

（一）以技术分析为基础的投资策略

这是在否定弱势有效市场的前提下，以历史交易数据（过去的价格和交易量数据）为基础，预测单只股票或市场总体未来变化趋势的一种投资策略。相关策略主要有道氏理论、超买超卖型指标、价量关系指标等方法。

（二）以基本分析为基础的投资策略

基本分析是在否定半强势有效市场的前提下，以公司基本面状况为基础进行的分析，其内容包括公司的资本结构、资产运作效率、偿债能力、盈利能力和市场占有率等方面，还可以通过同行业的横向或上下游的纵向比较加深对公司基本面的了解。目前应用较多的

基本分析方法主要有以下几类：

1. 低市盈率（P/E 比率）

选择"双低"股票作为目标投资对象是机构投资者普遍运用的投资策略。所谓"双低"，就是低市盈率、低市净率。市盈率是股票价格与每股净利润的比值，市净率则是股票价格与每股净资产的比值。这个投资策略的理论基础在于，这两类股票的股价有较高的实际收益的支持。也就是说，这类股票价格被低估的可能性则较高。

2. 股利贴现模型

从项目三所介绍的股利贴现模型（简称 DDM）可知：如果净现值大于股票价格，即股票价值被低估，应买入；反之，应卖出。模型中的预期现金流量包括预期的股利支付和未来某时股票的预期售价。通常我们可以通过资本资产定价模型确定贴现率，并假定在全部期限内贴现率保持不变。按照对未来股利支付的不同假定，DDM 可演化为固定增长模型、三阶段 DDM 或随机 DDM 等具体表现形式。

另外，我们也可以从内含报酬率的角度来判断买入或卖出。内含报酬率就是净现值等于 0 时的贴现率，它反映了股票投资的内在收益情况。如果内含报酬率高于资本的必要收益率，则买入；如果内含报酬率低于资本的必要收益率，则卖出。

（三）市场异常策略

人们在长期的实践中发现，具有某些特征的一类股票往往其收益表现会高于其他股票或市场总体水平。值得注意的是，这些股票的共同特征不是基于公司基本面，也不能完全套用技术分析的指标做出解释。因此，以这类特殊股票作为主要投资对象的策略通常称为"市场异常策略"。常见的市场异常策略包括小公司效应、低市盈率效应、日历效应、遵循内部人的交易活动等策略。

1. 小公司效应

所谓小公司效应就是以市场资本总额衡量的小型资本股票，它们的投资组合收益通常优于股票市场的整体表现。表 10—1 列出了美国在 1963—1993 年，小型资本股票和大型资本股票在不同时间段的投资回报情况。从统计数据来看，在大多数时间里，小公司的投资回报要优于大公司。

表 10—1　　大型资本股票和小型资本股票的业绩表现（1963—1993 年）

各个阶段	小型资本股票的回报率（%）	大型资本股票的回报率（%）
1963—1968 年	30.9	12.2
1969—1974 年	−13.6	−3.4
1975—1983 年	35.3	15.7
1984—1990 年	2.6	14.6
1991—1993 年	29.2	15.6

2. 低市盈率效应

低市盈率效应是指由低市盈率股票组成的投资组合的表现要优于由高市盈率股票组成的投资组合的表现。这与基本分析中的低市盈率指标基本吻合。通过对低市盈率股票的观察可以发现：一方面，这一类股票的市场价格更接近于价值，或者出现价值被低估的情况；另一方面，这类股票往往是市场投资者关注较少的股票，或者不是短期内的热点。而对于资本市场而言，价格向价值回归是一种长期趋势，而热点转换也是市场运动的规律，因此价值被低估的、暂时性非热点的公司，往往就是潜在的下一个热点，其股价上涨的空间和概率都比较大。

3. 日历效应

人们在长期的投资实践中发现，在每一年的某个月份或每个星期的某一天，市场走势往往表现出一些特定的规律。例如在过年前的一段时间里，在假期消费心理和大资金回笼的影响下，股价走势往往比较弱。因此，一些有经验的投资经理会选择股价走势通常较好的时期，某月或一个星期的某一天作为买入时点，而在股价走势较弱的月份选择卖出。

4. 遵循内部人的交易活动

如果证券市场是一个完全有效的市场，那么任何人无论通过何种途径都无法获得超过市场的回报。但实际上完全有效的市场是不可能或很难达到的，因此我们通常所说的内部人往往可以利用其特殊地位提前于投资者获得公司尚未公布的信息，或者掌握比普通投资者更多的信息，并以此获得超额回报。正如我们所知道的那样，一项信息只有在由少数人掌握的情况下才可能为其带来超额收益，一旦信息被所有人获得，则超额收益就会消失。而内部人正是掌握该信息的少数人，因此有些投资者采取跟随内部人的方式实施其投资策略，在有些时候也可以分享一部分超额收益。

三、消极的股票风格管理与消极型股票投资策略

所谓消极的股票风格管理，是指选定一种投资风格后，不论市场发生何种变化均不改变这一选定的投资风格。这种风格的好处是既节省投资的交易成本、研究成本、人力成本，也避免了不同风格股票收益之间相互抵消的问题。消极型管理是有效市场的最佳选择。

消极型股票投资策略以有效市场假说为理论基础，可以分为简单型和指数型两类策略。

（一）简单型消极投资策略

简单型消极投资策略一般是在确定了恰当的股票投资组合之后，在3～5年的持有期内不再发生积极的股票买入或卖出行为，而进出场时机也不是投资者关注的重点。简单型消极投资策略具有交易成本和管理费用最小化的优势，但同时也放弃了从市场环境变化中获利的可能。适用于资本市场环境和投资者偏好变化不大，或者改变投资组合的成本大于收益的状态。

（二）指数型消极投资策略

指数型消极投资策略的核心思想是相信市场是有效的，任何积极的股票投资策略都不能取得超过市场的投资收益，因此复制一个与市场结构相同的指数组合，就可以排除

非系统性风险的干扰而获得与市场相同或相近的投资回报。因此，采取指数型策略的投资管理人并不试图用基本分析的方式来区分价值被高估或低估的股票，也不试图预测股票市场的未来变化，而是力图模拟市场构造投资组合，以取得与市场组合相一致的风险收益结果。

任务三

管理债券资产组合

任务描述

1. 用久期指标分析某一特定债券的利率风险大小；
2. 搜集债券市场相关资料，寻找能够使用债券互换策略的投资机会；
3. 计算债券互换策略中的投资回报率；
4. 计算免疫策略中的相关投资指标。

相关知识

债券资产的组合管理主要有两个目的：一是规避利率风险，获得稳定的投资收益；二是通过组合管理鉴别出非正确定价的债券，并力求通过对市场利率变化总趋势的预测来选择有利的市场时机，以赚取债券市场价格变动带来的资本利得收益。为实现第一个目的所采用的组合管理方法是建立在市场极度有效的假设之上的，因此，这类组合方法被称为“被动的债券组合管理”。着眼于第二个目的的债券投资组合是建立在市场效率不理想的假设之上的，相应的债券组合管理为主动式管理。这个任务就债券利率风险的衡量、被动管理与主动管理方法进行阐述。

一、债券利率风险的衡量

（一）久期

久期又被称为“持期”，是测量债券价格相对于收益率变动的敏感性指标。其中最重要的一种久期是 1938 年弗雷德里克・麦考莱首先提出的麦考莱久期。麦考莱久期（D）定义为：

$$D = \frac{\sum_{t=1}^{n} \frac{tC_t}{(1+r)^t}}{P}$$

式中：P 表示债券价格；C_t 表示该债券在第 t 期的现金流量；r 表示应计收益率；n 表示期数。

久期公式计算所得的数值表示投资者能够收回债券投资本金的时间（用年表示），也就是债券期限的加权平均数，其权数是每年的债券债息或本金的现值占当前市价的比重。

【例 10—1】 请计算 10 年期息票利率为 7%的贴现债券的久期（面值为 1 000 元）。

根据久期的计算公式有：$D=\dfrac{10\times\dfrac{1\,000}{(1+7\%)^{10}}}{\dfrac{1\,000}{(1+7\%)^{10}}}=10$

可见，对于在债券持有期内没有债息收入，贴息发行到期偿还本金的贴现债券而言，久期便等于其到期期限。

而在一般情况下，债券的到期期限总是大于久期。久期具有以下几个方面的性质：

(1) 久期与息票利率呈相反的关系，息票率越高，久期越短，这是因为债券更多部分的现金流以利息支付的形式返还，收回债券投资本金所需时间缩短。

(2) 债券的到期期限越长，久期也越长。不过，随着期限的增长，同一幅度的期限上升所能引起的久期增加递减，即期限对久期的边际作用递减。

(3) 久期与到期收益率之间呈相反的关系，到期收益率越大，久期越小，但其边际作用效果也递减。

(4) 多只债券的组合久期等于各只债券久期的加权平均，其权数等于每只债券在组合中所占的比重。

(二) 修正久期

债券价格对利率或收益率变化的敏感性可以表示为价格对收益率的导数：

$$dP/dr=-\frac{\sum_{t=1}^{n}\frac{tC_t}{(1+r)^t}}{(1+r)}$$

根据麦考莱久期的计算公式，债券价格对利率的敏感性又可表示为：

$$(1/P)\frac{dP}{dr}=-\frac{D}{(1+r)}$$

当收益率很小时可以忽略不计，则上式中 $1+r$ 就可以简化为 1。可以看出，久期实质上是对债券价格利率敏感性的线性测量，或一阶导数。如更精确一些，考虑收益率，可以对麦考莱久期（D）进行修正，修正久期（D^*）为：

$$D^*=(1/P)\frac{dP}{dr}=\frac{D}{1+r}$$

可以看出，修正久期是对债券价格利率线性敏感性更精确的测量，更符合一般意义上的久期定义。利用修正久期可以计算出收益率变动一个单位百分点时债券价格变动的百分数。

【例 10—2】 按 70.357 元的价格、9%的到期收益率、6%的息票率售出的 25 年期的债券，其麦考莱久期为 11.10 年，修正久期为 10.62 年。如果该种债券的到期收益率突然由 9%上升到 9.10%，即变动 0.1 个百分点（10 个基准点），那么债券价格变动额为多少？

债券价格的近似变化数为：

$$-10.62\times 0.1\% = -1.062\%$$

债券价格的近似变动额为：

$$-1.062\%\times 70.357 = -0.747（元）$$

二、积极的债券组合管理

为了寻找市场误定的债券，并力求通过对市场利率变化总趋势的预测来选择有利的市场时机，债券资产的主动管理通常采用以下几大类型：

（一）水平分析法

水平分析法的核心是通过对未来利率的变化就期末的价格进行估计，并据此判断现行价格是否被误定以决定是否买进。债券的全部报酬由四部分组成：时间价值、收益率变化的影响、息票利息以及息票利息再投资获得的利息。管理人员通过对收益率发生概率的估计，判断债券的风险，为投资提供依据。

（二）债券互换

债券互换就是同时买入和卖出具有相近特性的两个以上债券品种，从而获取收益级差的行为。不同债券品种在利息、违约风险、期限（久期）、流动性、税收特性、可回购条款等方面的差别，决定了债券互换的可行性和潜在获利可能。

债券互换的估价方法相当复杂。一种较简单的估价方法是投资期分析法。投资期分析法把债券互换各个方面的回报率分解为四个组成成分：两种确定性的组成成分是源于时间成分和票息因素所引起的收益率变化；两种不确定性的组成成分是由于到期收益率变化所带来的资本增值或损失（收益成分）和票息的再投资收益。

总回报率＝时间成分＋票息＋收益成分＋票息再投资收益

【例 10—3】 假设投资者购买一手 10 年之后到期的债券，票息率 14.50%，每半年支付一次。目前的到期收益率是 13.00%，1 年后出售时的到期收益率是 11.00%。债券初始买入价格是 1 081.22 元。1 年之后，债券的价格提高到 1 195.90 元，根据表 10—2 的资料信息，请分析计算总回报率为多少。

表 10—2　　不同到期收益率和到期时间的债券价格分布表　　（单位：元）

到期收益率	票息为 14.5%的债券，在各种不同的到期收益率和到期时间情况下的价格		
	到期时间		
	10 年	9.5 年	9 年
10%	1 280.35	1 272.52	1 262.52

续前表

到期收益率	票息为14.5%的债券，在各种不同的到期收益率和到期时间情况下的价格		
	到期时间		
	10年	9.5年	9年
11%	1 209.37	1 203.72	1 195.9
			↑
12%	1 141.85	1 139.1	1 135.17
			↑
13%	1 081.22	→1 079.82	→1 077.17
14%	1 026.06	1 025.78	1 025.07

1. 确定性成分：

(1) 由于时间变动而引起的债券价格变动：

(1 077.17－1 081.22) /1 081.22 ×100%＝－0.38%

(2) 票息：

1年的票息总额：10×100×14.5%＝145 (元)

票息收益率：145/1 081.22×100%＝13.41%

2. 不确定性成分：

(1) 由于到期收益率的变化而引起的价格变化：

(1 195.90－1 077.17) /1 081.22×100%＝ 10.98%

(2) 票息再投资收益：(145/2×13%×1/2) /1081.22×100%＝ 0.44%

3. 总回报率：－0.38%＋13.41%＋10.98%＋0.44%＝24.45%

(三) 骑乘收益率曲线

使用这类方法的投资者以资产的流动性为目标，投资于短期固定收入债券。当收益率向上倾斜，并且投资者确信收益率曲线继续保持上升的趋势，就会购买比要求的期限稍长的债券，然后在债券到期前出售，获得一定的资本收益。

【例 10—4】　某投资者打算投资90天的国库券，其年收益率为7%，但如果同时在市场上销售的180天国库券收益率为8%，投资者应该如何操作?

投资者将原有的90天短期债券换为较长的180天债券，并在90天后将其卖出。可以获得更高持有期回报。

三、消极的债券组合管理

消极的债券组合管理者通常把市场价格看作均衡交易价格，因此他们并不试图寻找低估的品种，而只关注于债券组合的风险控制。在债券投资组合管理过程中，通常使用两种消极管理策略：一种是指数策略，目的是使所管理的资产组合尽量接近于某个债券市场指数的表现；另一种是免疫策略，这是被许多债券投资者所广泛采用的策略，目的是使所管理的资产组合免于市场利率波动的风险。

（一）指数策略

1. 指数化策略的含义

指数化投资策略的目标是使债券投资组合达到与某个特定指数相同的收益，它以市场充分有效的假设为基础。这种策略虽然可以达到预期的绩效，但往往放弃了获得更高收益的机会或不能满足投资者对现金流的需求。

2. 指数的选择

在发达国家的债券市场上有各种不同的债券指数，投资者可以根据自身的投资范围等条件选择相应的指数作为参照物。例如，在美国债券市场中，机构投资者经常使用的三种综合类债券市场指数是莱曼兄弟综合指数、所罗门兄弟投资级债券综合指数和美林国内市场指数。

3. 指数化的衡量标准

跟踪误差是衡量资产管理人管理绩效的指标。由于跟踪误差有可能来自于建立指数化组合的交易成本、指数化组合的组成与指数组成的差别、建立指数机构所用的价格与指数债券的实际交易价格的偏差三个方面，不同的组合构造方法将对跟踪误差产生不同的影响。

一般来说，指数构造中所包含的债券数量越少，由交易费用所产生的跟踪误差就越小，但由于投资组合与指数之间的不匹配所造成的跟踪误差就越大；反之，如果投资组合中所包含的债券数量越多，由交易费用所产生的跟踪误差就越大，但由于投资组合与指数之间的配比程度的提高而可以降低跟踪误差。

（二）免疫策略

运用免疫策略来构建债券组合的目的是达到某种设定基准。根据这种设定基准的不同，被动管理可分为两类：一类是为了获取充足的资金以偿还未来的某项债务，为此而使用的建立债券组合的策略，称之为“单一支付负债下的免疫策略”，又称为“利率消毒”；另一类是为了获取充足的资金以偿还未来债务流中的每一笔债务而建立的债券组合策略，称之为“多重支付负债下的免疫策略”和“现金流匹配策略”。这里重点讲解利率消毒策略。

【例 10—5】 假设某投资者在 10 年后有 1 931 万元要支付，当前的市场利率是 10%，利率的期限结构是水平的。请问如何通过债券投资来实现这种财务安排？

因为利率的期限结构水平，该债务的当前价值＝1 931 万元÷ $(1+10\%)^{10}$＝745 万元

该投资者现在应投资 745 万元的 10 年期、到期收益率为 10%的债券。

这个购买持有策略虽然规避了利率的价格风险，但却对利率的再投资风险无能为力。这是因为，在债券持有期内，如果市场利率下跌，债券债息无法再投资获得 10%的收益率，最终其获得的总投资收入将小于 1 931 万元。解决问题的办法是免疫策略，即寻找久期为 10 年的债券。可以发现，票面利率为 7%的 20 年期债券在期内收益率为 10%的条件下，久期恰好是 10 年，即：

$$D=\frac{\sum_{t=1}^{20} t\frac{70}{(1+10\%)^t}+\frac{20\times 1000}{(1+10\%)^{20}}}{\sum_{t=1}^{20} t\frac{70}{(1+10\%)^t}+\frac{1000}{(1+10\%)^{20}}}=10(\text{年})$$

持有这种债券，如果市场利率保持不变，显然10年后投资者正好获得本息和为1 931万元（见表10—3）。如果利率在投资之后立即降为4%，而且维持在这一水平上不变，那么其最后总收入为2 085万元，高于1 931万元。倘若利率在投资之后立即上升到16%，而且一直维持在该水平，10年后投资银行能获得2 054万元，仍能偿还债务。

表10—3　　**利率变化和免疫策略**　　单位：万元

	利率保持10%	投资后利率下降为4%	投资后利率上升为16%
再投资收益	$70\times(1.10)^9=165$ $70\times(1.10)^8=150$ $70\times(1.10)^7=136$ $70\times(1.10)^6=124$ $70\times(1.10)^5=113$ $70\times(1.10)^4=102$ $70\times(1.10)^3=93$ $70\times(1.10)^2=85$ $70\times(1.10)^1=77$ $70\times1=70$	$70\times(1.04)^9=100$ $70\times(1.04)^8=96$ $70\times(1.04)^7=92$ $70\times(1.04)^6=89$ $70\times(1.04)^5=85$ $70\times(1.04)^4=82$ $70\times(1.04)^3=79$ $70\times(1.04)^2=76$ $70\times(1.04)^1=73$ $70\times1=70$	$70\times(1.16)^9=266$ $70\times(1.16)^8=229$ $70\times(1.16)^7=198$ $70\times(1.16)^6=171$ $70\times(1.16)^5=147$ $70\times(1.16)^4=127$ $70\times(1.16)^3=109$ $70\times(1.16)^2=94$ $70\times(1.16)^1=81$ $70\times1=70$
	小计　1 115	小计　842	小计　1 492
10年后债务价格	816	1 243	562
投资总收益	1 931	2 085	2 054
减：应偿债务	1 931	1 931	1 931
盈余	0	154	123

表10—3中再投资收益是按一年复利一次计算的，即第一年的债息复利9次，第二年8次，第三年7次，依次类推。10年后债券的市场价格由按内含价值计算公式得出：

$$10\text{年后债券的市场价格}=\frac{70}{1+r}+\frac{70}{(1+r)^2}+\frac{70}{(1+r)^3}+\cdots+\frac{70}{(1+r)^{10}}+\frac{1000}{(1+r)^{10}}$$

从表10—3中可见，当市场利率保持在10%时，这一特定债券的10年后再投资收益与市场价格总和恰好可以抵补债务。当市场利率下降为4%时，债息再投资收益大幅下降，但债券的价格却大幅上扬，足以弥补再投资收益的下挫。相似地，当市场利率上升为16%时，债券的市价大幅下跌，但债息的再投资收益却大幅上升，足以弥补市场价格的下挫。利率的变动不仅没有使投资者遭受损失，还总能给其带来一些盈余。这一事例说明，要使一种债券组合的目标价值或目标收益免受市场利率的影响，就必须如此操作：(1) 选择麦考莱久期等于偿债期的债券；(2) 初始投资额等于未来债务的现值。

利率消毒的假设条件为：市场利率期限结构是水平的，并且变动是平行的（即利率不论是上升还是下降，所有期限的债券都以相同的基点数变动)。但是，在现实当中利率期限结构水平的概率很小，而由上倾到下倾、由下倾到上倾的非水平利率期限结构的机会很多，利率消毒的前提假设很难成立。需要提出的是，上述事例中列举的是持期内利率只有一次变化，由于利率在投资期限内会经常变化，麦考莱久期也会随着变化，就需要多次利率消毒，这会增加交易成本。上述这些问题降低了免疫组合管理的有效性和适用性。尽管如此，按照利率消毒方法投资对利率风险的规避效果远优于非消毒的投资方法。

任务四

评估资产组合的业绩

任务描述

1. 简述业绩评估的基本原则；

2. 搜集某个投资组合或某只基金在一年中的相关数据，应用詹森指数、特雷诺指数、夏普指数分析判断其业绩表现。

相关知识

一、业绩评估原则

习惯上，评价组合管理业绩的标准很简单，收益水平越高的组合越是优秀的组合。然而，一方面，收益水平较高不仅仅与管理者的技能有关，还可能与当时市场整体向上运行的环境有关，因而在后一种情况发生时就不能排除组合管理者无视风险盲目决策却偶获成功的可能性；另一方面，如果实现的组合收益水平达到或超过组合管理者在投资期初所设定的收益目标，即使实现的收益水平较低，却是胸有成竹，自然也是无可厚非。正因为如此，评价组合业绩应本着“既要考虑组合收益的高低，也要考虑组合所承担风险的大小”的基本原则。而资本资产定价模型为组合业绩评估者提供了实现这一基本原则的多种途径。比如，可以考察组合已实现的收益水平是否高于与其所承担的风险水平相匹配的收益水平，也可以考察组合承受单位风险所获得的收益水平高低。这就是所谓的评价组合业绩的风险调整法。下面将要介绍的 3 种指数就是基于风险调整法思想而建立的专门用于评价证券组合优劣的工具。

二、三大经典风险调整收益衡量方法

（一）詹森指数

詹森指数是由詹森（Jensen）在 CAPM 模型基础上发展出的一个风险调整差异衡量指标。

根据 CAPM 模型，在 SML 线上可以构建一个与施加积极管理的投资组合的系统风险相等的、由无风险资产与市场组合组成的消极投资组合。詹森认为将管理组合的实际收益率与具有相同风险水平的消极（虚构）投资组合的期望收益率进行比较，二者之差可以作为绩效优劣的一种衡量标准，即：

$$a_P = R_P - E(R_P)$$

实际应用中，对詹森指数的最佳估计可以通过下面的回归方程进行：

$$R_{Pt} - R_{ft} = \hat{a}_P + \hat{\beta}_P(R_{mt} - R_{ft})$$

式中：R_{mt} 表示市场指数收益率；R_{ft} 表示无风险收益率；

$\hat{a}_P$ 表示 α 的最小二乘估计；$\hat{\beta}_P$ 表示 β 的最小二乘估计。

如果 $\hat{a}_P=0$，说明投资组合的收益率与处于同等风险水平的被动组合的收益率不存在显著差异，该投资组合的表现就被称为是中性的。只有成功地预测到市场变化或正确地选择股票，或同时具备这两种能力，施加积极管理的投资组合才会获得超过 SML 线上相应组合的超常绩效表现，这时 $\hat{a}_P>0$；而 $\hat{a}_P<0$ 则表示投资组合的绩效表现不合人意。

从几何上看，詹森指数表现为投资组合的实际收益率与 SML 直线上具有相同风险水平组合的期望收益率之间的偏离（见图 10—2）。

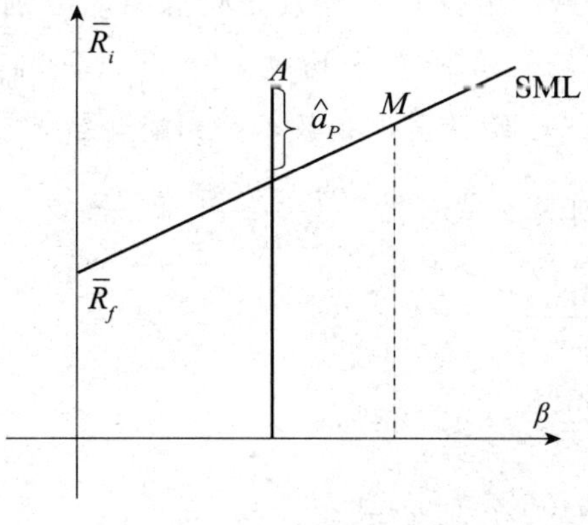

图 10—2　詹森指数图示

（二）特雷诺指数

特雷诺指数是 1965 年由特雷诺（Treynor）提出的，它用获利机会来评价绩效。该指数值由每单位风险获取的风险溢价来计算，风险仍然由 β 系数来测定，即：

$$T = \frac{R_P - R_f}{\beta_P}$$

式中：T 表示投资组合的特雷诺指数；R_P 表示考察期内投资组合的平均回报率；R_f 表示考察期内平均无风险收益率；β_P 表示投资组合的系统风险。

从几何上看，在收益率与系统风险所构成的坐标系中，特雷诺指数实际上是无风险收益率与投资组合收益率连线的斜率。

可以根据特雷诺指数对投资组合的绩效加以排序。特雷诺指数越大，该投资组合的绩效表现越好。图 10—3 中，投资组合 C 的特雷诺指数大于投资组合 A，因此投资组合 C 的绩效也就优于投资组合 A。因为只要以无风险利率 n 借入一定量的资金并投资于 C，就可形成与组合 A 具有相同系统风险水平但收益率却高于组合 A 的投资组合 C*。

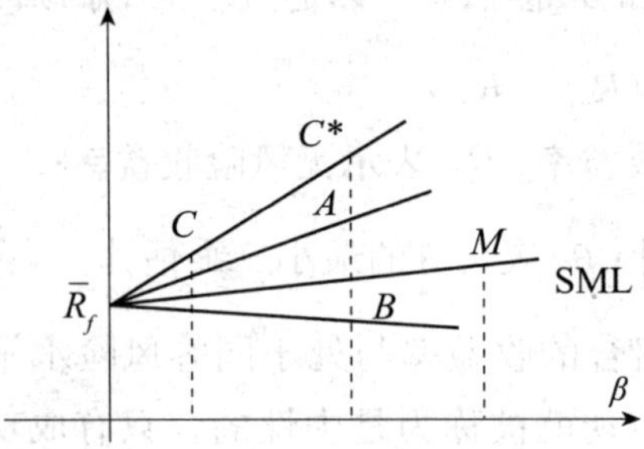

图 10—3　SML 线与特雷诺指数

根据 SML 线，那些位于 SML 线之上的投资组合的特雷诺指数大于 SML 线的斜率 T= $R_m - R_f$ ，因而表现要优于市场表现；那些位于 SML 线之下的投资组合的特雷诺指数小于 SML 直线的斜率，表现也就比市场组合要差。图 10—3 中，组合 A 的绩效要优于市场表现，而组合 B 的绩效则比市场表现要差。

【例 10—6】　假设组合 A、组合 C 的季度平均收益率分别为 2.50%、2.00%，系统风险分别为 1.20、0.80，市场组合的季平均收益率为 2.20%，季平均无风险收益率为 0.65%，请计算组合 A、组合 C 的特雷诺指数，并判断其绩效表现。

根据特雷诺指数的计算公式 $T = \frac{R_P - R_f}{\beta_P}$，

$$T_{组合A} = \frac{2.5\% - 0.65\%}{1.2} = 1.542\%$$

$$T_{组合C} = \frac{2\% - 0.65\%}{0.8} = 1.688\%$$

$$T_{市场} = \frac{2.20\% - 0.65\%}{1.0} = 1.55\%$$

显然，$T_{组合A} < T_{市场} < T_{组合C}$

所以，组合 C 的表现要好于市场，而市场的表现要好于组合 A。

特雷诺指数用的是系统风险而不是全部风险，因此，当一项资产只是资产组合中的一部分时，特雷诺指数就可以作为衡量绩效表现的恰当指标加以应用。

特雷诺指数的问题是无法衡量投资者的风险分散程度，该值并不会因为组合中所包含的证券数量的增加而降低，因此当投资组合分散程度提高时，特雷诺指数可能并不会变大。

（三）夏普指数

夏普指数是 1966 年由夏普（Sharpe）提出的，它以资本市场线为基准，指数值等于证券组合的风险溢价除以标准差，即：$S_P = \frac{r_P - r_f}{\delta_P}$

式中：S_P 表示夏普指数；r_P 表示证券组合 P 的实际平均收益率；r_f 表示考察期内无风险收益率；δ_P 表示组合的标准差。

为便于比较，通常夏普指数以年或年化数据进行计算，这时标准差也要进行相应的年化处理：

$$\delta_{年} = \delta_{周} \times \sqrt{52}$$

式中：$\delta_{年}$表示年化标准差；$\delta_{周}$表示以周为周期计算的标准差。

项目小结

本项目主要介绍资产组合的具体类型及投资绩效的衡量。首先阐述了资产配置的作用、影响因素、策略类型、基本步骤、基本方法；然后分别从积极投资组合与消极投资组合两种理念对股票组合与债券组合的方法进行介绍，最后是对投资组合业绩的衡量，重点是三个经典衡量指标的介绍和比较。

技能训练

一、单选题

1. 在各类资产的市场表现出现变化时，资产配置进行相应的调整以保持各类资产的投资比例不变。这种资产配置方式是（　　）。

A. 战略性资产配置　　B. 恒定混合策略
C. 战术性资产配置　　D. 投资组合保险策略

2. 一般情况下，对于个人投资者而言，影响资产配置的最主要因素是（　　）。

A. 个人的生命周期　　B. 投资者的资产负债状况
C. 投资者的财务变动状况与趋势　　D. 投资者的财富净值

3. 当市场具有较强的保持原来运动方向趋势时，下列说法正确的是（　　）。

A. 投资组合保险策略的效果优于买入并持有策略，进而将优于恒定混合策略
B. 买入并持有策略的效果优于投资组合保险策略，进而将优于恒定混合策略
C. 恒定混合策略的效果优于买入并持有策略，进而将优于投资组合保险策略
D. 恒定混合策略的效果优于投资组合保险策略，进而将优于买入并持有策略

4. 采用下列何种策略时，股价上升买入股票，股价下跌卖出股票？（　　）

A. 战略性资产配置　　B. 恒定混合策略

C. 战术性资产配置　　D. 投资组合保险策略

5. 消极型股票投资战略的理论基础在于（　　）。

A. 有效市场假设　　B. 弱势有效市场假设

C. 无效市场假设　　D. 市场信息不对称假设

6. 夏普指数以（　　）作为基金风险的度量，给出了基金单位标准差的超额收益率。

A. 方差　　B. 贝塔值　　C. 标准差　　D. 波动率

7. 从几何上看，在收益率与系统风险所构成的坐标系中，特雷诺指数实际上是无风险收益率与（　　）连线的斜率。

A. 市场组合　　B. 风险收益率　　C. 组合收益率　　D. 基金组合

8. 夏普指数考虑的是总风险，而特雷诺指数考虑的是（　　）。

A. 全部风险　　B. 不可控制风险

C. 市场风险　　D. 股票市场风险

9. 特雷诺指数的问题是无法衡量投资组合管理者的（　　）程度。

A. 收益高低　　B. 资产组合　　C. 风险分散　　D. 行业分布

二、多选题

1. 贯穿资产配置过程的两种主要方法是（　　）。

A. 历史数据法　　B. 系列数据法　　C. 预测数据法　　D. 情景综合分析法

2. 下列几种资产配置策略对于市场流动性的要求正确的是（　　）。

A. 买入并持有策略要求市场流动性较小

B. 恒定混合策略要求市场流动性适度

C. 投资组合保险策略要求市场流动性较小

D. 投资组合保险策略要求市场流动性较高

3. 在现代投资管理体制下，投资一般分为（　　）三个阶段。

A. 规划　　B. 实施　　C. 优化管理　　D. 风险评估

4. 资产配置的基本步骤有（　　）。

A. 明确投资目标和限制因素　　B. 明确资本市场的期望值

C. 明确资产组合中包括哪几类资产　　D. 确定有效资产组合的边界

5. 资本配置过程中明确投资目标和限制因素这一基本步骤通常需要考虑（　　）等问题。

A. 投资风险偏好　　B. 流动性需求

C. 时间跨度需求　　D. 市场上实际的投资限制

6. 运用情景综合分析法进行预测的基本步骤包括（　　）。

A. 分析目前与未来的经济环境，确定经济环境中可能存在的状态范围，即情景

B. 预测在各种情景下，各类资产可能的收益与风险，各类资产之间的相关性

C. 确定各情景发生的概率

D. 以情景的发生概率为权重，通过加权平均的方法估计各类资产的收益与风险

7. 下列关于不同资产投资之间的投资收益率相关程度的陈述正确的是（　　）。

A. 二者相关系数为 1 时，说明两种资产的投资收益情况是完全正相关关系

B. 二者相关系数为－1 时，说明两种资产的投资收益情况完全负相关关系

C. 二者相关系数为 0 时，说明两种资产的投资收益之间没有任何关系

D. 二者相关系数位于（－1，1）之间且不等于 0，则所有资产均是无风险资产

8. 资产配置在不同层面有不同含义，一般可以从以下（　　）等角度对资产配置进行分类。

A. 从范围上进行划分　　B. 从时间跨度和风格类别上进行划分

C. 从配置策略上进行划分　　D. 从市场有效性上进行划分

三、判断题

1. 与战术性资产配置过程相比，战略性资产配置策略在动态调整资产配置状态时，需要根据实际情况的改变重新预测不同资产类别的预期收益情况。（　　）

2. 买入并持有策略是积极型的长期再平衡方式，适用于有长期计划水平并满足于战略性资产配置的投资者。（　　）

3. 如果股票市场价格处于震荡、波动状态之中，恒定混合策略就可能优于买入并持有策略。（　　）

4. 动态资产配置的目标在于收益最大化。（　　）

5. 资产配置需要考虑的因素包括税收考虑。（　　）

6. 投资组合价值线的斜率由无差异曲线的弯曲程度决定。（　　）

7. 与恒定混合策略相反，投资组合保险策略在股票市场价格上涨时降低股票投资比例，而在股票市场价格下跌时提高股票投资比例。（　　）

8. 一般情况下，划分系统风险和非系统性风险采用的是情景综合分析法。（　　）

四、分析与计算题

1. 请计算 15 年期息票利率为 8%的贴现债券的久期（面值为 1 000 元）。

2. 按 85.625 元的价格、8%的到期收益率、7%的息票率售出的 30 年期的债券，其麦考莱久期为 15.80 年，修正久期为 14.95 年。如果该种债券的到期收益率突然由 8%上升到 8.30%，即变动 0.3 个百分点（30 个基准点），那么债券价格变动额为多少？

3. 假设投资者购买一手 10 年之后到期的债券，票息率 14.50%，每半年支付一次。目前的到期收益率是 13.00%，1 年后出售时的到期收益率是 11.00%。债券初始买入价格是 1 088.65 元。1 年之后，债券的价格提高到 1 262.52 元，根据下表的资料信息，请分析计算总回报率为多少。

（单位：元）

到期收益率	票息为 14.5%的债券，在各种不同的到期收益率和到期时间情况下的价格		
	到期时间		
	10 年	9.5 年	9 年
10%	1 280.35	1 272.52	1 262.52
			↑
11%	1 209.37	1 203.72	1 195.9
			↑
12%	1 141.85	1 139.1	1 135.17
			↑
13%	1 081.22	→1 079.82	→1 077.17
14%	1 026.06	1 025.78	1 025.07

4. 假设组合 M、组合 N 的季度平均收益率分别为 3.50%、3.00%，系统风险分别为 1.80、1.50，市场组合的季平均收益率为 2.48%，季平均无风险收益率为 1.35%，请计算组合 M、组合 N 的特雷诺指数，并判断其绩效表。

参考文献

1. 中国证券业协会．证券投资分析［M］．北京：中国金融出版社，2012.
2. 吴晓求．证券投资学［M］．北京：中国人民大学出版社，2009.
3. 李国强．证券投资分析［M］．北京：机械工业出版社，2008.
4. 路振家．证券投资理论与实务［M］．青岛：中国海洋大学出版社，2011.
5. 和讯网，http：//www. hexun. com/.
6. 沈悦．投资学［M］．西安：西安交通大学出版社，2008.
7. 何孝星．证券投资理论与实务［M］．北京：清华大学出版社，2013.
8. 马君潞，李学峰．投资学［M］．北京：科学出版社，2007.
9. 中国证券业协会．证券投资基金［M］．北京：中国金融出版社，2012.
10. ［美］博迪，凯恩，马库斯. 投资学精要［M］．北京：清华大学出版社，2006.
11. 位涛．投资理财［M］．北京：电子工业出版社，2012.

图书在版编目（CIP）数据

投资学基础/吴伟，韩英锋主编. —北京：中国人民大学出版社，2014.8
21世纪高职高专规划教材. 商贸类系列
ISBN 978-7-300-19512-4

Ⅰ.①投… Ⅱ.①吴…②韩… Ⅲ.①投资经济学-高等职业教育-教材 Ⅳ.①F830.59

中国版本图书馆CIP数据核字（2014）第166944号

21世纪高职高专规划教材·商贸类系列
工学结合、校企合作开发教材
投资学基础
主编 吴伟 韩英锋
Touzixue Jichu

出版发行	中国人民大学出版社		
社 址	北京中关村大街31号	邮政编码	100080
电 话	010－62511242（总编室）		010－62511770（质管部）
	010－82501766（邮购部）		010－62514148（门市部）
	010－62515195（发行公司）		010－62515275（盗版举报）
网 址	http://www.crup.com.cn		
经 销	新华书店		
印 刷	北京溢漾印刷有限公司		
规 格	185 mm×260 mm 16开本	版 次	2014年9月第1版
印 张	14.25	印 次	2019年7月第4次印刷
字 数	306 000	定 价	29.00元

教师信息反馈表

为了更好地为您服务，提高教学质量，中国人民大学出版社愿意为您提供全面的教学支持，期望与您建立更广泛的合作关系。请您填好下表后以电子邮件或信件的形式反馈给我们。

您使用过或正在使用的我社教材名称		版次	
您希望获得哪些相关教学资料			
您对本书的建议（可附页）			
您的姓名			
您所在的学校、院系			
您所讲授课程名称			
学生人数			
您的联系地址			
邮政编码		联系电话	
电子邮件（必填）			
您是否为人大社教研网会员	□ 是，会员卡号：____________ □ 不是，现在申请		
您在相关专业是否有主编或参编教材意向	□ 是　　　　□ 否 □ 不一定		
您所希望参编或主编的教材的基本情况（包括内容、框架结构、特色等，可附页）			

我们的联系方式：北京市海淀区中关村大街甲 59 号文化大厦 1508
中国人民大学出版社教育分社
邮政编码：100872
电话：010-62516312
网址：http：//www. crup. com. cn/jiaoyu/
E-mail：crupwhl@163. com